道歉的力量

化解遺憾（經典新裝版）

On Apology

亞倫·拉扎爾 Aaron Lazare——著

林凱雄／葉織茵——譯

推薦序

道歉才可以使人變好！

「道歉學」乃是近代最新興的學科之一。它的最先討論，似乎開始於一九九一年希臘裔學者尼可拉斯．塔沃齊思由史丹福大學出版社所出的《告罪書》，在該書之後，例如波士頓大學哲學教授格利士渥又在劍橋大學出版社出了《原諒的哲學探討》，新罕普什大學哲學教授史密斯也在劍橋大學出版社出了《我錯了：道歉的意義》等著作。由哲學界及政治社會學界著重道歉的學理討論，的確顯示出了道歉學已成了一門新的顯學。

儘管有關「道歉學」的著作已經極多，但台灣卻始終未曾引進。但到了現在，終於有了麻州大學沃斯特分校校長兼醫學院院長，也是著名精神病學家亞倫．拉扎爾所寫的《道歉的力量》這本相當扼要的道歉學著作。目前台灣正值轉型的時刻，有關「轉型正義」的問題乃是大家都關切的課題。因此道歉學的引進，對台灣的思考應當極有助益，這本書來的正是時候！

有關「道歉」問題，塔沃齊思教授在他的著作裡曾做了字源行爲考。他指出「道歉」（apology）這個字的起源是希臘文「辯護」（apologia）轉化而來。「道歉」這個字的本義是「辯護」，到了十六世紀才出現「道歉」的新義。這顯示出人們在最初階段都以自我爲中心，不論做了什麼事都自認有理，若他的行爲受到質疑，他第一個反應一定是搬出自己的理由替自己辯護。但十六世紀後，西方社會開始城鎮發達，人的自以爲是冒犯及侵害到別人的可能性增多，於是替自己辯護就多了向別人「道歉」的成分，於是這個字的意義遂逐漸向「道歉」方向傾斜。因此這個字的字義變化，本身就是部語言行爲史，它意謂著隨著人類社會發展的複雜化，人們在互動時已不能再自以爲是，當個人的行爲侵害及冒犯到別人，就必須向別人表示歉意。但雖然人們已察覺到表達「歉意」的必要，但在對「道歉」行爲做了歷史的研究後，學者們卻發現，「道歉」這種行爲在漫長的歷史過程裡，卻有過許多分支和變形。

在絕大多數的情況裡，「道歉」都只是被當成一種社會禮儀在使用著。人們在冒犯了別人時，會用「我很抱歉」這句話來表示他的不安，只要做了這樣的歉意表示，對方的感受就會比較好一點。因此，「我很抱歉」絕大多數都是被當作

「人際關係的潤滑劑」在使用著。

因爲「道歉」多數被當成顯示教養的媒介，所以遂出現了「小事會道歉」、「大事則很少道歉」的虛僞性。當人們犯了大錯遂出現許多「眞辯護、假道歉」的拖延策略，這種缺乏了誠意的道歉。有些所謂的道歉語言看起來彷彿有道歉，但卻是在暗示對方的刁難；有些道歉的語言被加上許多條件式；有些道歉則語法曖昧模糊。近代有人研究過的小布希的語法，他說「我很抱歉」最多，但批評家認爲他的眞義不過是「我已經道歉了，你們就給我閉嘴！」。他的說抱歉，其實只不過是一種「封口策略」。對於所謂的假道歉，已是道歉學裡語言分析的一環。

道歉學家由於已警覺到眞道歉的稀少，所以對於道歉這種行爲的要件也做了探討。如果要道歉，就必須誠實誠懇，必須直接承認自己的犯錯以及對別人造成的傷害。因此眞的道歉不能有太多冗言贅語，不能有任何理由，必須放棄任何抵抗，以尋求對方的原諒。這是個療傷止痛的過程，而後加害者與被害者才可以和解，共同攜手走向未來。這是一種自己和別人的集體療癒。

但儘管大家說道歉和解，但眞正快速的道歉卻極少見。一個有權的個人或群體，如果犯了大錯，他或他們擔心如果立即道歉，可能會危及他們的正當性，而且可能對方會反彈追殺究責，使他們失去很多，尤其是集體向集體道歉，由於牽涉到很多人，容易七嘴八舌，道歉更難，而且必須道歉的一方，都已習慣高高在上，要他們向低下的一方道歉，他們心裡就極爲排斥。所以根據道歉學的研究，許多道歉都是在多年之後，當必須道歉的人已死去，後人才做出代替式的道歉，道歉已沒有任何道德風險。就以二戰期間美國將日本僑民送進集中營，許多日僑的生意被毀，人也在集中營健康不良而死亡，美國一直要到了四十年後才由雷根總統道歉並每人賠償二萬美元。因此道歉多半發生在事過境遷的多年之後。道歉總是遲到。

因此想要人或群體爲了做錯的事而去向對方道歉眞是難矣哉。美國尼克森總統犯了那麼大的水門案，但他縱使被趕下台，他從未道過歉，只是說過不清不楚的「我很遺憾」，是遺憾自己的所爲？或是遺憾美國國會對他的追殺？「我很遺憾」和「我在此道歉認錯」乃是完全不同的兩回事。小布希總統爲了製造入侵伊拉克的理由，他和軍方情治機構硬是炮製假證據，宣稱伊拉克擁有大規模致命性武器，必須予以殲滅。就藉著這樣的說謊，欺騙美國人民，誤導民意，美國遂出兵入侵伊拉克，但這種謊言後來被拆破，美國滅了伊拉克也找不到任何大殺傷力的武器，但後來小布希只是說「美國犯了錯誤，但從不後悔出兵消滅了伊拉克」，他對欺騙美國人民及侵略伊拉克沒有任何道歉。

因此道歉眞的很困難，特別是政治上的大錯誤要道歉最難。政治上的大錯，如果道歉，它的道德風險很難掌握，就以澳大利亞爲例。澳大利亞以前是英國的罪犯殖民地，英國官員及罪犯到了澳大利亞後，恣意的掠奪原住民的土地和生命財產。到了一九八〇年代，澳大利亞的工黨政府人道主義意識突然高漲，宣布以前的歷史罪惡，並表示道歉。但這個道歉卻有太大的後遺症，因爲這個道歉等於承認了原住民才有澳大利亞的宗主權，因此它就鼓勵出了原住民團體的要求索討土地，後患無窮，最後是迫使澳大利亞政府只得收回道歉。對於以前帝國主義的殖民罪惡，道歉的風險太大，所以美國人對奴役印地安人及黑人，都是注定不可能道歉的。

不過，道歉雖然很難，但隨著近代社會的發展，人們的道德自覺畢竟與時俱進，對道歉的認知開始增加，許多國家的司法判決，對侵犯他人或侵權性犯罪，都會要求犯罪者向被害者道歉認錯做出賠償。而且近代人權意識提高，許多人對於公共事務的判斷標準提高，對於犯錯也要求認錯道歉，特別是二〇〇〇年前後，千禧年的到來，也使得人們對於道德標準產生了覺悟，尤其是昔日在南非施行種族隔離政策的白人國民黨，在人民反抗及世人指責的聲浪下，終於覺悟到過去的錯誤，因而向人民道歉，決定還權於民，而南非的黑人政府也透過對話，與白人展開協商，展開和解，並對以前造成的傷害究責與原諒。南非的認錯與和解，終於使得南非這個國家能夠藉著和解順利的轉型成功，替人類的大型錯誤做出了認錯和解與原諒的成功榜樣。由於上述的這些發展，遂使得二十一世紀初，道歉學的興起受到了鼓舞，因此近年來道歉學的興起，並成爲一種顯學，它所代表的實在是人權標準提高的新時代的到來。

因此，現在是個歷史轉型的新時代，世人們已逐漸了解到，世界想要變得更好，就必須無論個人或群體必須平等相處，不能再有任意的宰制及壓迫，在這個新標準下，以前做過錯事的，就應主動的道歉，藉著主動的轉型，使自己脫胎換骨，變成新人，希望獲得別人的原諒，進而大家攜手，共同走向更好的未來。道歉爲的不是過去，而是未來。這也是道歉學的眞義。因此道歉學是一種道德哲學，也是一種人性論和歷史哲學。

而亞倫．拉扎爾這本著作，乃是一本道歉學的提綱挈領著作。作者從心理學的角度切入，並從歷史與政治的各種著作裡蒐集到各種道歉的事例，並將這些故事做出系統性的解釋，由於作者寫的言簡意賅，所以整部著作充滿了道德張力，很能啓發讀者的道德情懷。近代西方神學家，很早就注意到受苦及記憶和遺忘的深層問題，只有加害者自己永遠記得並適時道歉，受害者才會選擇遺忘，人類的發展，才可能化悲劇爲喜劇。在人類悲劇太多的這個時代，只有道歉才是豐富人類的唯一方法。因此讓我們都學會道歉和原諒吧！

南方朔／文化評論者

目錄

第三章　道歉的療癒力量

第四章　認錯

第五章　自責、解釋與賠償

第六章　人們為什麼要道歉？

第九章 遲來的道歉

第十章　道歉是種協商

第十一章　道歉與原諒

第十二章　後記：道歉的未來展望

附錄

第一章 日益重要的道歉

直到有一天,
我忽然有個想法,
覺得要是他們向我誠懇道歉,
我們的關係或許還有可能挽回。

道歉與接受道歉，是種意義深遠的人類互動行爲。被冒犯的一方透過接受道歉來化解屈辱與敵意，打消復仇的念頭，進而給予寬恕；而冒犯的一方可以藉由道歉，來減輕害怕遭到報復的恐懼，緩解令人難以忽視的罪惡感、羞恥感，以免它們成爲緊箍心靈的桎梏。而道歉的理想結果，則是和解、修復破裂的關係。

如果問起一般人，大多數人都會告訴你一些憤恨如何摧毀了他們的重要關係，甚至使他們與家人、朋友斷絕關係的故事。從未曾探望住院的朋友、未能出席婚禮或喪禮，到信任關係遭到背叛、遭受公開羞辱等等，這些情況都可能冒犯他人，而導致憤恨。若事發當時能進行有效地道歉，或許可以預防敵意滋長；若是道歉遲來了幾個月、幾年，甚至幾十年，也還是有可能促成雙方和解。

來看看這個事發經過六十一年才展開道歉行動的故事。某天晚間，在社交聚會上，七十一歲的曼紐老先生走近我身邊，爲了我曾幫助他透過道歉去恢復一段重要關係來向我道謝。他人很親切，不久後又寫了封信給我，簡要說明事情的來龍去脈與道歉的過程。

「去年，我參加了你的道歉講座，你巧妙解說了什麼是眞正的道歉，而其中的概念如此簡單，卻又重要，使我相當著迷。因此，我暗自記在心上，並與其他人分享，而隨後又想到，這個想法在我的私人問題上可以派上用場。於是，我給一個朋友寫了接下來的這封信。我們倆從大約四歲至十七歲那時候一塊兒長大；如今他七十歲，我七十一歲，我們都結婚超過四十年了，各自有了孩子、孫子。」曼紐寫好這封信，過了四個月才交到朋友手上，「我一直在等待時機，直到能將這封信親手捎給他，親眼看著他讀信，然後，親口跟他談談。」

「艾迪，親愛的朋友，」信的開頭這麼寫道：

因爲六十年前那件事，才有了這封道歉信。儘管直到最近才決定寫下這封信，然而，那件事自發生以來，就時常縈繞我的心頭。

我彷彿仍然可以看見你站在屋後門廊，獨自面對一群男孩，而他們成半圓圈圍住你，對你叫囂。我記不清楚他們那些話了，不過隱約記得大概是在嘲笑你娘娘腔，只因爲你投起球來像個女孩。我也在那個半圓圈裡，但我想不起來當時自己有沒有說話，我就愣在那兒，一心想離開。終於，我走上前靠近你，而你說了些你就知道我會站在你這邊之類的話。

但我卻沒有站在你這邊。我的聲帶好像癱瘓了似的，內心苦苦掙扎，陷入兩難，不知道該效忠哪一邊。結果，我退後離開了你，重新加入那群孩子，同時感到五臟六腑絞成一團，我也彷彿永遠留在那條街上了。

事件過後的那段日子裡，還發生了什麼事情，我一點都想不起來。儘管我也明白，時間流逝已使得我們的友情回溫，那日的景象在往後的歲月裡，卻仍不時浮現在我的腦海。

一九七〇年代，你打電話給我，問我記不記得我們一起待在多徹斯特的那些日子。聽到你的聲音，眞的讓我很高興。後來，闊別約莫三十年與你再次相見，更令我滿心歡喜。然而，在我靈魂深處某個遙遠的角落，男孩們嘲弄辱罵的那幕影像，如同過去那些時候，「喀嗒」一聲重播，再度湧現腦海，只是這次更加鮮明，歷歷在目。我彷彿又看見，當你遭受我如此殘酷的對待時，對我感到多麼失望。

所以，現在我要爲了當時在野木街上的行爲道歉，我想親口向你說出這些話，卻是難以開口，光在鍵盤上敲擊出這些字句對我就已經夠困難的了。

信末寫道：「掛念你的朋友，曼紐。」

「艾迪讀這封信的時候，」曼紐在給我的信中寫道：「我看見他先是一臉驚訝，接著慢慢漾起微笑。然後，我們擁抱，他還說了『我愛你。』他說自己因爲天生臂力比較弱，投起球來總是像那樣子，也提醒我正因如此，我們打橄欖球時，他才從來沒有當過四分衛。」曼紐最後告訴我：「這封道歉信帶給我的一個收穫，便是幫我從傷害艾迪的那幕揮之不去的回憶中解脫。」

過了大約兩年，曼紐再度寫信告訴我，艾迪收下道歉信後經過十八個月，就在一次他前往探望的期間離開人世，並跟我分享了他的感觸：「能趕在艾迪過世前，將道歉信交到他手上，對我來說意義重大。因爲那件事沉甸甸壓在我的心頭上有好長時間了，而我總算能親眼見到艾迪的反應，藉這機會了解他怎麼看待我，還有我們共有的那分親密友誼。要是沒能在艾迪去世前送達這封信，我這輩子就無法採取這令人心滿意足的決定，大概也別想擺脫這個……心理負擔。」[1]

我們日常生活中的道歉，當然並非都像這個故事般扣人心弦。大多數的道歉往往要在更短的時間內表達出來，還要面對隨之而來的衝突場面，也不易激起彼此的情感共鳴。不過，這個故事具備的許多特質，也是本書利用其他道歉事例所要說明的特質，與日常的生活經驗也能互相印證。這些特質包括：其中一方或雙方無盡的情感煎熬、起初不情願道歉、道歉行動的單純性、冒犯者解除罪惡感、被冒犯者自發寬恕、雙方恢復關係等等。

國內或國際的公開道歉，與人際關係的私人道歉同等重要。我們都在報紙上讀過參議員川特・羅特一連串的道歉聲明，因爲輿論認爲他的發言鼓吹種族隔離，而他做爲參議院領導人的政治前途也岌岌可危。我們還讀過延燒許久的議論，爭辯美國是否該爲了撞毀中國的戰鬥機，向中國道歉，以及如何道歉，而我國的偵察機與飛行人員更因此陷入危機。我們對於中國因爲隱瞞嚴重急性呼吸道症候群（SARS）疫情爆發，而「向所有人」道歉感到意外，當時咸認SARS最初是從中國傳播開來的傳染病。我們讀過至今仍未平息的爭論，關於比爾・柯林頓與喬治・布希是否該爲了奴隸制度而道歉。我們讀過羅馬天主教神父回應性侵害受害者要求道歉的新聞，持續追蹤超過一年。我們甚至在《紐約時報》頭版讀過美國最高法院對於同志性行爲的判決，而這同樣也可以視爲道歉：「今天，最高法院頒布一項聲明，引起轟動，重新規範了州法對於同性戀自由的限制，宣告德州男色法案（俗稱雞姦法）在最廣泛意義上無效，並爲了一九八六年《主要意見書》做出的相反判決：『同性戀者不配享有人性尊嚴』[2]，而鄭重道歉。」二〇〇四年總統大選期間，尤其令人感興趣的是，擔任過柯林頓、布希政府前首席反恐顧問的理查．克拉克，爲了自己未能盡職預防九一一事件發生，而引咎道歉。我們每個星期總有幾次會在全國性報紙上，讀到公開道歉聲明而嘗試了解這類正式道歉及其重要性，顯然也成了我們日常生活的一部分。

道歉的潮流正在興起？

一九九二年，我剛開始鑽研道歉的過程時，只有於一九九一年出版的《我錯了：道歉社會學及和解》[3]，對這個領域提出了全面討論。這本書頗具影響力，也經常受到引用，作者尼可拉斯．塔沃齊思因爲自身經驗引起動機，而開始研究道歉，令我相當感興趣。本章稍後將說明我自己研究道歉的動機，同樣也是受到個人經驗所影響。

塔沃齊思認爲自己著述當時，道歉行爲在我們的文化裡並沒有增長的趨勢，他寫道：「很難十足把握地說，比起從前，如今我們是否傾向不願道歉，或是難以警覺顯然應當道歉的時機。」[4]然而，他還是同意道歉行爲有可能變得愈發重要。「在我們自己的文化與其他文化中，隨著社會控制的非人格化系統與法律體制擴張，道歉做爲出於自願的人道手段，用來協調個體與集體差異，比起從前可能愈發凸顯出重要性。」[5] 塔沃齊思的書出版不過兩年，《時代雜誌》便登出一篇文章，標題爲〈現在該誰道歉？上個月人人都爲昔日慘事道歉〉[6] 顯然，當時我們的文化正經歷某種轉變，而我也開始注意到傳播媒體上，頻繁出現的道歉行爲。

我很好奇自己認爲道歉行爲增長的直觀印象能否透過數據來量化，因此我選定《紐約時報》與《華盛頓郵報》這兩份最具影響力的美國報紙，分別比較一九九〇至一九九四年與一九九八至二〇〇二年，於五年期間使用了「道歉」或「致歉」一詞的文章數（採用律商聯訊〔LEXIS——NEXIS〕資料庫分析）。合計兩份報紙，於一九九〇至一九九四年間，共有一千一百九十三篇文章；相較之下，於一九九八至二〇〇二年間，則有兩千零三篇文章。我還分析了一九九〇至二〇〇二年總共十三年的這段時間，發現致歉文章出現的頻率於一九九七至一九九八年間達到高峰（合計兩份報紙，平均每年有四百五十六篇），此後便略爲下降，來到平穩的高原期（合計兩份報紙，於二〇〇二年有三百九十二篇）。[7]

其他人也發現了這波「道歉現象」，活躍於國內與國際舞臺上的報紙專欄作家，紛紛撰述來討論公開道歉日益增加的重要性；同時，許多文章、漫畫、諮詢專欄、廣播與電視節目等，都不約而同談及私下道歉的主題。有關道歉的話題甚至被當作插科打諢的笑料，深夜電視節目主持人大衛·萊特曼與傑·雷諾就曾拿名流的道歉開玩笑；而廣受歡迎的情境喜劇《歡樂單身派對》也曾花了整整一集，爭辯誰沒得到應得的道歉，以及怎樣才算是冒犯。[8]此外，《家庭天地》與類似刊物的許多文章，以及《道歉的力量：改善你與他人關係的治癒性步驟》[9]、《一分鐘道歉：化危機爲轉機，把扣分變加分！》[10]等書籍，都證實了有關道歉「指南」的書籍文章市場蓬勃；連法律界、醫學界的專業人士，也開始推出有關道歉的著作。一九九〇年代早期出現了一些專門解說道歉在民法、刑法中所扮演的角色，並分析道歉在審前調解與審判期間如何發揮作用的文章；[11]而認爲醫師應當爲了醫療疏失道歉，過去原本是諱言禁忌的想法，甚至也已成了醫學、法律文獻都會討論到的主題。[12]

還有另一個現象，也顯示出道歉不分國界的重要性。中國現在已有好幾家道歉公司，國家廣播電臺也有「叩應」致歉節目；天津社區衛生服務中心更創設了致歉禮品傳遞公司，花二十元，就能請一名員工寫信、送禮、提出解釋來代爲道歉。[13]這些中年員工受過教育，多半是律師、老師、社工，擁有豐富的人生經驗，不分男女個個能言善道。客戶則往往是受到家庭或工作糾紛困擾的人，或是受到伴侶疏遠對待的人。中國付費透過代理人道歉的辦法，不僅說明了道歉在其他文化的重要性，也顯示出傳達道歉的方式會依文化而有所不同。我則認爲這種產業在美國不太可能興起。在美國文化裡，被冒犯的一方通常期望冒犯的一方能親自賠罪，或至少由第三方重要關係人士出面道歉。

道歉行爲增長可能會形成一股積極的風尚，因爲我們都受過這樣的教育，要是得罪了別人就應該道歉，當別人向我們道歉了也應該原諒對方。然而，很多道歉都被形容成「空虛」、「淺薄」、「空洞」、「廉價」、「缺乏誠意」，或是「嘴上說說而已」，我確信這些假面道歉弊大於利，不但起不了作用，往往反而使他們原來想要補救的冒犯事件更惡化。

失敗的道歉案例比比皆是。當人家對你說「我爲我所做的一切事情向你道歉」時，他/她並沒有做到充分道歉，因爲對方沒有承認冒犯行爲，甚至可能根本不認爲自己的行爲稱得上是冒犯。另一個常見的例子則是這句話，「如果你覺得受傷，那我很抱歉」，這句話不但附帶條件才承認過錯（如：「只有當你覺得受傷，我才會感到抱歉」），甚至還暗示了是因為你敏感易怒才造成問題。前總統理查．尼克森在辭職演說上，表示他對於「任何可能已經造成的傷害」深感遺憾；參議員羅伯特．帕克伍德則為了性騷擾女性事件「所謂的冒犯行為」而道歉。對於公眾確信的事實，兩人都沒有明白承認，也因此侮辱了他們各自聽眾的智商。同樣地，參議員川特．羅特為了自己暗示支持參議員史壯．塞蒙過去的種族政策而道歉時，表示「那是很糟糕的措詞方式」，然後又接連發表了四個道歉聲明，一個比一個感情熱烈，使聽眾不禁懷疑他在一開始的道歉是否自己真的認為做錯了。波士頓樞機主教伯納．羅為了自己在神職人員性侵醜聞中所扮演的角色，一再改變道歉內容，則是另一個例子，使得大眾有理由推測，每次都是因為預期到了另一項惡行可能被公諸於世，才展開新的道歉。

不及格的道歉如此普遍，電視上悔過謝罪的垃圾節目又這麼多，也難怪許多清楚美國國情的人變得憤世嫉俗，認為道歉不過是為了操縱他人所費盡的心機，或是冒犯者為了擺脫自身罪惡感的淺薄嘗試。而我對於這個現象，卻抱持不同的觀點。我認為假面道歉是具有說服力的反證，反而可以凸顯出「真心」道歉的力量。事實上，我認爲假面道歉正是寄生在那股力量上，冒犯者藉由假面道歉，企圖享受道歉帶來的好處，實際上卻不願意付出努力爭取，不願意實踐眞誠道歉的必要步驟；也就是說，這些人不願意充分認錯、眞誠悔過，或提出合理的賠償，包含承諾未來改過自新。而前述三項行爲正是有效道歉所必須付出的代價，並需要誠實、寬大、謙卑、承諾、勇氣、犧牲的品格，才有能力承擔。換句話說，有效道歉的回報只能透過努力爭取，沒辦法靠偷的。

為什麼道歉日益重要？

關於道歉行爲增長，尤其是公領域的道歉，我想有幾個互相交集的解釋。一九九〇年代十年之間，道歉行爲數量攀升，或許要歸功於千禧年來臨。人們尚未滿心憂慮「Y2K千禧蟲」的消息之前，傾向將西元二〇〇〇年視爲嶄新開始，並趁著前幾年把握時機，展開靈性追尋與道德改革，從而掃除內心陰霾，以「初心」來迎接千禧年。比方說，南韓總統金大中回應日本的道歉，表示「我們應當結算二十世紀的舊帳了……當我們邁入二十一世紀。」[14]一九九七年，《紐約時報》社論作家卡爾．梅耶針對道歉發表了一篇文章，評論道：「如此看來理所當然，隨著西元二〇〇〇年接近，個人比起國家，更能體會到道德評價的需要。」[15]《基督教科學箴言報》撰稿人邁可．韓德森則觀察到，「隨著我們步入嶄新的千禧年，也開始眞誠努力來盡釋前嫌。」[16]同時，《時代雜誌》撰稿人藍斯．莫羅也提到「千禧年靈性追尋」。[17]

西元二〇〇〇年除了「千禧年」這個世俗意義，對於羅馬天主教也有特殊涵義，稱爲「禧年」或「聖年」，並且是頭一個落在千禧年轉捩點上的聖年（歷史上第一個聖年由教宗波尼法爵八世於一三〇〇年頒訂）。根據教宗若望．保祿二世於一九九四年發表通諭《第三個千年將臨之際》，聲明「……教會應當保持清明的警覺，她要能體察過去十個世紀以來發生的世事，以度過這個關卡；她不能不激勵孩子們藉由悔改來淨化自我，就逕自越過新千禧年的門檻。」[18]

搶在千禧年前夕道歉的衝動，更進一步感染了各行各業，甚至連運動界知名的美國職業棒球紐約洋基隊老闆喬治．史坦布瑞納*，也在登門拜訪前洋基捕手

＊編註：時任。現已由他的兒子接任老闆。

兼教練尤基．貝拉時，爲自己約十四年前不近人情開除貝拉的行爲，於千禧前夕向他道歉。貝拉的妻子卡門認爲，史坦布瑞納這次拜訪是爲了趕在千禧年前，洗刷內心的愧疚，並評論道：「隨著二〇〇〇年來臨，每個人都想著未來、想著和平、想著做對的事。」[19]（欲深入了解有關此道歉的討論，請見第九章）

此外，受到指數成長的先進科技影響，急遽催生了世界全球化的趨勢，則是道歉行爲增長的另一個可能解釋。高速旅行、電視、手機、傳真、電子郵件、數位照相、網際網路、國際金融等，將這個世界縮小成「地球村」，正如馬歇爾．麥克魯漢於一九六七年所預言：「……這是個一切緊密牽連的世界，每個人都與他人發生深刻的關聯。」[20]三十六年後，《非零和時代：人類命運的邏輯》[21]的作者羅伯．賴特也有相似的描述：「自始至終，科技發展將我們這個物種向前推移，來到了非零和時代，我們的福祉與他人的福祉緊密相連，而我們的自由仰賴他人發揮同情心來理解。」[22]

在這麼一個地球村中，美國要是傾倒廢油或核廢料到邊境的河川裡，就會對加拿大人造成很大的困擾。反之亦然。車諾比核災殘骸造成的放射汙染，幾乎波及整個歐洲，許多國家也日益擔心俄國的核子動力潛艇殘骸鏽蝕將造成汙染。中束或其他地區的戰爭與和平，對於超級大國與鄰近地區會是很大的問題。一個國家的飢餓問題，也會是鄰國甚至更遠國家的問題。幾乎所有國家都必須關切全球暖化的情形，並負起責任。在地球村中，強國需要鄰國傳承、共享商譽來發展、維持市場。只要看看九一一事件的後果，就會發現一個國家的巨大悲劇給整個世界帶來了多少災難，諸如旅行限制、貨物進口量下降、經濟崩壞、恐慌蔓延等等。

我相信全球化透過兩種特殊方式，提升了道歉行動的重要性。第一，鄰國之間需要不斷地互動，比起如同「遠隔重洋」般各自生活的人，將會衍生出更多爭端，因此不得不藉由道歉來平息衝突。第二，全球即時通訊傳播的本質，不停地將個人行爲向全世界曝光，使得想要隱瞞冒犯行爲而不爲人所知的可能性愈發困難，因爲難以約束的網路訊息交流更容易揭穿當事人原想隱瞞的想法與態度，一旦這些情事曝光，被要求道歉就在所難免了。

中國總理朱鎔基是遭到網路揭發私密行爲的一個例子。中國有間農村學校曾發生一起致命爆炸事件，導致三十八名九到十一歲的學童喪生。朱先生起初支持政府說法，表示爆炸案是由一名孤獨的精神患者或瘋狂自殺炸彈客所爲。然而，接下來的追蹤報導披露內幕，指稱該所小學迫使學童製作煙火，來爲經濟拮据的校方籌措資金。《紐約時報》也報導了痛失子女的父母拒斥自殺炸彈客的官方說詞，並下了這樣的註腳：「引起網路聊天室輿論猛烈地嘲諷批評，舉國人民的反應從義憤塡膺到無可奈何皆有。」[23]隨著香港與外國媒體更進一步報導，朱總理才坦言，學校過去曾經非法利用學生工作，並補充：「我認爲，不管事實如何，國務院和我本人都負有不可推卸的責任。也就是說，對於中央和江澤民主席的指示執行不力。」[24]朱總理的發言看似是相當成功的道歉，但要是少了網路公眾關注的力量，可能也不會發生了。

第二個例子將會說明，即時、難以約束的訊息交流如何透露出當事人可能不欲人知的冒犯行爲與想法。北卡羅萊納州眾議員唐納·戴維斯收到一封來自某個網站的電子郵件，其中寫著：「兩樣東西使這個國家成就偉大：白種人和基督教。」[25]這封郵件接著還說，美國的起源與早期的榮光應該歸功於基督教《聖經》與十誡。戴維斯當時並不覺得這封郵件帶有種族歧視意味，他反而發表意見：「許多證據都說明了他是對的，我是這麼看的。誰率先來到這個國家——白種人，不是嗎？正是他們使得這個國家成就偉大。」[26]繼星期五收到郵件後，戴維斯於星期一傍晚轉寄這封郵件，傳給北卡羅萊納州眾議院與參議院的每一名成員。

結果可想而知。接到同事的抗議後，戴維斯又寄出致歉聲明：「如果從我辦公室轉寄出去的電子郵件……使議會中任何一名眾議員或參議員，覺得受到冒犯或不被尊重，那麼我在此恭敬地道歉。」他表示轉寄郵件是爲了「分享資訊與呈現這類網路上傳播的消息」，並宣稱這封電子郵件不代表他的個人信念，自己並非種族主義者或白人優越主義者。[27]

後面的章節將會解釋，爲什麼戴維斯的說詞是不及格的道歉。在此我則是要提出一個觀點，說明寄發電子郵件（尤其是在下班以後）何以是冒險的行爲。在傳遞速度驚人的電子郵件問世以前，稱職的祕書會提出忠告來勸阻發送此類訊息。

因爲即時、難以約束的訊息交流，而造成衝擊的第三個例子是，美國軍隊成員在伊拉克虐囚的照片流傳出來。全世界因此迫使美國總統喬治．布希、國防部長唐納德．倫斯斐與其他有關人士道歉。

道歉行爲增長還有一個可能的解釋，上個世紀人類的生活遭受極度破壞，核子武器問世並大量製造，種種現象加上近來強調全球相互依存，便可能造成二戰與冷戰結束後對於道德與正義的關注增加。換言之，我們正試圖改變行爲來求生存。伊萊沙·巴杭在他的書《國家的罪過：賠償與轉型正義》寫道：「……從二戰結束後開始，並且自冷戰結束後蓬勃發展，道德與正義問題如同政治問題，受到愈來愈多的關注，這麼一來，賠償過去的受害者，就成了國家政策與國際外交的主要部分。」[28]他指出對於民主制度而言，「承認歷史不公義的罪過並負起責任……」已經成爲「……鞏固國家政治穩定與力量，而非恥辱」的標誌。[29]譬如，德國政府自願向猶太人與其他受到納粹壓迫的人鄭重道歉，並提出賠償；同樣地，美國政府也向二戰時期遭到拘留的日裔美國人進行道歉。此外，目前國際間也針對是否應該爲從前的犯行承擔責任，從（部分）公義的角度展開辯論，像是美國奴隸制度、亞美尼亞大屠殺、印第安人大屠殺、愛爾蘭馬鈴薯大饑荒、澳洲政府強行帶走原住民子女、日本二戰時期的暴行、南非種族隔離政策等等。

造成道歉行爲增長的另一個原因，可能是過去幾十年間，權力平衡在群體、國家之間發生了轉移的緣故。我們已經屢次看到原本勢單力薄的群體，向先前貶低他們價值的人，要求受到平等對待的權利。比方說，在美國的女性與非裔美國人，努力爭取投票權與在商業界公平競爭的機會；南非黑人則透過激勵人心的領導、宗教的力量，以及荷裔南非人害怕遭到暴力報復的恐懼，順利取得應有的權力（但願這些發起暴虐行爲的人——男人、白人、荷裔南非人——能夠秉持他們的道德價值，促成權力轉移產生正面改變）。從前力量有限的群體，如今憑藉重新取得的權力，提醒其他人——包括過去與現在——存在的不公不義，聲明貶低價值的行爲是不容允許的，而且必須透過協商來達成新的社會契約。

女性在社會上逐漸提升的權力與影響力，則提供了道歉在社會中日益重要的最後說明。隨著女性崛起成爲領導者，像是企業高層、專家人士、神職人員、政府官職，以及其他類型的領袖，她們也引導社會採取與男性截然不同的觀點，來看待道歉的過程。如同我們下一章將會看到的，與男性恰恰相反，女性道歉的次數更加頻繁，承認罪責時更加自在，同時也更傾向藉由道歉來減輕人際關係緊張的局面。

個人觀點

我是因爲不愉快的個人經驗，引發了對於道歉這個主題的興趣。當時，有兩名朋友在一件重大的事情上，背叛了我的信任，而且他們爲了進一步打擊我，故意說謊。發現事實後的幾個星期，我仍然心煩意亂，幾近崩潰，沒辦法從事日常活動。我覺得失去了兩個朋友，而同樣令人痛苦的是，我開始質疑自己對別人一向信任以待的作風，以及自己判斷他人的一切能力。直到有一天，我忽然有個想法，覺得要是他們向我誠懇道歉，我們的關係或許還有可能挽回。對於諸位讀者來說，這個想法看起來可能太過天眞又平淡無奇，對我而言卻是靈光乍現，我在那一瞬間自然而然頓悟，明白了我認爲是重要且意義深遠的事情。於是我開始感到好奇，雖然道歉看起來不過是件簡單的小事，卻有這麼大的改變力量。

這次的頓悟激發了我在心智層次上對於道歉的興趣，我發現自己開始仔細思索一系列的問題：爲什麼人們要道歉？爲什麼道歉這麼難？爲什麼有些道歉能夠彌補裂痕而有些不能？爲什麼有些人試圖道歉，反而得罪對方，把事情弄得更糟？道歉爲了發揮作用，就非得是眞心誠意的嗎？道歉對於被冒犯的一方而言，有什麼意義？道歉與寬恕有什麼樣的關聯？眞的有所謂「太遲了」的道歉嗎？道歉的能力究竟代表堅強還是軟弱？公開道歉與私下道歉有何不同？

爲了尋找這些問題的答案，我讀遍關於這個主題可以找到的所有報紙、雜誌、書籍。從「指南」類型的工具書，到社會學者、心理學者、宗教學者的學術著作，範圍涵蓋各種類型的讀物。我也注意到主要的全國性報紙與區域性報紙，每個星期都會登出幾篇有關道歉的文章。我還研究了歷史上、小說裡的道歉，並觀察身邊的家人、朋友、同事、病患，以及我自己的道歉行爲。

同時，我的家庭生活情形，使我意外洞察了道歉的心理。內人與我於一九六六至一九七七年，共十二年期間，領養了八個孩子。[30]不知不覺中，其中的七個孩子都長成青少年了。部分由於我們希望營造彬彬有禮的生活氣氛，所以就試著教導他們合宜的道歉方式。這是相當有意思的挑戰，說來並不誇張，也讓我明白了道歉的威力，以及人們有多麼不情願道歉。

從我的家人身上得到的經驗，闡明了即使是簡單明瞭的道歉，也可能錯綜複雜，值得我們學習。某個星期六下午，內人買了她最愛的小點心，一種高級的核桃巧克力布朗尼，塞滿了堅果仁餡，做爲那天晚餐後的甜點。但是，到了晚餐時間，內人卻找不到它，便懷疑起年紀最小的娜歐蜜。那年她十六歲，是當時唯一待在屋裡的孩子，內人質問她是否拿了布朗尼，娜歐蜜否認這項指控，不過內人認定娜歐蜜就是罪魁禍首，於是說起教來，提醒她說實話與信任對於關係的重要性。娜歐蜜卻還是不認錯。

隔天早上，內人又問：「娜歐蜜，妳眞的沒拿布朗尼嗎？一想到我有個孩子做出這種事，我就覺得很不愉快。母親和女兒之間應該要互相信任。」（注意現在探討的層次已經從拿走布朗尼，升級到母親和女兒之間的信任了）我們的女兒聽了更是斷然否認，接著她的目光越過內人的頭頂，發現消失的布朗尼就擺在櫥櫃上面，那正是內人原本擺放的位置。內人這下子想起來是自己放在那裡的，娜歐蜜一臉沾沾自喜、自鳴得意的樣子，說道：「嗯哼，妳準備好要道歉了嗎？」

內人於是展開眞誠的道歉，同時感到極度掙扎又羞愧難當：「我非常抱歉，竟然懷疑妳或我的任何一個孩子會偷拿布朗尼或說謊。」她說，「我感覺很糟糕……」等等。女兒則斥責她，說：「妳應該知道我對堅果過敏，不可能拿走含有堅果的布朗尼，難道妳不知道我過敏嗎？」我的女兒並非妄自預設崇高的道德準則，因爲根據我們家的標準，偷拿人家的糖果或糕點不是不可饒恕的罪過，眞正不可饒恕的罪過是因此撒謊。娜歐蜜現在覺得受到冒犯了（或起碼是假裝覺得受到冒犯），因爲她被指控拿走含有堅果的蛋糕，可是一個盡職的母親應該曉得她的女兒對堅果過敏。

娜歐蜜任由內人不斷道歉，直到她覺得內人吃夠苦頭了，才帶著洋洋得意的表情說道：「妳道歉的樣子我可愛看了，母親大人，因爲那讓妳看起來像個傻瓜。」幾個星期後，內人在工作時間來電，告訴我娜歐蜜爲了某件她做過的事道歉了。這個行爲相當値得注意，因爲我們可不記得娜歐蜜曾經爲了什麼事而道過歉。

這個有關成功道歉的簡短故事，體現了道歉過程的複雜和力量，並揭示了道歉的現象可以做爲一扇窗，使我們洞悉維護人類尊嚴的人類情感與行爲。在這次道歉行動中，我們看見羞愧、罪惡、恥辱等情感相互交織；看見什麼是和解的原動力；協商在過程中扮演的角色；雙方權力與敬意的轉移；冒犯的一方受罰的重要性；治癒傷痕的一切要素與寬恕，以及以身作則來教育他人道歉的重要性等等。接下來的章節，將會詳盡探討前述與其他對於道歉過程的觀點。

我的專業角色與思想興趣，使我能從另一個實用的角度來研究道歉。做爲醫學院院長兼學術健康中心負責人，我曾仲裁過多不勝數的人際或組織衝突，其中有些需要深刻的道歉才能解決。做爲開業精神科醫師與心理治療師來幫助個案、情侶/夫妻、家庭、群體，我時常親眼見到道歉的效果——或是缺乏道歉的後果——如何影響家庭成員間的衝突。這些衝突常見的情形是家庭中某個成員遭到另一名成員羞辱，由於雙方不願道歉或原諒，家庭產生嫌隙，彼此憎恨，持續幾個星期甚至一生，令人見了心如刀割。二十多年來，我持續在醫療問診以及羞恥與屈辱心理學等領域從事研究與教學，尤其特別關注當這類情感發生在醫師與病人互動時；[31]病患通常對於疾病感到羞恥，有時是因爲遭到他們的醫師羞辱。我終於學到了，道歉，或許是治癒的唯一辦法，或至少是把羞辱所造成的傷害降到最低的方法。不幸的是，從前的醫師往往不願意道歉，他們囿於自尊與恐懼，認爲道歉通常意味著坦承罪過，擔心自己可能因此陷入醫療疏失訴訟當中。然而，近年來人們對於由醫療專業所造成的醫療疏失愈來愈感興趣，也促使研究開始探討醫師應該如何承認過失並道歉。

就像化解衝突對於家庭成員、朋友、組織成員的重要性一樣，更大的群體之間因爲領土與財富，以及種族、民族、宗教差異所產生的衝突，如何透過文明的方式來化解也就更加重要。做爲瑞士柯峰國際會議「和平重建倡議」的發言人，[32]親眼目睹分別代表六十個國家的聽眾，渴求運用道歉來消弭國內紛爭的企圖心，讓我深受感動。

本書取材自我對於一千多個道歉事例的研究，我認爲藉由分析道歉過程，將能幫助讀者明白他們自己或其他人，在私人關係或公共領域的道歉經驗，何以是成功或是失敗的。我並不打算告訴讀者怎麼感覺或思考才對，只想幫他們了解到自己怎麼會有這種感受與想法。我但願讀者最後能夠體認到眞誠道歉對於修復破碎關係的重要性（還有限制），理解愈來愈多的公開道歉其背後的涵義，並建立一些技巧來應用所學。

我時常在想，過去十年來，是什麼在支持我對研究與傳授道歉的興趣。我認爲不只是超然獨立的思想興趣，或只是爲了修補破裂關係，才促使我研究道歉；而是因爲想要發展、實踐這個舊觀念——爲了犯錯而道歉——來幫助別人與那些道歉的人，發揮正向的影響力，積極改變人生。此外，出席講座的聽眾，以及朋友、同事，都會與我彼此交流，討論想法，也帶給我莫大的滿足感，他們受到這個話題激發的興趣與見解，對我來說是很棒的禮物。當我們一起探索道歉的主題時，發現了不少絕妙的主意，可以運用在家人、親戚、朋友、工作等人際關係上，也可以幫助我們了解國內與國際紛爭，反思自己期望他們如何化解歧見。

第二章 道歉的矛盾之處

人們總把「我很抱歉（對不起）」
與道歉聯想在一起，
並經常帶來令人困惑的結果。

曼紐在他寫給我的信裡，敘述他決定為一樁時隔六十一年的唐突之舉道歉，因為「真心道歉的簡單有力深深觸動了他」。[1]沒錯，真誠的道歉確實是簡潔易懂。當我們讀到或得到別人充分或真誠的道歉的時候，我們憑直覺就知道這樣行得通。我們甚至會猜想這些令人受用的道歉一定有些共通之處，譬如冒犯者會承認錯誤並表示懺悔之意，或是受創的人際關係得到修復。

尼可拉斯．塔沃齊思對道歉也有類似的觀察。他說道歉是「如此簡單直接」，但他又在這句話前加上關鍵的「乍看之下」，[2]為深入檢視後可能衍生出的不同結論預留了開放空間。然後他又說，道歉的過程看起來「撲朔迷離」，[3]這話又跟他前面說的簡單直接相衝突了。塔沃齊思可能是在含蓄地表示道歉過程的矛盾性質：表達歉意的行為是非比尋常地複雜，同時卻又十分單純而容易理解。在本章與接下來的章節中，我們會探索造成這種矛盾的結構、意圖與過程。

我想，從道歉的定義以及我們道歉時使用或錯用的話語開始探索，應該很有幫助。接著我們再來思考性別、文化與語言是否會影響，以及如何影響道歉的結構與表達方式。檢視道歉本身的過程時，我們再來看看為什麼人會道歉，而冒犯者的心理需求是一定得著墨的。此外，如果想要道歉成功，可以採取哪些方法。

最後，我們會探討公開與私下道歉的異同之處。

道歉的意義

「道歉」是指兩造相對時，冒犯者對被冒犯者承認自己對過失或對方的不滿所該負的責任，並且表示遺憾或感到自責。當事者可以是個人也可能是更大的群體，譬如家庭、公司行號、少數族群、種族或國家。道歉可能是私密或公開的，以書面或口頭表達，有時候甚至以非語言的形式傳遞。

有些學者認爲道歉還要有額外的準則，像是對冒犯行爲的解釋、表達羞愧或內疚感（或兩者兼具）、有不再犯的意願，以及對被冒犯者的補償。[4]本書會持續探討這些額外的準則是否必要，以及它們對道歉過程有什麼助益。在接下來的章節中，我會說明道歉不只是單方的授受，通常還會涉及雙方的對話與協商。

英文的「apology」在早期有從希臘文「apologia」衍生出來的另一個意思，表示正當的理由、解釋、自我辯護或是藉口。爲某人或某種想法辯護的說詞就叫做「apologia」，而陳述這段說詞的人就是「辯士」。當「apology」是指上述這個意思的時候，並不涉及承認過失，也因此不需要請求他人的原諒或寬恕。[5]

許多早期的教會與希臘文文獻被歸在「apologia」一類。以「基督教護教學」爲例，指的就是神學的一個學派，爲他者對基督信仰的批評提出抗辯。柏拉圖《對話錄》中描述蘇格拉底之死的〈申辯篇〉，是在解釋爲什麼蘇格拉底在遭到死刑威脅的時候仍然沒有離開雅典。理查．尼克森總統的〈跳棋〉演說，道格拉斯．麥克阿瑟將軍的〈老兵不死〉名講，還有吉米．卡特總統爲伊朗人質危機的救援失利而發表的聲明，都是這類申辯文的近代範例。[6]這些演說是爲了解釋或辯護，而不是爲了承認錯誤並表達懺悔之意。

彼德．高梅思在他的《一本好書：用理性與感性讀聖經》一書中，爲前述道歉的初始意義做了當代闡釋。[7]他把書中傳統的〈前言〉一節改命名爲〈申辯〉，並解釋他想用的是這個字的早期意義。「……也就是爲了可能造成不滿的任何事所做的正式申辯，這與其說是道歉，毋寧說是提供解釋。這不是爲了請求他人諒解，而是爲了給那些雖有需要、卻不情願接受的人，指點一條明路。」[8]

人們總把「我很抱歉（對不起）」（I am sorry）與道歉聯想在一起，並經常帶來令人困惑的結果。如果我說：「聽說你姑姑生病了，我很抱歉。」或是

「我很抱歉，這場病令你這麼難以康復。」我這不是在道歉。我會說這個「我很抱歉」是在表達同情或同理心。這些陳述意不在道歉，因爲它們並不包含承認他人的怨懟，扛起罪責還有表達悔過之意。

另一方面來說，假如我把某人借我的東西弄丟了，我可能會說：「我很抱歉，我把東西弄丟了，我感覺好糟，我應該要更小心才對。下次見面我會賠你一個。」這裡的「我很抱歉」就有道歉的意思，因爲我承認冒犯了別人、承擔錯誤、表達悔過之意，並提供補救之道。同理可證，如果我不小心撞到別人，害他的購物袋掉到地上了，我一邊說「我很抱歉」，一邊自責地試著幫忙把四散的東西撿起來，這也是在道歉。之所以會產生困惑，是因爲當一個人說「我很抱歉」的時候，我們不知道這是在表示歉意還是同情。

有時候我們雖然是帶著同情的意思說「我很抱歉」，卻希望他人視其爲歉意的表示。在第四章裡，我會更詳細探討這類用法。「抱歉」一詞通常也是青少年表示嘲諷的一種道歉方式，他們會說成「嗖哩～」（SorrEE）或是「超～抱歉der」（sooooo sorry），一名澳洲的脫口秀主持人跟我說，這種表達方式不只是美國，在她的國家也很常見。

除了「我很抱歉（對不起）」不全然是在表示歉意，「道歉／致歉」（apology）這個詞似乎也在取代「抱歉」（sorry），用於表示禮貌或同情之意。這股潮流的例子包括人們因得另赴他約，而在會議或晚宴中提前離開時表示歉意（「我爲我的離席道歉」）；旅館在翻修工程旁貼出的告示（「造成不便，我們向您致歉」）；某些博物館在參觀守則中表達的歉意（「請勿吸菸、亂丟垃圾、攜帶寵物進場，本館向您致歉」）；還有停車場在客滿時的道歉（「車位已滿，敝公司向您致歉」）。在所有這些例子裡，那些表達歉意的人，是爲了加諸在他人身上的限制或不便，而表達關切或同情。在這些場合中，除了使用「道歉」或「致歉」一詞，非得提前離開不可的人可以說「不好意思」，或是「我很抱歉，必須先走一步」，或是「我恐怕得先離開了」。旅館則可以說「很遺憾」或是「造成不便，十分抱歉」。博物館也可以爲入館規定表示「遺憾」或「抱歉」。這些都是有禮、充滿關懷與同情，也富有同理心的表示，但他們不是因認錯而道歉。

這些語帶雙關的「道歉」所帶來的後果，就是當你的朋友很單純地說：「我道歉」的時候，你不知道他是眞的在對你表示歉意，或只是一句敷衍的「對不起喔」，而完全不是在承認自己的過失也不是在懺悔。想要判別一句「我道歉」是不是眞的在道歉，有個簡單的方法是，去看發話者在類似情況再度發生時，會不會重複同樣的舉動。想當然耳，爲翻修工程道歉的旅館和禁止吸菸與攜帶寵物的博物館，並不會改變他們的行爲或規定；停車場老闆也不會因爲客滿而悔不當初。

在一則《波士頓前鋒報》的社論中，有名編輯爲了一篇專欄作家的文章道歉，顯示了「道歉」的這種誤用：[9]

> 《波士頓前鋒報》能與我們服務的社群保持連結並滿足其需求，對此我們一向深感榮幸，而這仍是敝社今日努力的目標。
>
> 然而，近來唐·費德在十一月三十日發表了關於波多黎各國家地位的一則社評，他在文章中所用的某些言詞冒犯了拉美裔族群。**敝人在此謹向感覺受辱的讀者致上個人深切歉意**。（粗體字爲作者強調）

該文措詞確有不當之處。我們是否該更細緻地顧及拉美裔族群的感受呢？確實應該如此。然而，我們也授以敝社專欄作家暢所欲言、自我表述的空間。我們認爲這是他們應得的權利。

本社願接受拉美裔社群與全體讀者公評，不僅是針對單一專欄，亦涵蓋我們爲本市及全體市民所撰寫的一切稿件與報導。

本社體認到我們身處在一個快速變動的社群中，也期許自己能在社論與新聞報導頁面中，如實反映此一豐富多元的面貌。**《波士頓前鋒報》將繼續保持多元性，不只是族群與種族方面的多元，也包括了接納各方觀點與評論意見的多元。**

（粗體字爲作者強調）

雖然這名編輯表達了遺憾之意，也對讀者遭該文冒犯表示歉意，不過他還是聲明文章刊登有理，因爲這符合了報社廣納各方觀點與意見的方針。這篇編輯啓事並不是道歉聲明。

道歉與性別差異

我以道歉爲題做演講的時候，經常問聽眾：「男人與女人相比，誰比較常道歉？」而反應總是很明顯：男士們一聲不吭，女士們則一邊揮手一邊信心滿滿、甚至語帶自豪地說：「是女人！」我也注意到女性來參加我關於道歉的演講人數，以大約三比一的比例勝過男性。她們看起來比同場男聽眾更興致盎然、更投入，互動也比較多。此外，當有報社記者或專欄作家因撰寫與道歉有關的文章，而打電話來向我諮詢的，也通常是女性。

有一回我受某名印度裔女醫師的邀請，在一個印度醫師學會的年會進行關於道歉的演講，當時我很強烈且直接地感受到這懸殊的性別差異。我在陳述己見的時候，注意到女醫師與男醫師的太太看起來超級熱情有反應。她們堅定地點頭示意，所用的肢體語言也清晰有力。反之，那些男醫師與女醫師的先生就顯得沉默加陰鬱了。他們顯然對我不太高興。後來我走出會場大廳，經過一群與會醫師所生的美裔孩子，他們都是大學生年紀，一夥人正興高采烈地聊天。我問他們自己是不是錯過了什麼好戲，結果他們面帶促狹笑著告訴我，把我排入年會的議程其實背後另有目的，就是爲了幫他們的父親學習如何向他們的母親道歉。這群學生對這場角力，以及我是如何天眞無知地攪和其中，可是一清二楚。

在我的精神科執業生涯中，我觀察到某些女性有種特殊的道歉風格，她們認爲自己表達歉意過了頭，甚至到了丟臉的地步。這些女性似乎在童年時被他們的父母（尤其是父親）給嚇著了。這個觀察多少由數名女性聽眾證實了，她們在演講結束後趨上前來，向我坦承她們即便沒必要、還是會過度向別人道歉的行徑（她們並沒有在演講的發問時間提問這個話題）。她們頗感羞愧地討論著這種行爲與相關的家庭背景經歷，同時探問改變的方法。從這些討論還有我的病人身上，我推想這類道歉應是起於童年時，她們爲了使嚇人的父母息怒所做的努力：「對不起，對不起，請別傷害我。」

女人比男人更常道歉（此指眞心而非受逼嚇而爲的道歉）這一事實，已經獲得多個學術領域的學術研究證實。知名的作家與社會語言學家黛伯拉．坦南就觀察到：「女人傾向關注『這次談話會拉近還是疏遠我們的關係？』反之，男人則比較關心『這次談話會讓我居於領導還是服從的位置？』」[10] 坦南在《辦公室男女對話》[11] 此書中引用了一項珍奈特．荷姆斯的研究，這項研究提供了額外證據，顯示女人比男人更常道歉。[12]

另一類關於內疚感的研究，也幫忙解釋了女性高於男性的道歉傾向，因爲道歉常緊接著內疚而來。珍．拜比在她關於內疚感經驗的性別差異的評論文章中，總結出：「女性比男性更容易感到內疚」、「比男性更可能提及欠缺考慮與不忠的行為所帶來的內疚感」、「相較於男性，女性更常提及自親近人際關係衍生出的內疚感」，以及，和男性相比「更容易承認自己應受譴責」，還有「因自己的過失而做出更多也更複雜的讓步」。[13]

卡蘿．吉利根對女性發展和心理學理論向來缺乏女性意見的現象，做了開創性的研究。而女人比男人更常道歉這個結論，也與她的工作成果相符。她極具說服力地指出，女人在「關懷倫理」與「關係與責任的連結」這些方面，還有對「與他人聯繫」有多麼重視，都與男人不同。雖然吉利根沒有提及道歉，她的研究還是幫助我們理解到為何道歉對女人特別有意義，因為她們更投入對人際關係的修復。[14]

從文學的角度來看，普林斯頓大學的英語文學教授依蓮．蕭華特認為，男作家會放任筆下的男性角色惡待女性，然後一個歉也不道就瀟灑脫身。她引用了莎士比亞、亨里克．易卜生、湯瑪斯．沃爾夫與亞瑟．米勒的作品來闡述她的觀點。她寫道：「要是讓一位英雄在受了委屈的女人面前自取其辱，這會使得他看來古怪、懦弱、令人難堪且缺乏性吸引力，也就是說，沒有男子氣概。」蕭華特又表示：「如果文學作品中的英雄人物從不道歉，也很少為自己辯解……那一定是因為男作家覺得這些舉止可恥。」[15]

蕭華特引用了易卜生的《玩偶之家》來支持她的論點。托瓦德在拒絕向妻子娜拉道歉時解釋，他會為了她「欣然投入工作，夙夜匪懈」，可是即便是為了心愛之人，也「沒有哪個男人會犧牲自己的榮譽（來道歉）」，而娜拉答道：「這是成千上萬的女人做過的事。」蕭華特還補充，相較之下，女作家就會讓男人的惡行得到報應，「寬恕來之不易，需得努力爭取。」[16]繼續深入了解兩性的道歉頻率與方式有何不同，是很重要的。畢竟女性組成了全人類的一半，在社會中的領導階層等各方面，也會持續獲得更對等的機會。我相信我們能夠期待女人整體的社交風格，以及她們藉由道歉來處理不滿情緒的方式，可以增進團體凝聚力，也能促進衝突的緩解。

道歉與文化

在這個距離日漸縮小的地球村，國與國的關係與對話是有增無減。這使得道歉在不同語言與文化中的異同之處愈來愈受到關注。在中美撞機事件發生後，許多美國報紙試圖教育美國民眾中國所使用的道歉語彙。這種現象的研究屬於社會語言學或心理語言學的領域，雖然對這類文獻的探討遠超出本書涵蓋的範圍，我仍要提出幾個觀察，說明道歉是如何受到文化影響的。

英文的「道歉」和其他語言表示道歉的字彙有很大的差別，因爲英文「道歉」的字源完全沒有認罪或承擔指責的意思（它是從希臘文的「apologia」來的，意爲辯護或防衛）。「道歉」本身沒有什麼情緒力度。如同之前提過的，這個字也因爲和表示同情的「抱歉」（sorry）混淆不清，而失去了精確的字義，其結果便是一句簡單的「我道歉」已經變得沒什麼用了。如果你指責某人的冒失之舉，然後他用「我道歉」這三個字回了你，這已無法令人滿足了，你會期待還有其他的表示，像是「我覺得很糟！我這麼做是不對的，我該怎麼補償你呢？」相較之下，西班牙文裡的「disculpa」就含有表示受責或有罪的字源。德文中常用來表達「我道歉」的一句話是「entschuldige bitte」，其中的核心字彙「schuldig」是「有罪」的意思（這整句話可大略翻譯爲「請拿走我的罪惡」）。就算有些語言中表示道歉的關鍵字彙已經有得罪或自責的意思，很多時候，人們還常常會加上動詞修飾語或肢體語言來加強歉意，像是搥胸或其他姿勢。

日文對待道歉的概念就跟英文很不一樣。已經有很多英文與日文文獻，對日本的道歉文化加以探討。這個主題之所以引人入勝，我想是因爲它反映了道歉在日本文化中有多重要、日語和英語使用者在二戰與戰後美軍占領期間的交流，還有日本稍後的經濟成長，以及該國做爲西方民主國家盟友的重要性。

大致上來說，日本與美國文化的不同之處在於，日本人「在群體中保持和諧穩定的人際關係，互相依靠、互相信任是最重要的」。[17]因此，日式道歉著重在與遭到冒犯的一方恢復關係，而不是抒解諸如內疚感之類的內心感受。後者比較常見於美國在個人之間的道歉行爲。

在維護群體和諧的大前提之下，日本人衍生出種類繁多的道歉方式，以符合犯錯者的社會階級，而美國人通常對每個人都用類似的方式道歉。日本人也比美國人更容易道歉與接受他人的道歉，甚至錯在別人的時候也經常道歉。

日語有很多用來道歉的詞彙，像是「對不起」、「不好意思」、「失禮了」、「我會反省」，還有眾多其他字眼。如何使用這些詞彙要考量場合有多正式、發話人的性別、當事雙方的權力關係，還有犯錯的人應承擔多少責任。日語的道歉比英語更可能包含自我貶損和屈從的表達方式。比方說，他們常會使用可翻譯爲「卑微地」、「謙卑的」、「再三地」、「卑下地」，還有「無條件地」這類修飾用語。就如同這些詞彙所示，日本人的道歉更傾向傳遞順服、謙卑與溫和之意，而美國人則傾向表達自己的誠心誠意，至少在個人道歉時是如此。此外，日本人不鼓勵爲自己的行爲加以解釋或是找藉口，他們認爲這麼做有失體面。反之，在英語世界裡，道歉時提出解釋通常可視爲誠實的表現，也很正當。日本人道歉的對象很廣泛，只要他們認爲對其負有責任皆可，比方說自己大學的成員、學校老師、工作時認識的朋友；然而，美國人傾向只對配偶、小孩、父母與寵物道歉。[18]

有些人可能會針對日本人比美國人更常道歉這一點提出異議。他們可能會指出，不管怎麼說，在二戰期間，日軍對美國的同盟國還有環太平洋鄰近國家所犯的暴行、對生靈的塗炭，爲此他們可是遲遲不願道歉。雖然這話並未說錯，但這和我說的日本人毫不吝惜並經常使用道歉做爲凝聚社會、保持群體內部和諧的方法，兩者並不相衝突。

更明確地說，日本人視其他國家與社會地位較低下者，爲他們所屬群體的外人，所以不值得向這些對象道歉。日本人對於爲我們所謂的「戰爭罪」如此不情願道歉，也是由於歸罪祖先或裕仁天皇，是他們所不能接受的行爲。[19]

以上簡短的說明不是爲了給日式道歉提供簡單易懂的分析，而是爲了展現不同語言和文化的人，想要有效地向彼此道歉，或是感受到對方的歉意，是複雜又充滿挑戰的過程，必須要理解對方的文化、具備精確使用語言的能力。雖然現在已經有了對多種語言如何表達歉意的語言學分析，就我所知，目前還沒有全面探討「比較道歉學」的書籍。在這個日益縮小的地球村裡，我們早晚會看到有人出版這麼一本書的。

道歉的過程

當我們觀察某一方向另一方道歉的時候，我們可能會納悶，被冒犯的一方需要從道歉中得到什麼，而冒犯人的那一方表示歉意的動機又何在呢？這些看似簡單的問題其實有著很複雜又重要的答案，以致我必須花掉兩個章節（第三章與第六章）來仔細推敲。我現在所能簡單回答的是，那些受害人會希望以下一至數個需求能得到滿足：

- 重獲敬意與尊嚴
- 確知得罪他們的人和自己有共通的價值觀
- 確保錯不在自己身上
- 得到對方不會造成更多傷害的保證
- 知悉犯錯的人因過受罰了
- 獲得合理賠償的允諾
- 以及有機會表達因對方的過失而遭受的痛苦及其他感受

至於那些有意道歉的人，則是出於以下兩大原因。首先，是他們因爲自己冒犯他人而感到羞愧、有內疚感，同時也能同理對方的感受；其次，是他們試圖修復彼此的關係並避免其惡化，或避免遭到遺棄、報復與其他處罰。由於涉及道歉的兩方經常對彼此的需求渾然不覺，也就不難理解爲何許多道歉總是以雙方都不滿意作結。

下一個看似簡單、實則複雜的課題則是：「我們該怎麼道歉？」或換個方式來說：「要如何道歉才能令受害人感到滿意呢？」我們將在第四章與第五章更深入檢視這個過程。簡而言之，道歉的過程可以分成以下四個部分：一、認錯；二、提出解釋；三、自責、羞愧、謙卑、眞誠等行爲與態度的表現；四、進行補償。而這每個部分的重要或必要性，對每一次道歉來說，都會因情境不同而有所差異。

用簡練的口語與肢體語言道歉

從前面那些分析來看，有人可能會認爲道歉的過程一定十分冗長。這可能是對的，特別是在我們需要對過失加以詳察盡述，以及必須報以複雜的賠償的時候。不過，很多令人受用的道歉可以十分簡練，甚至不需要言語就能達成。這裡有三種簡短的口頭道歉，以及另外三種盡在不言中的道歉方式可爲佐證。

第一種簡短的道歉，發生在路人不小心撞到另一個人，或是服務生上錯菜的時候。這時我們只要簡單說一句：「眞是太對不起了。」外加合適的肢體動作即可，不用詳述自己的過失。兩方都會知道有人犯了個小錯，而他也感到自責。這句話的言下之意是：「我犯了錯，是我不好。但這不是故意的，也不是在針對你，是我笨手笨腳。下次我會更小心。」爲了向對方賠罪，冒失的路人可能會幫忙把他撞掉的包包撿起來，而服務生可能會加緊動作、更正點菜單，甚至提供折扣，或是這頓飯錢乾脆就免了。

在第二個例子中，一名律師沒有依約及時完成某項文件，他打電話給客戶說：「這份文件遲交，我太慚愧了。剛才我用隔夜快遞把它寄出了。」如果遲交只是他唯一的過失，且不會帶來嚴重後果，這樣的道歉可能就夠令人滿意了。這名律師承認自己對不起客戶，並且很明白地表示自覺羞愧，等同是在自責。在這樣的情況下，毋須對爲何犯錯多做解釋，也不用加以賠償。

第三種情況是，一名教授與某教會成員爲教會的成人講座開了一系列研討班。上課期間，那名教授借給每個學員一本他認爲可能很有用的書。不過，其中一名教友在課程結束六個月後才物歸原主。她把這本書留在教堂裡教授坐的長椅上，並附上一張道歉短箋：「佔用了這麼長時間，眞的很不好意思。」她寫道，

「謝謝你這一系列精彩的課程。」這個道歉承認了過失，表達難堪的感受（一種羞恥的形式），並且以致謝做爲一種賠罪的方式。她沒有解釋爲何這麼晚才還書，不過這也完全沒必要。

或許不是每個人都同意道歉可以不經言詞就能表達。爲了那些難以接受這種想法的人，我要提供三則非語言的道歉的故事。第一個例子，有個駕駛到了最後一刻才看到紅燈號誌，他緊急踩下煞車以免撞上一名路人，然後扮了個鬼臉、雙手掩面，外加其他的肢體動作；那名路人接受了這些表示歉意的舉動。這名駕駛是用這些非語言的方式承認犯錯並且感到丟臉，同時表示他無意傷人；路人回打了個手勢表示他接受道歉。

第二個非語言道歉的例子，則與哈瑞·杜魯門總統一九四七年的墨西哥行有關。在旅途中，他未事先安排就逕行前往查普爾特佩克城堡，到一座紀念碑腳下獻上花圈。這座碑刻有六名青少年軍校生的名字，他們於一八四七年在美墨戰爭中陣亡。杜魯門擺上花圈，短暫地低頭致意，然後返回座車。根據歷史學家大衛·麥卡勒所述，有名計程車司機告訴美國記者：「眞想不到啊，全世界最有權力的人會來這兒道歉。」[20] 一家報紙形容，此舉是在表達敬意與彌補國家傷痕，他們的頭條是這麼寫的：「向四七年英雄致敬，杜魯門永癒家國舊創」。[21]

最後一則故事是曾任牧師的詹姆斯・卡羅爾，這名作者與專欄作家所述的，教宗在造訪耶路撒冷時的一次致歉之舉。「在耶路撒冷，若望・保祿二世離開座車，步行穿越了哭牆前巨大的廣場。從福音書時代以來的兩千年，基督教神學就靠著這座傾頹的聖殿，來佐證他們以耶穌——這個新聖殿之名，所做的種種宣告。沒有什麼比鍾情於這座廢墟更能彰顯基督教的反猶太主義了……所以，當若望・保祿二世全心走向聖殿的最後遺跡，並往哭牆縫塞入一張紙條，上面寫著一部分他先前爲祈求寬恕所做的禱告：『對於歷史上使您的後嗣遭受苦難的種種行爲，我們深感哀痛。』一件比道歉更深切的事情成就了。」[22]有人可以反駁說，教宗是把他的道歉給寫出來了。但我相信，即便沒有那張紙，教宗參觀哭牆這個舉動本身，就是在表示歉意。

以上我所說的「簡練」和「盡在不言中」的六個故事，都符合道歉的基本定義：承認錯誤、表示自責。此外，他們多少滿足了受害一方的需求，譬如重拾尊嚴與恢復尊重，認可雙方共同的價值觀，向他們確保處在這段關係中是安全無虞的，並向受害者保證錯不在他。然而，這些故事也顯示了道歉另一個複雜的面向，也就是和那些需要長篇大論的例子（會在接下來的章節探討）相反的，這種簡單甚至無涉言語的特質。

私下與公開道歉

道歉可以分為公開或私下的。我所說的私下道歉指的是僅發生在雙方之間，沒有其他觀眾。公開道歉指的則是兩邊在更廣大的觀眾面前進行的道歉，像是經由國內或國際媒體報導，在兩國元首之間進行的致歉行為。公開道歉也包含尼可拉斯．塔沃齊思所述的那些「一對多」、「多對一」，以及「多對多」道歉[23]。「一對多」的例子有比爾．柯林頓總統為了他的不當性行為向全國道歉，以及參議員川特．羅特為了他被視為帶有種族偏見的發言而向全國道歉。「多對一」的例子，包括司法體系對遭誤判定罪的無辜受刑人所做的道歉，或是公司行號因產品或營運方式對個人造成傷害而提出道歉。而「多對多」最常見的例子，就是國與國之間或是政府向國內受害群體所做的道歉。

依我的看法，公開與私下道歉的同大於異。兩種情況中的受害者都有相似的需求，兩種道歉的結構也都符合承認錯誤、提出解釋、表示愧疚與自責，還有做出賠償。不過，這兩者也有值得一提的相異之處。私下道歉要有用，受害者通常需要感受到犯錯者眞誠的悔意。而公開道歉則必須以「白紙黑字」將犯行昭告天下，並恢復公眾尊嚴（抑或「顏面」）才會有用。如果這些方面周全了，不太有人會去追究眞不眞誠的問題。私下道歉的特點通常有：自動自發，充滿情感，有彈性，對受害者的反應誠心以對，且通常會持續好一段時間。公開道歉則反之，通常得在旁人協助下事先仔細準備，還會受到第三方的影響；這樣的道歉因此比較被動也較爲缺乏感情，通常都是受到群眾壓力而不得不如此。留下精確的書面聲明做爲公共記錄，是公開道歉所不可或缺的。

私下道歉的時候，我們很容易就能知道誰犯了錯，誰又遭了殃。然而在公開道歉時，犯錯的人屬於哪一陣營，誰該替他們發言就不是那麼容易辨別，可能需要官方介入、投票，或是使用策略性的考量來加以認定。比方說，當美國冒犯別人的時候，問題就來了：我們該派總統、國務卿，還是外交大使去向受害的國家道歉呢？如果一間公司或是一所大學犯了錯，該由校長出馬道歉，還是由對過錯負有直接責任的人或團體出面呢？當名人向某一群人道歉的時候，他們該親力親爲，還是請經紀人或律師扮演這個角色？當國家領導人決定向某人或某群體道歉，他是否眞有那個分量代表全體國民宣告錯已鑄成，且舉國上下均懊悔不已？如果有位美國總統決定向越戰退伍老兵爲他們返國後所受的待遇道歉，就會發生這種複雜的情境。一個從來沒有服過兵役的總統，能夠成功地代表全國道歉嗎？現任天主教教宗有這個權柄，爲教會神職人員與信眾在過去數百年間所犯的錯道歉嗎？

當受害者或受害的群體不是那麼容易認定的時候，誰該接受公開道歉也是很複雜的。如果美國政府爲蓄奴制道歉，哪些非裔美國人算是受害者呢？所有的非裔美國人，包括那些晚近才自非洲遷入的移民都要接受道歉，或是只有那些黑奴的後代？曾在集中營飽受折磨的人和那些被納粹德國所役的奴工，很顯然是受害者，但是他們的孩子或孫輩又該怎麼算？我們要怎麼爲受害群體裡不同類型的人決定合適的賠償？

爲了數個世代前發生的歷史事件公開道歉，衍生出「是誰犯了錯」這個問題。也就是說，對那些不是親自犯下的過失，其中有些還是在我們出生之前發生的，我們該擔下罪責嗎？我們可能會問：「如果在蓄奴制或二戰的日裔美國人拘留事件發生時，我根本就還沒出生，我怎麼會是罪人呢？爲何我該道歉？」二戰後出生的德國人該爲納粹的暴行負責嗎？我對這些問題有雙重解讀。首先，人對於自己沒有參與的行動不負有罪責。不過，就像人會對自己並無功勞的事情感到光榮（像是有名的祖先、得到全國冠軍的運動隊伍、國家的重大成就）；同樣的道理，這些人一定也會爲自己的家人、運動隊伍，和國家感到羞愧（但不是有內疚感）。要領受國家的榮光，一定也得包括在國家表現未盡理想時，願意接納國家的恥辱。我想這種概括承受，就是我們所說的擁有某國的特性，或是對家國的歸屬感，或是有國魂。其次，人爲自己沒直接參與的行爲道歉的另一根本原因，就是他們從這些行爲得到益處。一個國家藉國力強取土地或奴役他人，其中的好處可能會延續至該國公民的後代身上。這些受益人雖然無辜，他們可能仍會覺得自己對那些從中受害的人負有道德責任。

道歉的矛盾之處

儘管這些道歉的準則，還有如何爲之的建議，使得各種道歉貌似雷同，但我相信每一次歉意的表達，我們都該視爲一次獨特的事件。許多因素相互結合又相互作用造成了這種獨一無二。許多先於道歉發生的因素有所影響，道歉本身的特性與事發情境也會左右這個過程是如何開展的。比方說，受害者是怎樣感到不平的，這就是先於道歉的一個重要條件。從微小的過失，像是發脾氣、怠慢他人、無意間輕微損壞了他人物產，一直到嚴重的背叛行爲，或是對一廣大族群長期大規模的侵犯其權利（包括謀殺），都能令人感到不平。此外，委屈不平的感受也不一定只關乎個人，有可能是某些人或某些群體對另一些人或另一些群體心懷不滿。不平的感受所隱含的意義，對引發它的一方或感受到它的一方來說，都會隨著各人的文化而有所不同。更進一步說，受害者感受到什麼樣的損失，他們想要從道歉中得到什麼，以及犯錯者道歉的動機，都會隨情境不同而有很大的變化。最後，受害者也會因爲他們接受道歉與原諒對方的意願如何，以及他們是否寧可心懷怨恨，而有所不同。

道歉會隨著許多面向而產生變化。如同我將在第三章中解釋的，令人感到受用的道歉可能要滿足許多不同的需求，這些需求本身會因道歉的功夫是否做足，而得到不同程度的滿足。承認過失的方式，可以從非語言表達到書面呈現，甚而是對過失全面又詳盡的描述。自責、羞愧、謙卑的表現程度，可以因爲它們是否眞的表達出來，以及是否明晰又眞誠地表達出來，而有所不同。我們可能不會對過失加以解釋，但有時解釋也可能很有意義，或十分無禮。對受害者的補償可能從完全沒有到象徵性的肢體動作，一直到對損害加以全面修復，包括做出在未來持續賠償的承諾。我們在第十章會看到，成功的道歉可能是當事雙方在許多變數上進行複雜協商的結果。

有鑑於各種道歉所共有的基本架構與眾多相異之處，我相信道歉就像人類一樣，既簡單又複雜，有根本上的相同點，個別看來又都是獨一無二。儘管有這種簡中生繁、同中有異，彼此矛盾卻又同時存在的特性，我還是希望也試著去給我們稱做「道歉」的這種人之常舉，賦予條理、意義與其最根本的理由。

第三章 道歉的療癒力量

成功的道歉必須能滿足被冒犯方一或多項獨特的心理需求。
失敗的道歉未能滿足什麼樣的心理需求？

關於道歉的過程，我們可以思考的一個重要問題，便是道歉如何修復受損的關係？另一個切入這個問題的方式，則是思考成功的道歉如何滿足心理需求，還有相對地，失敗的道歉未能滿足什麼樣的心理需求？針對私人與公開情境中的道歉進行了大範圍的研究後，我認爲成功的道歉具有療癒能力，是因爲它們對於接受道歉的一方，能夠滿足至少一項——有時是數項——心理需求，包括：

- 恢復自尊與尊嚴
- 確保雙方遵循相同價值
- 確認冒犯行爲錯不在自己
- 確信關係中是安全的
- 看見冒犯的一方受到懲罰
- 冒犯的一方爲了傷害提出賠償
- 與冒犯的一方進行有意義的對話

爲了詳細描述各項心理需求，我會列舉道歉事例說明，雖然在某個例子中可能明顯由某個需求所主導，不過就像本章稍後我所要呈現的，在許多情況下，這些心理需求環環相扣，而變得幾乎難以區分。此外，我們也將於第十一章探討，爲什麼滿足這些心理需求，便能夠推動寬恕的過程。

恢復自尊與尊嚴

被冒犯者常會覺得，冒犯行爲侵害了自尊或尊嚴，因此成功的道歉爲了達成療癒，必然要在某種程度上修補這些攸關自我價值的重要向度。我們普遍將這種冒犯行爲視做侮辱或羞辱，而我使用「羞辱」這個字眼來概括廣泛的各種經驗，從覺得遭到輕視或冒犯等最輕微的情節，到覺得被蹂躪或「擊垮」（annihilated）等最嚴重的狀況。人們在受到貶低、輕蔑、降格、侮辱，或地位遭到貶低而覺得無能爲力時，就會知覺到羞辱的感情。[1] 事實上，「羞辱」（humiliation）在語源學上即是來自拉丁文的字根「humus」，也就是「土壤、土地」的意思。二戰期間，納粹極盡所能使出羞辱的手段，來對付他們視爲「劣等人種」的民族與國家。德文「劣等人種」（untermenschen）字面翻譯爲「在下面的人」，其實便是「次等人類」或「比人類更加卑賤」的意思。

個人、群體、國家對於羞辱的反應，可能尤其具有毀滅性，包含各種惡意行爲，像是謀殺、戰爭、企圖報復、懷恨在心等等。任何人只要有過經驗，都能輕易分辨出蒙受羞辱後的種種反應。首先，受到冒犯當下最初的幾分鐘，一般人往往感到吃驚或「傻眼」。接著，關於這起事件的想法似乎開始加乘、增強，並持續幾個小時甚至幾天，使得當事人感到惱怒不解：「爲什麼我沒辦法乾脆忘了這回事？」可能因此一連好幾天都睡不好。一般人也經常經歷幾乎沒辦法做什麼事來扭轉現況，那種無可奈何的感覺。由於遭受羞辱而產生的怒氣——受辱的憤怒——可能相當激烈，令人痛苦難受。因爲這種憤怒而激發的行動（寄發下流的電子郵件、大暴怒、絕交、威脅提告、人身傷害等等），在當下看來還算理性而恰當，可是幾天、幾個星期過去，內在的痛苦平息下來後，這些行動有多麼不理性、不恰當，將會宛如鐵證般呈現在我們眼前：這時我們才意識到憤怒削弱了我們的判斷能力。最後，憎恨因此形成。

我認爲憎恨是殘餘怒氣、潛伏怒氣的一種形式，結合了惱怒與記憶，在受到冒犯後，經過長久的時間仍然存在，甚至可能連自己都忘了氣憤的原因。憎恨有個特點，就是使人輕易從殘存的怒氣和記憶中，一下子又回到事件剛發生時的完全暴怒狀態。我想這種憎恨的情感在日常生活中相當常見，而且可能在多數大家庭中，都能找到幾段長期存在的憎恨關係。在外人看來，這些導致憎恨的冒犯情節似乎微不足道，像是忘記某人的生日、侮辱性批評某人的長相（或是他們配偶的外表）、未能出席某場喪禮、未能受邀參與某次家庭活動等。兄弟姊妹之間嚴重的憎恨，常是因爲做子女的認爲父母偏心的緣故，特別是涉及財產分配的時候。另一個造成手足彼此憎恨的原因，則是對於將不久於人世的年邁父母，未能均等分攤照顧的責任，在這種情況下，手足之間可能會漸行漸遠，終此一生。

憎恨不僅限於個體間的關係。有些學者就認爲，法國對於德國的憎恨，是導致第一次世界大戰的其中一項重要因素；而這可以追溯到一八七一年的普法戰爭，當時法國遭受德國羞辱。[2] 同樣地，德國憎恨法國與其他同盟國，是導致第二次世界大戰的重要因素。當時德國因爲凡爾賽條約遭受羞辱，許多德國人因此將凡爾賽條約視爲「恥辱條約」[3]。根據歷史學家唐納德．卡根描述，德國歷史學家修昔底德於西元前五世紀撰寫了《伯羅奔尼撒戰爭史》，並提出戰爭是由三項因素促成：榮譽、恐懼、利益。卡根更進一步提到，若是我們能理解榮譽指的是「恭敬、敬重、尊重、尊敬、敬意、聲望，我們便會明白，也應將它當做現代世界諸國的重要動機。」[4]因此，侵犯榮譽可能會被視爲羞辱。《紐約時報》專欄作家湯瑪斯・佛里曼評論馬來西亞總理馬哈迪・穆罕默德的演講時，針對羞辱提出見解，超出了特定戰爭的範疇：「如果說我學到了什麼東西適用於世上一切事務，」他寫道：「那就是：國際關係中唯一未獲正確評價的力量，就是羞辱。」[5]要想分辨誰遭到了羞辱相當困難，因爲比起其他事情，承認被羞辱往往更令人感到屈辱，人們不會願意承認自己因爲他人而失去身分地位或無能爲力。蒙受羞辱的人可能寧願一面表現出堅強、不受冒犯行爲影響的樣子，一面怒火中燒，暗自等待機會報仇算帳。慎防可能造成別人感覺受辱的情況實在太重要了，因此我彙整下列清單，列出容易踩到地雷的常見情況：

人與人之間

- 受到忽略或被視爲理所當然
- 受到否定拒絕
- 不願配合基本的社交禮節

- 受到操縱或如同物品般的對待
- 受到不公平對待
- 遭到言語辱罵
- 被貶低身分或地位
- 遭到背叛
- 遭到不實指控
- 受到精神上或身體上的威脅
- 受到身體或性虐待
- 公開遭受侮辱
- 信念或關係遭到詆毀
- 界線或隱私遭到侵犯

國與國之間

- 遭排除在重要會議之外
- 受到不平等貿易限制

● 邊境遭到進犯
● 無端成爲攻擊、戰事的受害者
● 戰爭時期公民或囚犯受到非人道對待
● 遭到他國侵略占領
● 成爲間諜活動的受害者
● 爲了冒犯行爲被迫付出不合理的賠償

這份清單可以幫助個人（或是團體、國家）了解到他們何時侮慢、羞辱了對方，藉機澄清現場的緊張氣氛，思考合宜的回應。此時，道歉也是另一種回應方式。

《道歉不夠的時候：人類不公義中道歉與賠償的爭議》的作者羅伊・布爾克，對於類似冒犯行爲也提出了一份清單，可以對照參考。有關人類尊嚴受到侵犯的描述，他寫道：「……根據國際法認定，侵害或鎮壓人類的權力與基本自由，便構成人類不公義；其包括但不限於屠殺、奴役、法外殺人、酷刑與其他殘忍或羞辱對待、任意拘留、強姦、違反正當法定程序、強迫流亡、剝奪賴以維生之物、褫奪普選權等，以及基於種族、性別、血統、宗教或其他理由而施以歧視、差別待遇、排斥、偏袒等，企圖或致使他人無法平等受到認同、享有樂趣、從事活動，無法在政治、社會、經濟、文化或其他任何公共生活領域，享有平等的人權與基本自由。總而言之，人類不公義就是根據國際法認定，侵害或鎮壓人權與基本自由。」[6]接下來的道歉事例，將用來說明被冒犯的人，其主要需求是恢復自尊與尊嚴的情況。第一章已提過其中一個例子，關於消失的布朗尼，以及內人露意絲與我們的十六歲女兒娜歐蜜地位互換的故事。內人冒犯了女兒：其一，指控她偷拿布朗尼而且說謊；其二，指控她破壞母女關係之間的信任。娜歐蜜的反應，則是因爲母親竟然認爲她會偷竊而感到受傷，並因爲母親的評價覺得遭到貶低。露意絲的道歉相當成功，因爲她藉由放下自己的尊嚴來恢復娜歐蜜的尊嚴，她所說的話也發揮了效果：「我才是罪魁禍首，而不是妳。我把布朗尼放錯了地方，我早該知道的，卻還責怪妳。」露意絲坦承在這件事情上，她的孩子比起她自己，展現出更好的判斷力，維護了尊嚴。內人道歉以後，娜歐蜜說：「妳道歉的樣子我可愛看了，母親大人，因爲那讓妳看起來像個傻瓜。」她的言詞相當深刻地反映出許多道歉如何療癒傷痕：他們將原本對於受害者（娜歐蜜）

的負面評價轉移到冒犯者（露意絲）身上。先前無力捍衛自我的受害者，如今有了力量，可以選擇寬恕或拒絕原諒。娜歐蜜贏得勝利，也讓她的母親吃盡苦頭，直到雙方扯平。只有到了這個時候，她才準備好接受道歉與寬恕。

另一個例子是關於我與之前一名病患在互動過程中，藉由道歉恢復個人自我價值感的情形。那名病患結束心理治療幾年以後，留下訊息要我打電話給她，我卻不知把字條放哪兒去了，結果就沒能打給她。不久，她寫了封尖酸刻薄的信，告訴我，因為我沒有回電，在她情況危急住院又最需要我的時候，錯過了探望她的時機（從那訊息我無法得知她是生病了還是怎麼了，才住進醫院）。我犯下的失誤對她而言，如同「遺棄與羞辱」。我也為我的失誤感到羞愧，於是要求與她再見一面（當然是免費的），以表達我誠摯的道歉。我們地位互換的結果，使她看起來寬慰不少，我問她如何看待我們目前的互動關係，她告訴我，當時我沒有聯絡她，使她覺得自己不被人重視。而我的道歉，據她所說，使我們變得對等。

第三個例子則是來自英國廣播公司的新聞報導，一名英國穆斯林飛行員遭誣告，被指涉嫌訓練九一一攻擊事件中的恐怖分子劫機。美國聯邦調查局逮捕該名飛行員，將他拘禁在倫敦監獄五個月，直到英國法院裁決，顯示並無犯罪證據。

爾後，他控告聯邦調查局與美國聯邦司法部，求償兩千萬美元。該名飛行員起初要求賠償與道歉，他自從獲釋就被列入黑名單，因爲情緒困擾而無法從事飛行。他表示，如果當初得到道歉，他也就不會訴諸法律了。「這不是爲了錢，而是爲了原則。」他說：「我的家人不應該被貼上恐怖分子的標籤，我也沒理由蹲苦牢五個月。」[7]這個男人想要恢復自己的尊嚴，也願意透過接受道歉的方式來達成，然而當政府拒絕道歉，他不得不尋求另一種途徑來解決。最終，可能要藉由法院強制執行金錢賠償的方式，來恢復他的尊嚴。

我們會發現，在群體之間與國際關係中，運作的心理過程相似。總統柯林頓爲了塔斯克吉梅毒研究，向被當作試驗對象的非裔美國人道歉，是其中一個例子（這些人相信自己接受的是「壞血」治療，實際上卻淪爲試驗的一部分，並未受到治療，而是被利用來研究梅毒的自然演化過程）。曾經遭受如同非人類試驗對象來對待的這些人，如今透過道歉的方式，受公認與其他人應享有同等權利；同時，這個傲慢的強權大國也承認了自己可恥的悖德行徑。[8]第二個例子，是美國政府向二戰時期遭到拘留的日裔美國人道歉，許多昔日的戰俘認爲這個道歉恢復了他們的尊嚴或「顏面」（塔斯克吉的道歉案例中，早在道歉前幾年便已進行金錢賠償；日裔美國人遭俘的道歉案例中，則是道歉時伴隨金錢賠償）。

我在某場關於道歉的講座中，提出了一個問題，臺下的反應可以做爲透過道歉恢復尊嚴的具體演示。我詢問在場聽眾，當他們獲得令人滿意的道歉時，滿足了什麼樣的心理需求？一名先生站起來，說：「當某個人冒犯我時，他在這裡（伸出一隻手臂，平行地面），而我在這裡（伸出另一隻手臂，比前一隻手臂低了大約三十公分）。獲得他的道歉以後，我們就像這樣（伸出雙臂，在同樣的高度）。」其他人面對同樣的問題，也以類似的想像力來回應，像是「這使得運動場變平了」*。

在這些關於羞辱與隨後恢復尊嚴的故事中，屈辱與權力的互換，是反覆出現的一個主題。冒犯者起初羞辱被冒犯者，致使他們無法免於屈辱。道歉的過程則反轉了雙方的處境，藉由將受害者蒙受的屈辱轉移到冒犯者身上，使得對方成了「愚笨」、遲鈍或不道德的那一個。原先握有權力、能夠造成傷害的冒犯者，現在反而交出了權柄，改由受害者來行使權力，決定是要原諒或拒絕原諒。冒犯者與被冒犯者之間屈辱與權力的互換，用來解釋一些道歉是如何藉由恢復尊嚴與自尊來療癒，或許是最清楚的方式了。

確保雙方遵循相同價值

被冒犯者可以透過道歉來處理的第二項基本需求，就是藉由冒犯者進行道歉，承認他或她所犯下的錯誤，表示懺悔，並保證錯誤不會再度發生，來確保遵循相同價值；冒犯者基本上藉由表達：「我確實仍是你所認爲的那個人。」對於彼此關係內含的規範與價值，再次申明他或她的承諾，信任也因此重新建立，讓這段關係再次變得安全，而且可以預測。這類道歉提醒了我們，人們會犯錯，也會從錯誤中恢復，而曾經忽視的價值也可以重新建立，關係一旦受到傷害，也有可能療癒。體認到我們對於冒犯者原先的評價畢竟沒錯，也使我們鬆了一口氣：我們的信任並沒有錯付。透過確保雙方遵循相同價值來回復信任與善意的做法，同樣可以運用到群體或國家的關係上。

當冒犯我們的人拒絕承認他們的行爲是令人無法接受的，我們可能會覺得再

＊譯註：這句話是美國俚語，意即「使得雙方能公平競爭」。

也無法仰賴原本一向想當然耳的信任價值、可預測性，以及支持。若是雙方原先關係親密，這種侷促不安的感覺，就會特別令人不快。而且，因爲我們的自然反應會是遠離冒犯者，這麼一來，結果卻是疏遠，而非寬恕。「我怎麼能再信任他？他甚至沒辦法明白自己的所作所爲是不對的，或許我從來沒有眞正了解他。」

比起道歉失敗更糟的是，冒犯者再次做出冒犯行爲，接著又展開一連串道歉或假面道歉，心術不正，巧舌如簧，令人反感。在這種情況下，我們不但覺得冒犯者不值得信任，而且覺得自己被人當成傻瓜，因而侮辱了我們。我們將於第四章舉出幾個案例來探討這些所謂的道歉。

如果冒犯者並非個人，而是群體或國家，那麼，由群體心照不宣同意，在「可以接受」與「無法接受」之間所畫下的社交界線，就有可能受到侵犯。這些界線與限制，有時也稱爲「社會契約」，並能反映出爲了權衡群體成員的自由、權利、責任，協商後「互相遷就」的一切總和。侵犯社會契約的例子包括：運動員服用禁藥或使用違反規定的裝備、法人欺騙公眾、歧視種族或性別、報紙記者撰寫不實新聞、媒體對於個人的性別、種族、宗教發表輕蔑言論等。有些社會契約的冒犯情事如此重大，被冒犯者因此不只要求獲得口頭道歉，還要書面道歉——做爲銘記——聲明冒犯者犯下錯誤，悔不當初。

依據冒犯情節的嚴重程度，於公開情境破壞社會契約的人會被視爲「受到放逐的人」，如同字面意義一般，從與他人、群體、社會的關係中受到放逐。爲了回歸群體，重新被接納，冒犯者必須提出道歉，明確而公開地重申侵犯契約的事實（「我的所作所爲錯了」），表達悔意（「對於我的作爲感到難受」），並且承諾自制（「錯誤不會再次發生」）。社會群體需要再次確保冒犯者不會重複做出受到禁止的行爲。奧克拉荷馬城爆炸犯蒂莫西·麥克維，把十九名遭到殺害的孩童當做「附帶性破壞」不屑一顧，[9]像這樣的人使我們驚懼，因爲他們不像我們秉持同樣的神聖價值。麥克維藉由拒絕承認錯誤，來堅守自己做爲局外人的立場，實際上就是在表明拒絕道歉，「我信守自己的作爲，不靠你們的規矩過活。我不覺得後悔，甚至可能再幹一次。」任何追求爲成員提供安全保障、可預測性、凝聚力量的群體，都無法忍受這種斷然——而且持續——扞拒社會契約的行爲。

我在第一章將國家、甚至國際道歉行爲增長的情形，部分歸因於：從前無能爲力的群體，如今得以要求尊重，並譴責那些貶低他們的行爲。不過，我們也可以換個角度來理解，這個現象顯示隨著社會契約的進步擴展到將這些群體的權利與需求包含在內。想想看以下兩個公開道歉的案例，其中一個關於日本自由民主黨眾議員太田誠一，另一個則是關於備受尊敬的《波士頓環球報》體育專欄作家鮑勃·萊恩。兩個故事都顯示出社會契約與時俱進的特質：過去偶爾受到默許的行爲，如今遭到明白、公開、激烈的拒斥。兩個故事都普遍引起媒體高度關注；其中，太田達到了國際層級，而萊恩則限於美國國內。

在有關日本出生率下降的討論中，自由民主黨員太田提及一起尚未證據確鑿的五名大學生集體輪姦案，說道：「輪姦顯示做這檔事的人仍然精力旺盛，我認爲這或許顯示這些人比較接近正常。」[10]根據日本共同通訊社，「……八名來自眾議院與參議院的女性議員集體來到太田的辦公室，向他提交一封抗議書，裡面寫道：『這種言論詆毀女性，而且認可這種罪行，不只侮辱了被害人，也貶低了所有女性。』要求太田嚴肅反省他的言論，進行道歉。」[11]日本首相小泉純一郎（時任）也加入批評，表示：「強暴是令人髮指的行爲，不可原諒，而且跟你的身體是否健康毫無關係。」[12]首相小泉更補充：「（太田）才活該受到強暴，強暴是出於懦弱的殘暴行徑，跟『男子氣概』無關。」[13]

太田先生試圖滅火，平息受他的言論所激起的批評聲浪，不久後便告訴記者：「我想要重新思考，並表示歉意。」[14]他還有一次說：「我使用了不恰當而誇大的字眼，對於自己深深感到失望，而我的言論也造成許多人強烈的痛苦。我向被害人表示歉意……以及許多其他女性。」[15]他接著說：「我想要補充，強暴是嚴重的罪行，而且必須受到嚴厲懲處，但是我當時來不及說明。」[16]他在之後的道歉中還是一樣，表示自己的言論「確實不恰當，因爲做爲國會議員代表公眾。」[17]他在一場新聞記者會上，又補充說他認爲自己的言論是「無可挽回的錯誤」，還要藉由積極設法解決強暴相關議題來賠罪。[18]

第二個故事則是關於《波士頓環球報》知名體育專欄記者鮑勃・萊恩，以及球評巴布・羅伯，在電視訪問上的評論。在紐澤西籃網隊與波士頓塞爾提克隊季後賽的賽前表演中，萊恩說：「我對這女人有個想法，這個裘曼娜・基德想做明星……想在攝影機前露臉。而爭取露臉機會最好的辦法，就是帶上惹人疼愛的寶貝孩子（基德夫人頻頻帶著六歲兒子進入比賽場地）。噢，這下可好了，我眞想搧她一巴掌。」[19]當時眾所周知賈森・基德在一場家庭糾紛中毆打妻子，而遭判處罰金，還要參加家庭暴力與憤怒輔導。

羅伯立刻察覺萊恩犯下的錯誤，並且問他是否要收回剛才的發言，萊恩卻執意認爲自己的話並無不妥。然而，在後來的訪問中，萊恩表示他從電視演播室開車回家的路上，了解到自己的「荒唐錯誤」。

《波士頓環球報》要求萊恩暫時停職停薪一個月，並且在此期間禁止參與無線電臺與電視廣播節目。鮑勃·萊恩的編輯馬汀·拜倫批評他的言論令人反感，而且無法受，更違背了報社規範。[20]萊恩向基德夫人、報社、讀者、電視臺等進行道歉：「我誇張地說了基德夫人應該爲她尋常的行爲被『搧巴掌』，當然，我的看法相當惡毒。我希望清楚聲明，我知道我們社會中加諸女性的暴力，是極其眞實的問題，而且怎樣都不該拿來開玩笑。爲了我所說過的話，我要向基德夫人及所有女性道歉。」[21]

兩則報導的中心主題都是一些關於男性對待女性的合宜行爲的評論：太田表示輪姦犯或許是「比較正常」，而萊恩則暗示對女性暴力相向或許是正當的。無論是強暴或是暴力攻擊女性，在過去都曾經是可以接受的行爲；而對於道歉的訴求清楚表明，如今連合理化或認可這些行爲的公開議論，社會大眾也不會再勉強容忍。爭議不在於他們是否誠心誠意道歉，而是在於他們各自的道歉顯示他們了解冒犯行爲的本質，並且表現出悔意。他們自願公開發表意見，可以視爲再次確認群體遵循相同價值的表現。這種藉由公開道歉來重新確認彼此遵循相同價值的過程，一般會被極其詳細地記載下來，以確保共識內容準確並流傳後世。

確認冒犯行為錯不在自己

在某些情況下，被冒犯者會質疑自己是否也該爲冒犯行爲負點責任，他們會自問：「是我自己臉皮太薄了嗎？」、「是我自討苦吃嗎？」、「是我的錯嗎？」他們希望能從道歉中聽到一些表示，來確認自己的無辜。他們需要知道自己的行爲不是招來攻擊或羞辱的原因，而且他們對這個世界的看法基本上是確實可靠的。以下兩個例子，說明了道歉能夠寬慰人心，使人們不再擔心受到錯怪。

合眾國際社報導，受虐倖存者科爾姆·奧戈曼收到來自愛爾蘭天主教會的道歉，他於一九八一至一九八三年遭到已故神父尚恩性侵。談到性侵，奧戈曼表示，「就在最初的那一刻，我下定決心，要把我所經歷的一切說出來，我尤其想

要**將性侵的責任重擔從我身上卸除**。」[22]（粗體字爲作者強調）

另一個案例是關於一對姊妹，年紀分別爲二十七歲與二十四歲，獲判給一百萬美元賠款，並獲得佛蒙特社會與復健發展部的道歉，爲了「未能保護她們免於遭到繼父反覆性侵」。[23]當姊姊於十四歲懷了繼父的孩子，這件案子才首次通報。《波士頓環球報》的一篇文章，描寫了兩姊妹打從兒時開始，心理受創的情形。社會服務部的負責人證實了她們曾遭受性侵，而轄區當局的應變處理是「失職的，未能保護這兩個女孩。」這對姊妹表示，金錢無法抹消她們對於親密關係的困擾、她們對於親生孩子的過度警覺、她們不曾稍止的恐懼，還有她們與母親的破裂關係。受到安置以後，姊姊表示：「今天我們微笑，並不是因爲我們贏得勝利，而是因爲我們終於被聽見了。」其中一個女孩說：「那種我是壞女孩的感覺終於要煙消雲散了。」[24]（粗體字爲作者強調）

免除承擔侵害行爲罪責的心理需求，對於曾經是性侵受害者的人來說尤其意義重大。不過，這種負罪感不僅限於這類侵害行爲，即使受害者明白自己是無辜的，仍然不免感到憂懼，覺得自己可能以某種方式助長了侵害行爲。因此，當侵害者承擔了全部責任，受害者普遍會宣告：「我覺得受到了認可。」在其他情況下，受害者對於受到認可滿心感激，以致他們甚至主動挑起某些責任，來淡化侵害者所可能感受到的屈辱。

確信在關係中是安全的

被冒犯者除了需要確保雙方遵循相同價值，並免於受到責難，或許也需要在身體上或心理上覺得安全。這時候，道歉內容必須要能回應下列問題，例如：冒犯行爲的動機是什麼？冒犯行爲是別有目的而且針對個人嗎？冒犯行爲是因爲你哪裡錯怪我了嗎？冒犯行爲有可能再發生嗎？我能夠展露自己脆弱的一面嗎？我可以信任這段關係嗎？有個假設性的例子是，強盜闖進某戶人家，攻擊了一名家庭成員，並於稍後被逮捕。

這個家庭爲了重新獲得安全感，不只會要求強盜承認罪行，還會要他痛改前非。這個家庭也會想要知道，爲什麼強盜偏偏挑中他們家：是因爲聽說我們很有錢嗎？是因爲與某個家人曾有過節而挾怨報復嗎？有什麼強盜特別想要的東西嗎？只是隨機選中這一家人嗎？這名強盜有犯罪前科嗎？爲了發揮作用，道歉時應徹底澄清罪行的本質，如此一來，被冒犯者對於人身安全與精神安寧，才有望回復掌控感。

同樣地，遭到伴侶通姦背叛的配偶，需要的也不單純只是對方確保遵循相同價值來符合彼此需求，他們想要知道的是伴侶外遇關係的本質，與外遇關係的既往種種；他們想要了解伴侶對於婚姻忠貞的看法，以及他們的婚姻爲什麼顯然是失敗了。能夠信任伴侶嗎？外遇事件是個祕密或是還有其他人知情？受害者有能力扭轉這段關係或無能爲力？被冒犯者藉由額外的資訊，取得了必要的情報來做出合乎現實的決定，不論是要結束或是修補關係。

安全需求方面，有個公開案例是關於天普大學籃球教練約翰．錢尼和麻薩諸塞大學教練強恩．卡勒波里，在一場賽後記者會上錢尼爆粗口，說出下流不堪的話來威脅卡勒波里。據稱，理由是因爲錢尼不滿卡勒波里「操弄高層」，又在賽後訓斥他們，因而情緒爆發。錢尼當時恐嚇要殺了卡勒波里，還要讓他的選手痛毆麻州大學的籃球隊員。恐嚇事件也衝擊到卡勒波里的家人，造成他們擔心受怕，卡勒波里說：「我的妻子心煩意亂。這件事使我憤怒的地方，是當我聽到女兒說：『爸爸，你到費城去會受傷嗎？』」[25]在這個案例中，卡勒波里教練要求的不只是對方承認傷害行爲，還要對方承諾保障他的隊員、家人與他自己的安全。他也會想知道錢尼教練是否有過傷害前科，目前情況有什麼明顯問題可能導致他將威脅言語付諸行動，以及彼此之間是否有些需要處理的私人恩怨。無論錢尼打算如何道歉，道歉內容都必須先能解決這些問題，才能發揮作用，也只有到了那時候，卡勒波里與他的家人才會感到安心。結果是，兩名教練把話說開，並解決了橫亙在他們之間的問題，使彼此都感到滿意，而沒有釀成不良後果。

看見冒犯的一方受到懲罰

被冒犯的人有時需要看見冒犯的人受到懲罰，道歉才能順利達到效果。這種態度就是「你傷害了我，而現在該你得到報應了」。在許多效果絕佳的道歉行動中，當冒犯一方因爲自己的過錯，流露出自責、內疚、丟臉、屈辱等情感時，他們所受到的懲罰也就顯而易見。而被冒犯一方通常將這種受罰的表現，視爲冒犯者誠意的證明。即使被冒犯者打算原諒，他們也有可能等個幾秒鐘、幾分鐘、幾小時、幾天，甚至幾個星期，直到他們認爲冒犯者受夠折磨了，確定終於「伸張正義」了。這種互換過程，有個學術名詞稱為「應報正義」，也就是俗話說的「以牙還牙」或「以眼還眼」。

有時候，既不是由被冒犯者，也不是由冒犯者自己，而是由第三方「伸進來的手」去施加懲罰。在這種情況下，應報正義採取更加嚴厲的角度，直接命令或強迫冒犯者道歉。以「自詡為三K黨隨軍牧師」的洛伊．弗蘭克豪瑟為例，他遭指控性騷擾一名女性。他從被害人辦公室的窗外偷拍她的照片、散播她的辦公室遭到爆炸摧毀的圖片、播打恐嚇電話，並且散發恐嚇傳單。被害人原本是名社工，從事協助人們申請歧視訴訟的工作，因為太過害怕而離職，並帶著女兒一再搬家。[26]

根據《紐約時報》報導，弗蘭克豪瑟應受到的部分懲罰是，在他的《白色論壇》的公開叩應電視節目上，向被害人大聲宣讀道歉信。他也被要求在《費城詢問報》上公開刊登寫給被害人的道歉信。此外，他還要受到附帶懲罰，包含社區服務、促進反歧視運動，以及拿出一定比例的薪水來賠償被害人與她的女兒。[27]

另一個能夠符合報復需求且須由第三方來執行的道歉案例，則是美軍小喬治．巴頓將軍（這個案例與談判有關，因此也將於第十章討論）。

二戰期間於西西里取得軍事勝利後，巴頓在戰地醫院掌摑兩名士兵並出言威脅；當時這兩名士兵雖是病患，卻沒有可見外傷，[28]於是巴頓假定兩人是因精神受創入院。巴頓施加的人身攻擊也是一種侵害行爲，可能讓他被送交軍事法庭審判。討厭巴頓的媒體與美國國會議員紛紛向他的上級，也就是當時的盟軍歐洲戰區統帥德懷特．艾森豪施壓，來迫使他向軍方請辭。不過，艾森豪並不想失去他的頭號得力戰將，便要求巴頓在幾個戰地醫院向全體同仁道歉，包含那兩名受到冒犯的士兵在內。這場道歉代表某種懲罰，藉此安撫那些認爲巴頓傲慢、不近人情的人。然而，巴頓認爲自己唯一做錯的事，就是惹惱艾森豪。他覺得自己加諸兩名士兵的行爲能「讓他們成爲男子漢」，或許還能幫他們在未來的戰鬥中保住小命。因此，他的道歉一點也不眞誠。不過，還是發揮了作用，符合被冒犯的各方人士的需求。艾森豪的兒子約翰．艾森豪，最近在關於他父親的傳記中寫道，艾森豪統帥爲了解救巴頓，不得不「以報應的方式來強迫要求他付出沉重的代價」。[29]

就算被冒犯者的主要需求似乎是目睹冒犯者受罰，但是其他需求通常也能因爲這些道歉而得到滿足，而其中一種類似需求，就是恢復自尊。被冒犯者透過行使權力來懲罰冒犯者，同時提升了自尊。另一種也能獲得滿足的需求，則是信任雙方確實遵循相同的重要價值，而且冒犯者受縛於社會契約。

當我談到在某些道歉中，冒犯者受到懲罰對於療癒的重要性時，大多數身在輔助專業的朋友和同事，明顯變得不太自在。他們寧可認爲像他們自己一樣的好人是能夠超越於如此卑劣的欲望和忿怒之上；他們或許接受在腦子裡能夠出現懲罰的念頭，但不應該付諸行動。無論如何，我將懲罰與受到懲罰納爲某些道歉的重要環節，藉此來分享我的觀察，而不僅是描述理想典範或提出勸告。不管我們喜不喜歡，有時候，在某些情況下，如果道歉要發揮作用，人們應該曉得「另一個傢伙」也必須吃點苦頭。

冒犯的一方為了傷害提出賠償

賠償指的是補救過失、消除傷害、提出賠償，或是想辦法彌補公認的錯誤、損害，直到對方滿意爲止（倘若冒犯者僅提出補償，而沒有表示自責，那麼這個過程只能算是「協議」，不算賠償）。[30]我將於第五章從看待道歉過程的其他角度，更進一步探討賠償的細節。在此我要指出的重點是，在某些或私人或公開的道歉中，賠償是道歉行動的核心，或者也可說是主要特徵，而道歉的其他功能此時都要退居次要地位。接下來的案例中，藉由許多人都曾親身經歷的普遍處境，來說明賠償的本質。

一對夫妻於晚間八點抵達他們最喜愛的餐廳——經過整天的緊張工作，不論是帶著孩子，或是只有夫妻倆，他們非常期待每週一次晚間外出用餐的時光——而這一次，餐廳裡正忙得不可開交，他們一邊享用餐前酒，一邊將點菜單交給服務生。過了一段時間，他們的餐點還沒送上來，也找不到那名服務生，而籃子裡的麵包也快被他們吃完了，同時愈來愈覺得惱怒，漸漸沒了胃口。到了九點，服務生來了，自責地向他們賠罪並解釋，他們的點菜單沒放好，而且十到十五分鐘內也沒辦法準備好餐點。儘管對方道歉了，可是這對夫妻現在累壞了，氣惱又憤怒，覺得這間餐廳毀了他們的夜晚，並打算離開不再回來。雖然服務生的道歉十分眞誠，卻沒能打動這對夫妻，服務生只好走開了。沒想到，過了幾分鐘，他端了餐點過來，同時告知餐點和飲料都是「免費招待」。

夫妻倆這才緩和情緒，放鬆下來，對服務生的道歉感到滿意。這名服務生當然代表餐廳承擔了責任，當然也很自責，但是這些道歉方式都沒有意義，直到他提出賠償，那是——毫無疑問——這個特殊的道歉案例中，最主要的療癒力量。

賠償在公開道歉中，也可以做爲主要的療癒力量，類似案例包括：由油料洩漏或海軍艦艇碰撞所導致的意外傷害。在這樣的案例中，很快就出現正式的致歉與調查行動，但是到了最後，往往賠償——或未能賠償——才是官方道歉成功與否的決定條件。在某些情況下，冒犯的一方提出賠償是爲了逃避，不願處理其他有關道歉更重要的面向，像是恢復自尊與尊嚴、確保雙方遵循相同價值，或是向受害一方保證冒犯行爲錯不在他們等等。而這正是神職人員性侵醜聞案的情況，其中提出的賠償，看起來就像是收買被害人的封口費。儘管教會已經付出鉅額賠款給戀童癖神父的被害人，有些被害人仍要求得到更加完整的道歉。對這些人而言，藉由金錢補償來承認他們的不幸遭遇還不夠，其他心理需求也是同等重要。我將於本章稍後探討一個尤其慘痛的案例，其中將提到，遭受侵犯的倖存者雖然獲得道歉與賠償，仍然希望加害人能理解自己受到的傷害有多麼嚴重。

賠償的重要性似乎視情況而有所不同，因此，我歸納出以下的通用原則，來衡量賠償在特定情況中所扮演的角色。如果冒犯行爲導致個人的財產受到意外損害或損失，且雙方先前並無嫌隙，那麼透過賠償（可能是賠還原物或是賠錢）來修補關係就足夠了。另一方面，如果損害或損失的財產無可替代或無可挽救，如失去生命，或者，如果在侵害行爲發生前，這段關係原本就存在緊張的敵意，那麼光是賠償可能就不夠了。在這種情況下，被害人也許需要了解加害人的動機，來評估後續威脅的可能性，或試圖恢復尊嚴與自尊。

與冒犯的一方進行有意義的對話

道歉並非總是由冒犯者向被冒犯者進行的單向溝通，反而經常是在對話與互動的過程中，或是談判而產生；有時是由冒犯者發起，有時則是由被冒犯者。在這種雙向互動的過程中，受害者通常想要向冒犯者（或許也向其他見證人）表達他們的痛苦，並詳細描述痛苦的意義，以及磨難的本質與激烈程度。我會舉出三個案例，來闡明這種冒犯者——被冒犯者互動過程的意義。

第一個是關於雷娃．薛佛的故事，薛佛現年七十五歲，是納粹大屠殺的倖存者，也是第一位從瑞士政府獲得賠款四百萬美元的人，因爲瑞士在二戰時期曾與納粹共謀迫害。薛佛獲得賠款時表示：「我不在乎錢有多少，我在乎的是眞相。不管用什麼方法，經過這幾十年，終於有個人可以對我說：『妳受苦了，而且我們懂得妳苦。』」[31]

《報復與寬恕之間》的作者瑪莎・米諾闡釋了對於受害者來說，能夠說出自己的遭遇有多麼重要。她提到聯合國薩爾瓦多眞相調查委員會的觀察報告指出：「對於某些人而言，十幾年就在沉默與積怨中度過。終於有人傾聽他們，並且留下他們蒙受磨難的紀錄。他們一來就是好幾千人，仍然感到畏懼，還不免覺得十分懷疑。然後，他們開始訴說，許多人都是頭一次這麼做。當你傾聽他們的時候，不可能沒注意到，僅僅是傾吐往事，就是具有療癒效果的情感釋放。而且比起報復，他們往往對於細述舊事與受到聆聽更感興趣。他們似乎爲了從前不敢說出心聲而感到丟臉，如今，既然他們已經這麼做了，也就可以回家去，專注於未來，不再遭到昔日回憶的屢屢糾纏。」[32]

第三個則是心理學家與南非眞相與和解委員會成員普姆拉・果波多・馬迪基澤拉，在《那夜，一個人類生命消逝》一書中提到的慘痛故事。果波多・馬迪基澤拉引用了一名寡婦的話，她的丈夫遭到南非種族隔離罪犯德科克謀殺，她解釋：「德科克是唯一能幫助我們追溯事實的人。你或許無法明白，獲悉我的丈夫生前遭遇使我感到多麼寬慰。德科克給我們帶來了事情眞相，使得我們能夠與我們的丈夫同在，了解他們所經歷的一切，然後再次放手……現在我能夠眞正地哀悼他了，透過追尋他生命最後的足跡，我才能放手讓他離開，迎向死亡。」[33]

我們只能藉由推測來判斷，許多被冒犯者參與對話的方法中——包含與冒犯者以外的其他人交流——具有療癒或彌補傷痛的力量。第一，應向被冒犯者保證，冒犯者——有時是廣大的聽眾——明白冒犯的本質；第二，被冒犯者遭到冒犯的眞相應受到認同，他或她並沒有歪曲事實或記憶；第三，被冒犯者可能因爲冒犯者願意傾聽與理解冒犯行爲所造成的影響，而覺得感動；第四，因被冒犯所蒙受的恥辱，通常會轉變成對於倖存的自豪；第五，被冒犯者將情感痛苦化爲文字而達到某種情感淨化作用；第六，被冒犯者可能透過陳述被冒犯行爲，親眼看著冒犯者遭受折磨，來感受某種應報正義；第七，也許是頭一遭，被冒犯者或許得以爲了他們所失去的表達悲慟；第八，尤其是在私下道歉時，被冒犯者可能體會到冒犯者的關懷與自責。

道歉過程產生的療癒效果，有時可能在其他情境發生。其中一個例子是，在法庭上的刑事審判中，被害人有機會於加害人與其他人在場時，進行被害人影響陳述。另一個例子則是，在心理治療課程中（個人或團體），被害人能向治療師或團體中的其他病友描述自己的痛苦經歷，而對方也能夠專注傾聽，並且富有同理心。

某些道歉能滿足多重需求

先前討論所描述的情況中，特定道歉的療癒本質，多半取決於它們如何滿足主要心理需求。不過，在更多情況下，道歉要能同時滿足多重需求。接下來的三個例子，都是公開道歉（或要求道歉）。首先是關於亞美尼亞人爲了他們視爲種族滅絕的屠殺行動，而要求道歉的案例。從一九一五年起，超過一百五十萬名亞美尼亞人——受到土耳其統治的基督徒——遭到趕盡殺絕，其中有的直接被殺，有的挨餓、遭受酷刑，或被迫流放到沙漠等。全世界的亞美尼亞人不斷要求土耳其道歉，但是土耳其反而否認曾經進行集體屠殺。亞美尼亞人想要從這樣的道歉裡得到什麼呢？

由一百五十位優秀的學者與作家組成的團體，簽署了一份正式聲明，表彰「聯合國防止及懲治殘害人群罪公約」五十週年紀念，並譴責亞美尼亞種族大屠殺。在這份聲明中主張承認這件歷史悲劇的重要性：「拒絕承認大屠殺的說詞是想企圖藉由捏造歷史來妖魔化被害人，挽救加害人的名譽。」這份聲明解釋，「否認說詞糟蹋了倖存者的尊嚴，意圖摧毀關於罪惡的記憶。在這個蒙受集體屠殺災禍的世紀，我們申明牢記教訓的道德必要性。」[34]在這份深具說服力的聲明中，描述了幾項透過土耳其的道歉所能滿足的需求：恢復尊嚴、重新確保遵循相同價值——即種族屠殺應受道德譴責、應報正義等，以及將這些記憶納入亞美尼亞歷史來取得認同。每一位我遇見並談過話的亞美尼亞裔美國人，都深切為他們過往歷史與不被承認的種族大屠殺而感到痛心。而他們的故事就這樣一代又一代地流傳下去。

接下來的案例是關於一名八十二歲的老先生，他是納粹大屠殺罹難者的兒子，為了法國國營鐵路公司於二戰期間的罪行而要求道歉。根據《紐約時報》的報導，寇特・菲諾・薛訶特控告鐵路公司利用國鐵貨車，在二戰期間將七萬六千名猶太人從法國遣送到東部的集中營。他不只索賠一歐元，也要求法院命令該公司承認它主動參與將猶太人驅逐出境的行動。當時被驅逐到那死亡集中營的七萬六千人中，只有兩千五百人生還。[35]

薛訶特先生於一九九一年在土魯斯的法國國家檔案館，開始追查有關他父母親的線索。他查到運送父親與母親到集中營的那班列車，以及該列車的出發日期與目的地，並且得知雙親一到目的地即被殺害。他的父親死於索比堡，而母親則死在奧許維茲。發現法國國營鐵路公司蓄意與德國勾結的證據，令他相當震驚與憤怒。

由於所要求的賠償金——一歐元——是如此微不足道，我們不禁好奇薛訶特先生爲什麼還要費事地又花錢又耗力氣來打這場官司？爲什麼他想要鐵路公司承認自己在這麼不道德的行爲中所扮演的角色？薛訶特先生解釋：「我這麼做是出於對歷史的責任感。正是記憶使得我們與動物有所區別，人類不可以遺忘歷史。」[36]我相信他所要求的道歉，能滿足對於達成共識的需求，亦即國營鐵路不應爲了牟利而爲虎作倀，將無辜公民驅逐出境。他已經達成的這項行動也滿足了其他需求：第一，幾年來的調查工作或能緩解薛訶特先生的精神痛苦。當年父母遭俘時他已成年，可能因此認爲自己負有部分責任；第二，獲悉父母遭遇的詳細情形，或能促使薛訶特先生哀悼他們；第三，他藉由公開提告來吸引媒體關注，撰述出鐵路公司可恥的一面，使得他們因爲蒙羞而受到懲罰。最後，他只求償一歐元，藉由淡化對於賠償的重視，喚起我們關切其他需求的重要性。這項要求排除了金錢賠償做爲背後的動機，從而免得其他人閒言閒語：「他要的不過就是錢。」爲了滿足多重心理需求而要求道歉的最後一個案例，是關於一名三十九歲的先生，柯蒂斯・歐茲奧，他大約在七到九歲大的時候，曾遭到一名神職人員——賓利神父性侵。這名神父先前已坦承性侵，而歐茲奧先生也已獲得二十二萬五千美元的賠償金。然而，光是承認錯誤與賠償，顯然無法滿足歐茲奧先生的心理需求，所以他跟蹤這名神父，要求面對面談話。他將與賓利的對話內容錄音，然後將副本交由《紐約時報》刊登。[37]

歐茲奧先生在對話中告訴賓利，他想死，而且他感到憤怒。「你嚴重傷害了我，使我痛苦，身爲人的核心價値所無法承受的痛苦。我強烈要求你跟我談談。」[38]會面時，歐茲奧追問賓利是否了解自己造成他這一生多少的痛苦，接著還要求他完成一張清單，列舉他所有的侵犯行爲。在神父虛弱地回應後，歐茲奧繼續憤怒地逼問他是否曉得自己的行爲是罪惡的。神父回答說知道，歐茲奧卻反駁他並告訴賓利，說他（賓利）根本不曉得自己的行爲是有罪的；接著神父告訴歐茲奧，自己性侵他以後，每天早上都會重複說「對不起」以示懺悔，沒想到此舉更進一步傷害了歐茲奧。賓利接著解釋，他苦於「不成熟的性發展」，這種狀態使他更容易「與年輕人打交道」[39]。歐茲奧聽了更加激憤，並威脅賓利，警告他最好不要再傷害別的孩子，「……你想都別想，最好不要，你會看到我……要是讓我聽說你傷害別的孩子……我是說眞的，賓利，你只要好好看著我的眼睛就會曉得。」[40]

歐茲奧在這次會面前就已經獲得金錢賠償，但錢沒能令他滿足，他自行採取行動，要讓神父知道他的痛苦，同時提醒神父他很清楚他的行爲是罪惡的。用我們的話來說，歐茲奧需要知道賓利神父是否共享重要價值（保護孩童、神職人員對於教區居民的責任等等）。同時，他可能更想要證實，確認侵犯行爲錯不在他（或者更精確地說，錯不在那個做爲孩子的他），或許他試圖藉由誘導神父說出更多實情，來經歷某種情感淨化的過程，並哀悼他與教會或宗教信仰逝去的關係，包括他與神父——極可能正是早年令他懷有好感的神職人員——的關係，而他也想再次確保神父未來不會再傷害其他的男孩。在嘗試滿足需求的過程中屢屢受阻後，終於使得原本弱小的七歲孩子發怒了，並威脅神父，藉由直呼對方姓氏，象徵性地將他免除聖職。我們或許可以說，他透過羞辱神父來施加懲罰、奪取權力，同時減輕自己蒙受的屈辱。

賓利神父或許認爲自己已經道過歉了，但是那全是爲了他自己，他所做的只是每次虐待孩童後的隔天早晨，說句不堪的「對不起」，回頭卻繼續他虐待的惡行。而他對於侵犯行爲的辯解也同樣薄弱：自己妄下診斷的「不成熟的性發展」。歐茲奧要求道歉來滿足一些需求，我們已於本章先前提過；而他除了賠償金，對他而言眞正有價值的卻什麼也得不到。更糟的是，他體認到對方完全無法理解他的痛苦。這個案例說明，失敗的道歉比起不道歉，或許破壞的威力更大。要是對方不道歉，至少還能對未來道歉的可能抱一絲希望；但是遭逢失敗的道歉，往往這件事就只能以絕望告終了。當先前的道歉對撫平傷痛無濟於事時，歐茲奧的憤怒證明了，未能滿足心理需求的失敗道歉，可能促使受害者採取進一步行動。

個人評論

我試著舉出實例來說明，成功的道歉必須能滿足被冒犯方一或多項獨特的心理需求。對此雖然我已經描述過七項需求，但是其他研究道歉並著述的人，同樣也能提出替代說法，甚至可能更加管用的方式，來描繪道歉的過程。我的中心思想是，為了提升道歉成功的機會，其中一個辦法就是了解道歉所要滿足的各種心理需求。到時候，如果道歉失敗了，無論我們是冒犯者或被冒犯者，都可以自問究竟是哪一項需求未能獲得滿足，然後再採取行動來補救缺陷。

能夠分辨被冒犯一方的各種需求，不代表就能順利滿足這些需求。舉例來說，認同許多成功的道歉必須滿足恢復自尊與尊嚴的心理需求，這論點大家都同意，但是如何確定道歉能夠恢復自尊與尊嚴，又是另外一回事了。

同樣的道理，冒犯者向被冒犯方確保遵循相同的價值，當然也很好，不過如何透過道歉來達成，完全又是另外一回事。我認為這一方面是由於需求，另一方面則是由於方法或過程，兩者之間的差異所構成的二分法。想想看，建造一棟房子或準備一道料理需要些什麼：一棟房子可能需要符合某些需求，像是功能性用途、經濟能力、美觀等；但是建造一棟房子的方法，則須考量其他因素，像是地點、建築設計、建材、建築工藝等。同樣地，一道料理可能需要符合某些需求，像是味道、擺盤、經濟能力、營養價值等；但是料理方法則包含食材與烹飪技術。因此，本章提出藉由道歉來滿足前述七項需求中的一或多項，以達到療癒的效果。

接下來幾個章節，將會聚焦在道歉的過程中所運用的方法：認錯、提出解釋、傳達某種態度與舉止（自責、羞愧、謙卑、眞誠）、提出賠償、選擇恰當時機、協調雙方差異等。

第四章 認錯

道歉要能發生效用,
最重要的就是有人認錯。
顯然沒有這基礎的一步,
我們甚至無法展開整個道歉的過程。

道歉要能發生效用，最重要的就是有人認錯。顯然沒有這基礎的一步，我們甚至無法展開整個道歉的過程。雖然這說法看來是不證自明，我們仍不能假設認錯是件簡單的事。爲什麼承認自己的錯誤會是很大的挑戰，可以分成四個部分來看：

一、要正確地辨別是誰該對他人的不滿負起責任，這些人又該去向誰道歉。
二、認錯的時候要坦承足夠的詳情。
三、承認這些作爲確實對被冒犯方造成影響。
四、證實被冒犯方不滿已妨害了雙方的社會或道德契約。

在一次有效的道歉中，雙方必須在以上四個部分取得共識，即便其中有些通常不是很直截了當，也就是沒有用口頭表達出來。比方說，在只涉及兩人的簡單道歉中，冒犯者並不需要大費口舌聲明他是要向哪個被冒犯者道歉。就我看來，無法在以上幾方面取得共識，是道歉失敗最常見的原因。我會在接下來幾頁提出數個道歉的例子做說明，其中有成功也有失敗的。

有時過失即使看來很明顯，犯錯的人還是要去探究它對被冒犯者來說到底有什麼意義。比方說，如果我不小心打破你一個花瓶，我必須知道這花瓶對你來說價值多少，還有你對我未經同意就去動它有什麼感覺。同理可證，如果我當著別人的面使你難堪，我也要知道我說的話傷你有多深，還有那些親眼見到這難堪場面的人，跟你有什麼樣的關係。在這兩個例子裡，我能提出有意義的道歉的可能性，取決於我是否可以將心比心，了解你怎麼看待我犯的錯。

在個人之間的簡單道歉中，準確地承認犯了什麼錯有多重要，可以從我跟六歲孫子的一個例子看得出來。當時我們很開心地打打鬧鬧，玩到一半的時候，我拿即食鮮奶油往他小嘴旁的臉頰噴，他不但哭了起來，還跟我說他很氣我，我馬上對他說對不起，不過他回道，現在講「對不起」已經太遲了。一小時以後他在我的辦公室裡玩，我趨上前去再次跟他說，很對不起我拿鮮奶油噴他，而這是我第一次明確指出自己的錯。讓我感到驚訝的是，他告訴我他喜歡我噴他鮮奶油，因爲這樣很好玩。他不高興的是我害他的頭撞到沙發，而我對他怪罪的這件事可是毫無自覺。我因此得以爲了不愼害他撞上沙發而誠心誠意地道歉（給他按摩，外加在頭上親一下。說實在的，我對鮮奶油那部分也不是眞的非常愧疚）。在他看起來好些後，我請求他原諒我，他說：「好啊。」我問他爲什麼願意原諒我呢？他答道：「因爲你親親我的頭，而且我知道早餐的時候你會煎鬆餅。」雖然這件事如此微不足道，我覺得我和這個六歲孩子的交流，仍是佐證明辨過失有多重要的好例子。如果我們道歉的目的是爲了修復遭到損害的人際關係，最好的方式，就是正確地理解受傷的一方是如何感到自己被錯待了。

明辨過失的細節對公開道歉來說特別重要，因爲道歉和接受道歉的雙方都可能由很多人組成，有時幾百萬人都不爲過。如果我們沒有足夠詳細地描述犯行，可能會引起許多自相牴觸的解讀，而帶來毫無幫助的後果。因爲這些道歉通常都會編纂成書面形式，成爲當事雙方歷史的一部分，所以犯錯的一方務必一開始就「搞定」，不能模稜兩可，也不能在事後又企圖改變原先達成的共識。

如果我們沒有在一開始就坦誠以對，有可能會拉長這個認錯的階段，使人懷疑接下來的道歉會有多眞切。不妨想想波士頓的樞機主教伯納．羅，他爲天主教教會戀童癖事件引發的危機所做的多次道歉。隨著法定調查程序在該年不斷揭露犯行的規模與嚴重性，樞機主教要擔負的罪責也愈來愈多。另一個例子就是參議員川特．羅特的一系列道歉，因爲他讚許另一名參議員史壯．塞蒙的言詞，被許多人視為帶有種族主義色彩。跟羅主教一樣，羅特的道歉包含了對他的錯誤的多次不同描述，且一次比一次嚴重。然而，對每次過失反反覆覆的描述，使得公眾對這兩人的可信度起了疑慮（我會在第十章中更詳細討論羅特參議員廣為人知的道歉）。

實實在在地認錯，對滿足前面章節討論過的數種需求會大有助益。首先，承認自己的過失是在向被害人表示：「我錯了。」也藉此確保了雙方仍共有一些重要的價值觀。

此外，藉由承認過失，犯錯的人實際上也是在說：「這不是你的錯。」最後，如果犯錯的人想了解自己的過失到底有多嚴重，他們必須與被害人對話，以確保後者的想法得到聆聽。

以下我提供三則故事，它們都是十分突出的例子，可以說明怎樣的認錯算是流暢又全面地描述過失、扛下該負的責任，並承認違反社會契約，以及隨之造成的傷害。這些認錯的舉動都是國家級或國際級道歉的一部分，其中有兩則來自美國，一則來自德國。

有效的公開道歉

第一個完整地認錯的例子，是美國總統亞伯拉罕．林肯發表的第二任就職演說，一般認爲這是他生涯次佳的演講，僅在蓋茲堡演說之下。[1]我相信很多人跟我一樣，認爲這篇七百零三字的講稿無疑是在爲美國的蓄奴制道歉。[2]雖然這次演說本身就可被視爲道歉的典範，因爲它完整包含了道歉的四部曲：認錯、自責、解釋、賠償，但我想特別聚焦在認錯這個部分，也就是林肯如何將蓄奴制理解爲一種「國家的錯誤」。

林肯對蓄奴制的批評是赤裸裸又毫不留情：「本國有八分之一的人口」受迫於「見血的鞭笞」，他們「兩百五十年來無償的勞動」，好讓某些人能夠「從他人臉上的汗水榨取每日所需」[3]。由於林肯所代表發言的是一個需要立即爲蓄奴制負起全責的國家，這其中也包括他自己，所以他表示，這個過錯不僅僅違反了社會契約，同時違反了上帝的旨意：「這世界有禍了，因爲充滿使人犯罪的事。這些事是免不了的，但那使人犯罪的有禍了！」[4]之後他又繼續闡述，上帝「給南方與北方同時帶來了這場可怕的戰爭，便是因爲禍患臨至那使人犯罪的人。」[5]

值得注意的是，雖然林肯在承認過失的時候也從奴隸的觀點描述了這些行爲（「……無償的勞動，見血的鞭笞……從他人臉上的汗水榨取」），但他似乎將這些罪行的意義和國家整體相連結了。「雙方（南方與北方）皆反對戰爭，」林肯點出，「不過其中一方寧願開戰而不願見國家存續，另一方則是寧願開戰而不願見國家傾頹。戰事因此爆發。」[6]他隨後又說：「這些奴隸構成一特殊而強烈的利益，而我們都心知肚明，這種利益或多或少就是戰爭的肇因。叛亂者就是爲了加強、擴大，並使這種利益永遠存在，而要撕裂聯邦政府。」[7]我相信這段話暗示了在林肯心目中有兩個「被害人」：因蓄奴制度直接遭受痛苦、羞辱與虐待的奴隸，還有因著對這種「特殊而強烈的利益」的追求而四分五裂的國家。

第二個認錯發揮了作用的例子，來自西德總統理查德・馮・魏茲澤克。他在德國眾議院爲紀念二戰於歐洲終戰四十週年而發表演講的時候，詳述了二戰時因德國受苦的人的種種冤屈，和林肯滿懷傷痛的坦率直言頗有雷同之處。他是藉由強調誠實有多重要來開頭的：「我們不但需要、實則也擁有直視事實的勇氣，毋須矯飾，亦不必扭曲。」之後他又再次提到這一點：「緬懷意味著對往事眞誠且毫不扭曲地回顧，使其得以成爲我們生命的一部分。這使我們必須對自己誠實以對的能力抱著很高的要求。」[8]

他詳實又堅定地描述了種種罪行，以及一長串的被害人名單。「今天，我們要紀念所有因戰爭與暴政死去的人，」他說，「尤其是我們在德國集中營裡殺害的六百萬猶太人……所有因戰爭受苦的國家，特別是無數失去性命的蘇聯與波蘭公民……辛提人與羅姆人、同性戀者與精神病患……爲宗教或政治信仰喪生的人……被處決的人質。我們也要追念在所有曾遭德國占領的國家中，因參加反抗行動而受難的人。身爲德國人，我們也要向在國內發起過反抗行動的受害者致敬，不論他們是平民百姓、軍人、教會、工人與工會，或是共產黨人。」[9]

他也描述了戰爭罪行對生還的被害人所造成的影響。「在無止境的死者行伍之外，受難的生者也難以計數。」他表示：「他們爲死者哀悼，因傷受苦或殘廢，還有人遭到野蠻的強制節育，或空襲時遭驅逐，或強暴掠劫、強迫勞動、不公判決或酷刑、飢餓困苦，以及對逮捕或死亡懷抱的恐懼……今日我們悲痛地追憶這些人間苦難……沒有衷心緬懷，就無和解的可能。」[10]

這次對德國多項罪行所做的傷痛的承認，從各細節來看都很完全：它列舉了眾多納粹德國的被害人（猶太人、吉普賽人、同性戀者、精神病患、波蘭人、俄國人及其他），以及他們遭到迫害的緣由（宗教與政治信仰及其他），還有他們是如何受苦（強暴、掠劫、強制勞動、酷刑、飢餓、死亡及其他）。馮．魏茲澤克並沒有試圖合理化這些罪行，或是找藉口來減輕其驚人的規模。在告誡全體德國人「面對後果、承擔責任」[11]時，他點明了過失在誰身上。要緬懷與認錯，他強調，這是和解的唯一出路。他也宣告，這必須成為「我們生命的一部分」。[12]

第三個認錯的成功例子，是凱文．高沃在印第安人事務局成立一百七十五週年的慶祝典禮上所發表的談話。當時高沃在美國內政部編制下的印第安人事務局擔任助理祕書。在他的談話中，他很明確地代表印務局承擔了過錯：「我們首先必須體認的事實是，本局曾多次深深傷害了我們原本應致力服務的群體。」[13]他隨即自東南區部族被強行遷居開始，詳列了美國原住民遭受的各項罪行。「因為恐嚇、欺瞞與武力，」高沃表示，「這些偉大的部落人民被迫步行一千英里到了西部，他們沿著這條血淚之路草草埋葬了無數老弱婦孺。」[14]

然而高沃也指出，把印第安人自他們的祖傳家園移除，並未滿足美國的貪婪之心。「在我們的國家向西部尋求更多土地的同時，」他說，「本局亦參與了針對該地印第安部落的種族滅絕行動。」[15]

他描述了國家所用的種種手段：「刻意傳播疾病、大規模屠殺野牛群、利用毒性酒精飲料戕害身心、卑劣地屠殺婦孺。」[16]而其結果是「一場規模驚人的悲劇，我們不能避重就輕，說這不過是人因爲生活模式相左而起了衝突，造成無可避免的結果。」[17]印務局於這場悲劇有分，是因爲「未能阻止毀滅的發生」。高沃也斷言，其結果就是：「諸如在沙溪、瓦西塔河岸、傷膝河等地發生的毫無必要的慘烈死傷，我們永遠不會將這些記憶置之不顧。」[18]

高沃並沒有在講完戰爭帶來的苦果後就結束了。「在摧毀了部落生計，並刻意使他們須仰賴本局的服務維生之後，」他說，「本局更著手毀去一切與印第安有關的事物。」[19]高沃又再次翔實地列舉了種種犯行：「本局禁止使用印第安語言、限制舉行傳統宗教活動、宣告傳統治事體制於法不合，並使得印第安人民以自己爲恥。」他指出：「最糟的是，印第安人事務局對交付寄宿學校照養的孩童亦加諸此類犯行，使其在情緒、心理、生理與靈性層面皆嚴重受創。」[20]而這些行爲的結果帶來了後續傷害。他說：「羞恥、恐懼與憤怒造成的創傷代代相傳，藉由猖獗的酗酒行爲、藥物濫用與家庭暴力彰顯出來，也重創印第安世界。」[21]

他斷言，印務局該爲這些仍在持續發生的傷害負責。他總結道：「今日有太多困擾全體印第安人的弊病，肇因於本局的失敗。貧窮、無知與疾病，就是我們的工作成果。」[22]

藉著以上發言，高沃全然且如實地承認了印務局犯下的諸多過失。他很明確地指出誰該負責（印務局），描述了過失（印第安人是怎樣處處受害的），認可這些錯誤造成的影響（在此例中，過去、現在、未來都有影響），並確認了印第安人的不平遭遇，違背了我們對於怎麼處理「生活模式相左」所懷抱的共識。如此徹底的認錯能爲有效的道歉開啓怎樣的局面，是顯而易見的。

個人反思

我覺得林肯與高沃的道歉實在令人揪心，這是我在這本書所引述的例子裡，讀來最難以不爲之落淚的。我猜想這是因爲它們所用的敘事語言是如此準確又優美，而助長了這種反應。我在閱讀時也體驗到深刻的羞愧感，因爲犯錯的就是我的國家與人民，而不是德國納粹。我是個在美國長大的男孩，那時候我也很愛看

「牛仔與印第安」電影，也爲打倒「印第安人壞蛋」的行動喝采。四〇與五〇年代的隱性種族歧視是如此無所不在，悄無聲息地在美國人的心靈裡埋下種子。即便我個人從不曾傷害非裔或印第安裔同胞，我仍對發生在他們身上的事情感到羞愧，因爲它們給每個美國公民帶來（也應該帶來）很大的恥辱。如同我在第二章提過的，如果我們會爲自己並無功勞的國家成就感到光榮，那我們也應該接受自己並未參與的國家惡行所帶來的恥辱。承擔這些責任是我們所說的國族認同的一部分。

在高沃和馮．魏茲澤克道歉的例子背後，有著耐人尋味的故事。馮．魏茲澤克的父親曾在納粹德國擔任要職，他在紐倫堡大審中因危害和平與人性的罪行而遭宣告有罪，並且被判了七年徒刑（他在服刑十八個月後獲釋）。或許他的兒子某部分也是在爲父親的罪過道歉吧。同樣的，高沃在代表印第安人事務局道歉時，扮演的角色也有些曖昧。他本身是美國原住民，而他的父親就有酒精成癮的困擾。高沃對於印第安人事務局的過失的理解，源於他的個人經驗。在印務局工作使他處於獨特的位置，不僅身爲美國政府一員，還代表政府向他所屬的族群道歉。

我認爲林肯的道歉非比尋常。那次演說發表時他剛連任成功，領導的又是即將在內戰中獲勝的一方，他大有理由光榮地訴說他與自己國家的豐功偉業。反之，他爲蓄奴制這一過失做了一次充滿羞愧與自責的道歉，言談之間彷彿從《舊約聖經》裡走出來的先知，負責召喚人民回歸上帝的道路。菲德列克・道格拉斯曾身爲奴隸，而他是唯一一個出席那次就職典禮的「有色人種」。他告訴林肯，他認爲它是「神聖的成就」。[23]雖然這次演說在當時得到的褒貶不一，林肯個人很有信心地認爲它能夠「歷久不衰，很可能是我最出色的一次。不過我相信它不會馬上受到歡迎」。[24]而結局是，即使林肯決心「完成我們手中的工作、癒合國家的創傷……在我們彼此之間，還有在所有國族之間，盡全力去開創不偏不倚、永續的和平，並對其加以呵護」，[25]他還是在這次演說的四十一天後被刺殺身亡。

不得體的認錯

從出色的認錯，來談到較常見的失敗的認錯，我發現犯錯的人老想在道歉時對這個部分動手腳以減免責任，這眞是值得一提，也很擾人。這麼做的結果就是道歉失敗，或是不盡不實：其所造成最好的結果是受損的關係還是無法恢復，最壞的結果就是對被冒犯者造成更深的傷害。我認爲認錯的時候，至少有八種可能導致失敗的類型，有些可能相互重疊。我提出這些分類是爲了協助讀者了解，爲何道歉有時會讓人感到失望、困擾、無禮，時不時也引人發笑。這八種類型有：

一、含混不清或只認部分的錯。
二、使用被動的表達方式。
三、認錯時有附加條件。
四、質疑被害人是否眞的遭到傷害。
五、盡可能輕描淡寫。
六、語帶同情地表示「抱歉」。
七、向錯誤的對象道歉。
八、牛頭不對馬嘴。

含混不清或只認部分的錯：「不管我做了什麼，我道歉就是了。」

道歉不被接受有個常見的原因，就是犯錯的人用一種含糊或不完全的方式陳述自己的過錯，像是說「我很抱歉」或是「我道歉」，然後就結束了。至於那些稍微多講了幾句，但仍然不恰當的說法則包含以下幾種：「我為自己做過的任何事（或全部的事情）感到抱歉」，或是「我對發生了這些事情感到很抱歉」，或是「對我使你生氣的所有舉動，我感到很抱歉」，還有「我為昨天發生的事情道歉」。

有時犯錯的人會含混地吐出一句「對不起」，是因為他們被被冒犯者的反應強度給嚇著了，以至於不加思索就冒出一連串「抱歉、抱歉、抱歉」，好緩和不愉快的場面。這樣的道歉毫無意義，因為他們可能根本不知道自己犯了什麼錯，或到底有沒有犯錯。遭到冒犯的一方從這類道歉得到的滿足通常有限，而他們大多也知道犯錯的人根本不了解自己為何不滿，因為這些不滿還沒有機會表達出來（請見第八章對這類道歉的更深入討論）。這類道歉常發生在長官與下屬、夫妻或親子之間，在這類場合中威脅可能發揮作用，不論其是否眞實存在。

阿諾．史瓦辛格爲他不當對待女性所表示的歉意，是個表達含混又不完全的好例子。這也就是加州爲罷免原任州長而舉辦公投，史瓦辛格在同時舉辦的繼任選舉中獲勝的數天前他所做的道歉。根據六名女性所述，在一九七〇年代到二〇〇〇年之間，他所犯下的具體錯誤，包括了襲胸、伸手至裙下襲臀，企圖在旅館電梯內脫下一名女性的泳裝，還有強拉一名女性坐到他大腿上。當他人詢問史瓦辛格爲何要以充滿性含意的方式觸碰這些女性，他並沒有確實承認自己做錯了什麼。[26]

他是這麼說的：「你們聽到的很多傳聞都不是眞的，然而在此同時……我有時候的確行爲不周……我做了一些我以爲是在開玩笑但並不正確的事情……現在我承認我冒犯了人……我道歉，因爲冒犯人不是我的本意。」[27]在稍後的訪問中，他說他不記得自己做過什麼了。他不願對任何一個聲稱被他吃了豆腐的女性道歉。全國女性組織加州分會的執行主任海倫．葛瑞艾可替許多人發聲：「您的道歉令人膽寒，是在侮辱我們的智商，由此可見您根本沒搞清楚狀況。您的所作所爲不是在開玩笑，而根本就是違法。」[28]我認爲，葛瑞艾可說得對極了。

流行歌手珍娜．傑克森也爲她在二〇〇四年超級盃中場表演時的行爲，做了一次失敗的道歉。她與賈斯汀．提姆布萊克在八千九百萬名觀眾前對唱的時候，賈斯汀唱道：「歌曲結束前，我要讓妳一絲不掛。」[29]然後他扯下了傑克森一部分表演服裝，露出了她的胸部和一點點的乳頭。演出結束後傑克森發表了一次公開道歉：「……如果我冒犯了任何人，我眞的覺得很抱歉。我眞的不是有意這麼做的。」[30]賈斯汀告訴朋友自己給傑克森騙了，而他的朋友則認爲她是爲了宣傳新唱片而這麼做的。[31]

在她的道歉中，傑克森從未承認她做了什麼，也因此從未表示那是錯誤或不恰當的，或是品味低劣的行爲。這次失敗的道歉，也因爲她認錯時帶有附加條件，而顯得更糟了……「如果我冒犯了任何人」。

使用被動的表達方式：「錯誤可能已被鑄成」

另一種犯錯的人常用來逃避責任的方式，就是使用事不關己或被動的語氣，說出「事情已經發生了」、「錯誤已被鑄成」之類的話，而不是「是我做的」。

舉例來說，比爾．柯林頓總統在某次道歉的時候，只簡單說了句：「錯已鑄成。」《紐約時報》拿他的發言和羅伯特．李將軍的坦白以對相較。在蓋茲堡戰役中的皮凱特衝鋒失敗之後，李將軍直言：「這都是我的錯。」[32]

尤里西斯．葛蘭特總統在他某次的年度國情咨文裡，提供了另一個使用被動語氣的例子。他那次演說是從自己欠缺政治歷練開始講起的。他說：「這或許是我的幸也是不幸，在尚未有任何政治歷練前，就蒙召擔任元首一職。」[33]他繼續指出，他在出馬角逐總統之前，只見識過兩次總統競選活動，他還只在其中一次才有投票權。他所累積的歷練對總統一職來說，是十分貧乏，他辯駁道：「在這種情況下，**錯誤的判斷必然會發生**，這完全是可以合理預期的。即便沒有，執政者在誓言約束之下必須嚴格執行其職責，他和作家與辯論家之間的意見不同亦屬必然。毋須因意見有所分歧，便視其爲執政者行事欠缺考量的明證。」[34]（粗體字爲作者強調）雖然「錯誤的判斷必然會發生」，葛蘭特還是暗示，要區分什麼是錯誤，什麼時候又僅僅是他與批評者意見相左，這可能很難。再說，意見上的分歧也不一定表示這就是「執政者」的錯。

葛蘭特最後終於進入了他可能想要用來表達歉意的部分。「如同眾人所知，而我也承認**錯已被鑄成**，」他寫道，「但我認為更常發生的是，那些受命協助我執行經營政府的各項任務的副手，幾乎每一人都是在我個人並不熟識的情況下選出來的，是靠那些人民直選的民意代表所推薦的。在必須轉交這麼多信任的時候，每一回都要選出適當人選是不可能的。史有明鑑，從華盛頓總統至今，沒有哪位執政者可免於這種錯誤。但我將臧否高下的工作交予歷史，我只想聲明，我在每種場合都是受良心驅使去做正確、合憲亦合法，且符合全體人民最佳利益之事。我的失敗之處在於下了錯誤判斷，而非故意為之……」[35]（粗體字為作者強調）

我認為這段演說從道歉的角度來說是失敗了，其中有至少三個原因。首先，葛蘭特為了卸責而使用了被動的語氣（「……錯誤的判斷必然會發生」、「如同眾人所知，而我也承認錯已被鑄成」），他從來不曾「有」錯；反之，他試圖去責怪別人，責怪那些派來協助他執行政府職責的副手，或是那些揀選了這些人的民意代表。接下來，他又想藉著指出沒有哪個總統不會犯錯，他也不例外，好「正常化」自己的行為。最後他還為自己的選擇辯護，聲稱「在每種場合」他的行動都是「受良心驅使去做正確、合憲亦合法，且符合全體人民最佳利益之事。」基於這些原因，我認爲葛蘭特這次演說絕對不是道歉，而是一次辯護，是爲了賦予他執政時的作爲與決定正當性，爲其辯解。

認錯時有附加條件：「如果錯誤真的已經造成……」

在一次針對天主教教會戀童癖危機事件的演說中，天主教紐約總教區的領導人愛德華・依根主教爲我們詮釋了什麼叫有條件的道歉。他評論道：「如果我們出於後見之明而發覺，在把神父立即調職與協助被害人方面錯誤可能已經發生，那麼我感到非常抱歉。」36

雖然他可能以爲他在道歉，依根事實上在這一句話裡，給他的道歉加上了三個附帶條件。首先，他暗指人們認爲把有戀童癖的神父轉派其他教區是錯的，這都是出於後見之明（這說法本身就很侮辱人）。然後，他又給這些錯誤行爲加上附帶條件（只有在事後體認到有任何錯誤的時候才算有錯），且最終他似乎仍不願意承擔責任（「如果……錯誤可能已經發生」）。如果這位樞機主教是這麼說：「我們是大錯特錯，我們早該知道忽略被害人還有把戀童癖神父轉派到其他教區是不對的。我們感到非常抱歉，也因爲沒有將這些神父解職，使得無辜孩童受害而深感不安。」那麼，這次所謂的道歉會不會變得有力許多呢？

克萊德．哈伯曼在《紐約時報》上評論了這位樞機主教充滿附加條件的發言：「各位不需要去讀吉卜林才能提醒自己，『如果』一詞可以變得多麼深奧。這是政客捅了特大號的婁子，必須裝裝樣子道歉，實際上又不是眞的在道歉的時候，他們最愛用的詞……他們把自己嚴嚴實實地掩蓋在附加條件的羽翼下，您已經見識過多少回了？」[37]

理查．尼克森總統的辭職演說，給這類「附加條件的羽翼」提供了另一例。他說：「如果一連串事件所導致的這個決定，使得任何傷害可能被造成，我感到十分遺憾。我只能說，如果我有些判斷眞的出了差錯，都是因爲我在當時認爲，如此能夠給國家帶來最大的利益。」[38]（粗體字爲作者強調）我們從此例又看到了道歉的功效如何因此大減。尼克森使用這種有條件的說詞（「如果我有些判斷出了差錯」）來暗示他的判斷可能根本沒錯。此外，他又用被動的語氣（「任何傷害可能被造成」）表示，他也是要在眞有人因此受傷的情況下才認錯，這使得以下情況亦不無可能：要不根本沒有人受傷，要不這可能是其他人的錯。即便他最後終於不情不願地承認自己判斷有誤，他很快就補充道，這都是情有可原的（「我在當時認爲，如此能夠給國家帶來最大的利益」）[39]。

這也就難怪身爲這次道歉主要訴求對象的美國公民，他們爲何會失望了。這位總統不願概括承受自己對國家造成的傷害，他很勉強地承認做了些錯誤判斷，還要求民眾接受這是爲了國家最大利益而服務，而不是爲了自己好。因爲他對事實的扭曲，還有面對美國民眾時降貴紆尊的態度，尼克森不只做了一次無意義的道歉，還因此舉侮辱了聽眾而更加冒犯他們了。

要是尼克森肯向自己和國家誠實以對，他應該會這麼說：「因爲自己差勁的判斷而給國家帶來了傷害，對此我感到十分遺憾。雖然當時我以爲這麼做是爲了國家的最大利益，現在我醒悟到自己犯下了多麼糟糕的錯誤。」如果尼克森在各個場合中得體地道歉，他可能就得以倖免全國上下因他的言行而生的怒火了。[40]

質疑受害者是否真的遭到傷害：「要是有任何人受傷……」

另一種逃避過失責任的類型，是從一開始就質疑受害者是否眞的遭到傷害。

認錯最常見的起手式通常是這類句子：「如果你被冒犯了……」，或是「既然你受傷到這種地步……」在這些情境中，冒犯者其實是在表示：「不是每個人都會因爲我的行爲而受傷啦。不過，既然你臉皮這麼薄，大氣如我，就配合你的需要（你的脆弱）道歉了。我希望這能讓你開心囉。」請注意這樣的道歉是如何將受害者轉化成罪魁禍首，而冒犯者反而成爲沒有過失又大度的恩人。我們很快就能發現，這些失敗的道歉原本是爲了撫平羞辱、恢復尊嚴，實際上卻加深了傷害，就像我們口頭上常說的「愈描愈黑」了。

一份史波坎社區大學的學生報刊載了一封署名「小白」的信，內容對女性、少數族群與同志學生十分唐突。這封信的目的據說是爲了「提高校園內的族群意識」，而不是爲了造成族群關係緊張或譁眾取寵。[41]

然而，學生發現這個「小白」其實是虛構人物，這封信事實上是由報社主管撰寫的。可以想見，學生對於自己被擺了一道感到很生氣，於是作者與編輯群最終寫了一篇社論表示歉意。「**對任何可能被這封帶有種族偏見的信冒犯到的人**」，他們拿出自己「最深刻與誠摯的歉意」。[42]（粗體字爲作者強調）

這次道歉暗示了問題不在於報社刊出了這封信，而是出在讀者有顆易碎的玻璃心。有些學生表示，這次道歉很不恰當，因爲「報社沒有承認自己錯在揑造並刊印了這封信。」[43]就我看來，這些學生說得沒錯。編輯部道歉的時候並沒有承擔起傷害他人該負的責任。

更得體的舉措應該是：「我們爲撰寫了這封帶有種族偏見的信，表達最深刻與誠摯的歉意。雖然我們以爲它能夠提高校園內的族群意識，但這顯然是不對的。我們思慮不周，犯下了不容否認的錯。目前我們在深刻地反思。對於傷害到這麼多人，我們感到非常遺憾，並將致力在未來重建您對我們的信心。」像這樣的道歉不僅認了自己的錯，也藉由承認編輯判斷有誤，與讀者重建了道德契約。

這類不當道歉的另一例，是瑞士駐美國大使卡洛斯・賈格梅第針對他撰寫的一份外交電報所做的回覆（賈格梅第對瑞士政府該如何回應他人指控該國在二戰時爲納粹德國提供銀行服務，提出了他的建議）。在這份電報裡，他稱呼大屠殺受害者爲「敵手」和「不能信任的人」。雖然賈格梅第道了歉，說他很後悔「自己在電報裡的用詞挑動了猶太族群與一般民眾的敏感神經……」[44]但並未承認自己做了錯事；反之，他暗示猶太人與一般民眾的「敏感神經」才是問題所在。更適當的道歉方式應該是說：「我在電報中所言既不正確也不得體。我對做出這些評論深感遺憾。」或許賈格梅第仍無法說服許多人自己是眞心誠意地道歉，特別是某些瑞士銀行業者與納粹德國確實曾有道德上令人存疑的往來關係。不過，這樣的道歉能夠肯定的是，至少在民主國家，反猶太言論確實違反了社會契約。

在捍衛他的高爾夫名人錦標賽冠軍頭銜時，老虎．伍茲享有替來年的冠軍晚宴挑選菜單的特權。另一名參賽選手法齊．鄒勒在接受有線電視新聞網訪問時做了以下評論：「這小子打得好，也有優勢。」鄒勒說：「他爲了贏球是無所不用其極。所以，知道等一下他來的時候你們要說些什麼嗎？你們要拍拍他的背說：『恭喜恭喜，盡情享受吧！』然後告訴他明年不要讓大家吃炸雞。了解嗎？……或是像甘藍菜或其他的什麼鬼東西。」[45]

鄒勒一席話引來的公憤是又快又猛。爲了替自己辯解，他解釋道：「我的發言不是有意要中傷族群的，我爲它遭如此誤解道歉。……我參加巡迴錦標賽已經二十三年了，認識我的人都知道我超愛開玩笑。我的幾句俏皮話竟然被變成另一回事，不過這眞的不是我想要表達的。**如果傷害到任何人，我很抱歉。如果老虎覺得受傷的話，我也向他道歉。**」[46]（粗體字爲作者強調）

這道歉失敗有很多原因。首先，鄒勒從未承認他到底犯了怎樣的錯（他叫伍茲「小子」〔little boy〕，這個詞對非裔美國人來說特別不當，更不用說他對那些常被視爲非裔美國人所偏愛的食物加以嘲諷）。其次，當他說「如果伍茲覺得受傷的話，我也向他道歉」，他是在因被冒犯者竟然感到受傷而責怪他們。第三，他不是爲自己說錯話道歉，而是基於他的話「遭如此誤解」，以及人們沒有了解到他是在開玩笑。第四，當他道歉的時候，他從來沒有就此事直接與伍茲對話，進而理解伍茲對這些唐突之舉的看法（老虎．伍茲的父親是非裔美國人，母親則有亞洲血統）。

想使人心服，鄒勒道歉時可以這麼說：「我爲自己沒分寸的（或欠考慮的、傷人的）發言感到抱歉。我錯了。這種事不會再發生了。我保證會與老虎私下會面，好親自向他道歉。」替鄒勒說句公道話，他其實在數天後比較像樣地再度道歉了，這是在凱馬特超市停止對他的贊助，還有他退出大葛林斯伯勒經典賽之後的事。他說在重新加入另一個高爾夫球俱樂部之前，他想和伍茲就自己說過的話談談。他表示自己退出那場價值一百九十萬美元的賽事，因爲「先生女士，這是我對高爾夫球比賽的敬意，還有我對職業球友的熱愛。」[47]

根據美聯社報導，「鄒勒在向記者宣讀簡短聲明時，努力忍住淚水，還在某個時刻脫稿說出：『這太難過了……我是那個搞砸一切的人，要付出代價的……我是罪魁禍首，而且我強烈覺得第一要務，就是還老虎一個公道……我也很後悔造成了高爾夫球界的困惑不安，我說的話轉移了大家對比賽的注意力。這對那些想在球場上努力以赴的人不公平。』」[48]

這回道歉時，鄒勒把罪責轉移到自己肩上，並點明受害者包括了伍茲、高爾夫球界，以及這次參賽的職業選手們。他看來也展現了眞誠的悔過之意，並以退出一場有利可圖的巡迴賽事做爲自我懲罰。不過，這個道歉仍不夠完整。因爲他沒有承認自己說的話不對或是不得體；反之，他表示自己「搞砸了」並造成高爾夫球界的「困惑不安」。他似乎在意「高爾夫球界」受到的傷害，更勝於老虎．伍茲與其他非裔美國人所受到的傷害。

盡可能輕描淡寫：「實在沒有什麼事（或芝麻小事）好道歉的……」

盡可能輕描淡寫自己的過失，或者去質疑是否眞有誰犯了錯，是另一種避免道歉的類型。加拿大航空可說是這種卸責演出的好例子。他們因爲與旗下機師發生合約糾紛，而在兩天內取消了四十六個航班，影響到數千名旅客。航空公司的發言人表示：「別忘了，這不過是六百五十個航班的一部分而已。我知道這給滿多人帶來了不便，我們也爲此道歉，不過這眞的沒什麼。所有受到影響的客戶都已經重新訂位了。」[49]藉由統計數字來淡化損失，這名發言人低估了受此困擾的每個人心中都有的一把火。他的道歉彷彿就像在告訴媒體，一架三百人次搭乘的班機發生了空難，其中有兩人罹難，這樣的損失眞是微乎其微呀！

另一個減輕過失的類型，是直接挑戰被害人對過失嚴重程度的判斷與反應。美國陸軍上校凱杉．沙磊因爲「遭人控訴透過網路與電話和數十名女性談情說愛，並向她們求婚」[50]，而受到調查。沙磊的律師代表他指出：「他是誠心想道歉的。無論如何，他都不是要刻意傷害她們。這些人也該適可而止了。」這名律師還說，他不認爲沙磊犯了罪。毫不意外地，這些聲稱受到傷害的女士對這所謂的道歉並不服氣。「這太輕微也太遲了。」她們其中一個聲明，「對他的劈腿和欺騙來說這絕對不夠。他偷走了我的眞心。」[51]

如果沙磊眞想誠心展現他對被害人的關切，應該親自出面道歉，而不是找個人替他發話。此外，他不該指點被害人該有些什麼樣的感覺，因爲他的所作所爲引發的是全面的憤怒，而非認同。

還有一種淡化過失的方式，是限縮它的尺度。愛爾蘭共和軍在他們某次軍事行動的週年紀念時，發表了一次愼重卻又仔細畫清界線的道歉聲明。「七月二十一日星期天，是一九七二年愛爾蘭共和軍在貝爾法斯特一項軍事行動的三十週年紀念日。這項行動造成了九人死亡還有更多人受傷。」這項聲明這樣寫著，「我們無意造成平民傷亡，但事實就是包含本行動在內的數次行動，都導致了這樣的後果。因此，我們理應在這次悲劇事件的紀念日，向所有因我們而死傷的平民致意。我們向他們的家人致上誠摯的歉意與哀悼之意。不論哪一方都折損了很多戰鬥人員，我們也了解這些人的親屬的傷痛。」52

這次道歉刻意區分平民與戰鬥人員的家屬，愛爾蘭共和軍擺明了只對因這次行動死亡的平民的家人獻上「誠摯的歉意與哀悼之意」。至於那些戰鬥人員的親屬就什麼都得不到，他們的「傷痛」只得到馬虎的承認，還被提醒交戰雙方都有人殞命。愛爾蘭共和軍的聲明彷彿是在表示，那些下場打仗的因爲自己在衝突中的作爲，而無權得到任何道歉，他們的家人也不値得共和軍特別注意。

語帶同情地表示：「我很抱歉」或「很遺憾……」

想逃避過失帶來的責任，還可以很有同情心地說「我很抱歉」或是「很遺憾」。這種說「抱歉」的例子，可以有以下種種表示方法：「我很抱歉你遭受了這麼大的損失」，或是「我很抱歉你對我這麼苦惱／生氣」，或是「我很抱歉你得做出這種反應」，或是「炸掉了你的村子，眞是對不起」。

以上所有說法，意都不在爲過錯擔當責任。根據所用語調的差異，它們或許確實是在表達關懷與遺憾，但也可能是地位優越者放低身段的施恩之舉。這些說詞可以成爲發話者不認錯的情況下，誘導別人原諒自己的迂迴手段，甚至可藉由怪罪對方感情過於脆弱，而把錯推給他們。不過，這絕不是道歉。

用這種方式說「抱歉」的一個例子，來自美國駐日本大使瓦特．孟岱爾在美國轟炸東京五十週年紀念日上發表的演說。那次轟炸造成了十萬人死亡。「我來此處是爲了要表達，我們對人民遭受的苦難感到多麼抱歉。」孟岱爾說，「五十年來，美國與日本同心協力，成就了和平也建造了穩固的關係，世界因此更爲安全也更有希望。從所有這些悲劇中，我想我們都學到了一課，現在也更上層樓。」[53]

如果把這一席話仔細讀來，我們會發現即便他用了「抱歉」一詞，也指出美國爲何感到抱歉（「……人民遭受的苦難」），孟岱爾從未表示美國會爲這些苦難負責。雖然他的演說可能顯示了對於往事（「所有這些悲劇」）眞切的感同身受，這仍不是道歉，他其實也無意道歉。

另一則同樣充滿同情心的「非道歉」啓事來自史考特．華鐸中校，他麾下的潛水艇撞翻了一艘日籍漁船並造成九人喪生。華鐸因此寄了封悔過書給日本國家電視網。「帶著沉重的心情，我要對日本人民，尤其最重要的是對死者家屬們，表達最深切的遺憾之意……沒有任何言詞足以合宜地表達我的哀悼與關切……我也爲家屬和他們所承受的巨大損失感到悲痛。」[54]

這些日本人並沒有因華鐸表現出來的悔意與哀悼之意而感到寬慰。一名家屬說：「他要是沒有向我們每一個人親自道歉，就不算道歉。」[55]他們希望有人爲意外出面認錯並負起責任。在華鐸遭到免職以後，他又繼續道歉了數回以力挽狂瀾。在第十章裡，我們會對他的道歉更仔細地加以分析。

這些「假道歉」甚至成了幽默感的來源。在卡通《白朗黛》裡，一回迪瑟先生決定爲自己叫達伍「遲鈍的蠢貨」而向他道歉。他是這麼說的：「達伍，我爲你是個遲鈍的蠢貨感到很抱歉。」然後，他聲稱自己的良心因爲「眞誠的道歉」而恢復清白。[56] 除了爲自己說過的話道歉，迪瑟還對達伍的狀況（身爲一個遲鈍的蠢貨）表示同情。此節的幽默之處在於，他雖有意道歉，其說詞聽起來像道歉（「我感到很抱歉」），感覺起來他好像也道了歉（「沒有什麼事比得上一次眞誠的道歉……」），事實上他根本沒有。我們會發笑，是因爲這則漫畫顯示出語帶同情的「我很抱歉」有多容易糊弄人。

向錯誤的對象道歉

搞錯道歉對象這件事也很常發生。麥克・泰森爲了他在一場拳擊賽中咬了依凡德・何利菲德的耳朵而道歉時，他不是向何利菲德或一般民眾道歉，而是向著那些有權終止他賴以爲生的獎金拳手生涯的人道歉（請見第六章對這個案例的進一步討論）。高爾夫球手法齊・鄒勒起初是針對媒體道歉，而不是被他冒犯的老虎·伍茲。想想做錯事的人向「錯誤對象」道歉的時候，他們會從中得到些什麼，我們就能了然於心了。這種道歉的目的不是爲了與受害者和解，而是要操弄情勢以保護自己。

這種刻意混淆視聽的道歉有個駭人聽聞的例子，事主是紐約市警察賈斯汀·沃普。他用一根棍子猛戳進一名上了手銬的海地移民的直腸裡，然後又拿這根棍子往這名移民臉上戳。在他察覺到有愈來愈多於己不利的證據浮現之後，沃普坦承犯下這樁罪行，也承認他是故意要羞辱和恐嚇那名被害人。當法官強勢追問他是出於什麼理由而這樣羞辱這個倒楣人時，沃普的藉口是自己「當時受到很大的打擊」。[57]審訊終了時，這名被告向法官表示：「庭上，可否請法庭記下，我對傷害了我的家人感到很抱歉。」[58]沃普並不是要求向被害人道歉。他的律師意識到委託人的錯誤，趕緊聲稱沃普確實非常後悔，並解釋：「我想，認罪就已經是很充分的道歉了。」[59]

沃普對家人的道歉或許是語出眞心。然而，他未向自己過失的眞正受害者道歉，這事頗令人感到不安。旁人很快就會因此猜疑沃普的悔過到底有幾分眞誠，同時開始琢磨他在類似情境中再犯的可能性。或許他認爲被害人不如他、不值得尊敬，或是怪他給自己帶來麻煩。對這麼嚴重又暴力的罪行不覺悔意是很嚇人的。人們期待的是某種悔過聲明，即便它看起來並不誠懇。沃普的律師體認到這種聲明，對他的委託人來說有多重要，而他也試著辯解，認罪就是在表示自責和道歉了。不過事實上，一個人可以在法庭給他定罪的同時，對自己的罪行毫不內疚。要想適當地承認自己的過失，犯錯的一方要爲自己侵害他人的行爲負起責任。沃普沒有達到這個要求，因爲他只承認傷害了家人，而沒有提及對他的被害人所造成的傷害。

牛頭不對馬嘴的道歉

有時候，犯錯的人會爲了與受害者無關的過失向他們道歉。這種牛頭不對馬嘴的道歉可說是一種非常自私的手段。犯錯的人對他們想要承擔的責任挑挑揀揀，甚至去選一些能使自己看起來很體面的部分。這種口頭上的「帽子戲法」可能可以滿足一部分人，卻會唐突了更多的人。比如說，有個男人的妻子發現他正在發展一段婚外情。他承認自己傷害了妻子的感情，因爲婚姻可能告終所生的苦惱看來也很像回事。然而，就在他們討論到一半的時候，這個丈夫表示他不認爲婚外情有這麼糟糕，如果他的妻子也出軌了的話，他不會覺得受傷。這個說法就是這段婚姻終結的開始。這個先生只承認妻子的感情受傷，而不承認傷害的眞正肇因：一段婚外情。

接下來這一次，是公領域中道歉道得牛頭不對馬嘴的例子。羅伯特·麥克納馬拉的《反思：越南的悲劇與教訓》[60]這本書在一九九五年出版的時候，激起了很大的爭議與憤怒。許多新聞記者與評論家認爲，麥克納馬拉是用這本書來替他在越戰期間擔任國防部長時的作爲道歉。《生者與逝者》一書的作者保羅·漢翠克森評論道：「這本用來請罪的回憶錄在美國及全世界這麼快就激起公憤，讓人很難不去推想，（麥克納馬拉）某部分來說就是爲了造成這種效果。雖然他神智比較清醒的那個部分應該很希望，喔不，應該是很飢渴地希望能獲得原諒。」[61]《紐約時報》在該書出版三天後的頭條社論中，下了針砭：「他（麥克納馬拉）的遺憾的分量無法與本國陣亡的士兵相提並論……他從這些人身上奪走的東西，不是在三十年後上上黃金檔節目道歉、流幾滴老套的眼淚，就能償還。」[62]麥克納馬拉堅稱，這本書不是爲了道歉，而是爲了「幾近無心的過失……我們不是在價值觀與意圖方面犯了錯，而是和判斷與能力有關。」[63] 即便麥克納馬拉為自己澄清，我相信大部分的讀者與書評家仍視他在藉由此書道歉（雖然很失敗），因為他們既想要、又期待，也確實需要一個道歉。他們也覺得這本書因為缺乏真誠與信念，而令人反感。

如果我們基於「許多人都視此書為歉意的表示」這個假設說起，這本書是在為怎樣的過失道歉呢？麥克納馬拉承認了越戰時的數項決策失誤，包括錯誤的判斷、提出過度樂觀的戰況報告，還有為其他世界大事分了神。然而，他對這些失誤的描述，與其說是道歉，讀來更像是在自圓其說：他不斷責怪別人，並且花了很大功夫解釋是因為怎樣的難處而使他犯了錯。然而，麥克納馬拉使包括我在內的許多人惱怒的主要錯處，是他早在至少一九六五年就察覺這場仗贏不了。他於一九六七年辭去國防部長一職時，已有將近一萬六千名美國士兵和約一百萬越南人死亡。戰爭在五年後結束時，美國士兵與越南人民的死亡數字分別上升到五萬八千人與三百萬人。[64] 即便知道這場戰爭定輸無疑，他一個字都沒有向美國民眾吐露。《至高與至明》的作者，同時也是備受推崇的越戰史學家大衛．浩伯斯坦，為我們清晰地點出了麥克納馬拉該為什麼過失負責。他寫道：「……事實就是，麥克納馬拉說謊並欺騙了參議院、媒體與民眾……他對於增軍的程度不斷向全國說謊……但他最嚴重的罪行……是沉默不語。」[65]我認爲，麥克納馬拉錯不在決策失準，而是沒有說出事實，以及沒有在事關緊要時出面大聲疾呼。

美國爲自己在越戰中所扮演的角色道歉，對國家有什麼好處呢？我相信一次有意義的道歉能療癒若干嚴重的舊傷。比方說，這樣的道歉能夠恢復美國的戰爭退伍老兵從未得到的尊嚴。至於政府官員不應說謊或保持沉默一節，尤其是事關戰爭這等重要議題，這種政府與國民的共同信念也能透過道歉再次得到確保。美國人民能夠重拾信心，相信自己對政府的政策與抉擇持有異議也是安全無虞的。或許最重要的是，這樣的道歉能夠開啓公民與公民、公民與政府之間的對話，讓我們宣洩對於戰爭的種種複雜與矛盾感受，這個過程也能提供一個機會，爲喪失的生命哀悼、維繫國家的榮譽。

個人評論

如同本章的案例所示，需要道歉的時候，我們可能會相當堅決且花樣百出地去避免認錯，其結果就是破壞了最終道歉時的效果。我們甚至可能會以爲自己說服了被冒犯者，或甚至說服了我們自己：我們已經適當地認錯了。雖然這些嘗試擺明了就很失敗。這種抗拒心態涉及了我們大部分人內心頗堪玩味的雙重性：一方面覺得自己該認錯，一方面又想盡其可能避免這麼做（我們會在第六章琢磨道歉的動機時探索這種衝突，以及在第七章檢視這種對道歉的抗拒）。

透過本章這些例子，我們也能看到犯錯的人覺得認錯如此困難的原因。這些失敗的道歉原本想彌補的，通常是道歉的人給他人帶來傷害的失常表現或不當舉止（就像阿諾・史瓦辛格、尼克森總統、葛蘭特總統、沙磊上校、羅伯特・麥克納馬拉、華鐸中校、法齊・鄒勒、沃普警官、愛爾蘭共和軍，以及加拿大航空）。想要爲這些過失有效地道歉，必須準確又全面地認錯。然而這些人反其道而行，他們在道歉時所謂的認錯，事實上是在否認或是盡可能對自己的過失輕描淡寫。他們沒有承擔責任、說出事實——也就是能夠藉之與受害者重建關係的行爲，反而選擇維護自己對自己的看法，並規避處罰。這些道歉會失敗實在是不令人意外。

第五章 自責、解釋與賠償

自責是良知的進擊，是一種來自內在的聲音，或許會受到聆聽與注意。

——湯瑪斯．沫爾（心理治療師兼作家）

本章將繼續探究，爲了滿足被冒犯者的需求，道歉過程必要的四個部分。先前章節已經考察了道歉最重要的部分，即承認冒犯行爲（認錯），而我們現在要來思考有關道歉的其餘三個部分：一、傳達自責與自制、眞誠、誠實等相關態度；二、解釋；三、賠償。在任何道歉的情況中，這些要素其中一項或多項組合，都可能攸關道歉的成敗。

自責與相關態度

我使用「自責」（remorse）這個詞來表示深沉、痛切的後悔，這也是罪惡感的一部分，人們犯下錯誤的時候都會體驗到這種感情。感受行動所帶來的自責，就如同承擔傷害所帶來的責任。據心理治療師兼作家湯瑪斯·沫爾描述，自責是一種必需且重要的心理體驗，能「幫助個人將往事找回心中，並受到感動……自責是良知的進擊，是一種來自內在的聲音，或許會受到聆聽與注意。」[1]就如沫爾所言，我們了解到自責是自我懲罰的形式，也是來自內心的責備聲音，說：「不准再這麼做了。」事實上，如果他或她已經道過歉，卻仍一再犯同樣的錯，我們就會不禁懷疑並重新檢視先前的道歉，同時可能認爲冒犯者試圖操縱局面來逃避責難或責罰。就算某人道歉後就再也沒有重複類似的冒犯行爲，缺乏悔意通常也會削弱道歉的價值，包括這次與後續的道歉。道歉時似乎必須展現自責的態度，才顯得確實可靠。

自責的一個有益結果就是自制，並顯示戒絕或忍耐的決心，以避免將來重蹈覆轍。如果自責是一張本票，那麼自制就是對這筆債務的部分償還。自制會說：「我覺悟到自己的作爲不對，因爲這違背了我（與其他人）所重視的價值。我覺悟到自己的行動造成了傷害。我對於自己的行爲深感懊悔，就憑再也不會做出任何像這樣的事情，我將證明，自己並非那種漠視價值並惡意破壞的人。」自責與自制就像諺語「馬匹與馬車」：兩者共事，效果最佳。或者，從更富有文學性的觀點來看，我們可以將兩者視爲具有兩張面孔的羅馬神祇雅努斯，這麼一來，朝後的臉孔面對冒犯行爲並承認惡果，朝前的臉孔承諾自制並迎向不同的未來。

接下來的三個例子，分別都含有自責與自制的連結。整形外科醫師詹姆斯·卡特爾在一場爭吵過程中，在妻子的住院病房內槍殺了她的情夫電腦程式設計師亞諾許·法依達（卡特爾的妻子蘇珊·卡姆醫師當時正在接受肺炎治療）。法依達遭槍殺前六個月，卡姆就已經與丈夫分居。卡特爾被判非預謀故意殺人罪定讞後，他向法依達一家人道歉。「言語也無法表達我深沉的悲哀，我對這樁悲劇感到多麼遺憾，還有我應當背負的責任，」他說，「如果生命像臺電腦，也有『取消』按鍵，我就會按下那顆按鍵來讓一切回復正常。不過生命卻不是這樣的。」他的雙眼同時湧出了淚水。[2]

南非總統戴克拉克為了國民黨強制實施種族隔離政策而道歉時，說：「我們無意要剝奪人民的權利與造成不幸，然而，最後種族隔離政策正是帶來了這種結果。就此所造成的一切傷害，我們深感後悔。」[3]不過，戴克拉克不只是說句後悔就了事。「光是說句對不起，並不足以表達深刻地後悔。」戴克拉克解釋。「深刻地後悔是指，若能扭轉時間，若能用盡任何方法，我都會搶先避免憾事發生。」[4]他在稍後的演講中揭櫫了國民黨新的政黨宣言：「聲明我們已經棄絕過去的錯誤，而且不怕宣稱我們為了昔日錯誤的政策，而感到深切後悔。」[5]

美國聯邦內政部印第安人事務局的助理祕書凱文．高沃為美國印第安人蒙受的不平冤屈而表示自責，我們先前已於第四章提過。「讓我們先從本機構過去的作為開始，來表達深切的悲痛。就如同諸位，一想起這些惡行與所導致的慘劇，我們不但感到心碎，也同你們一樣感到十分地悲傷。我們痛切希望能夠改變歷史，不過當然我們辦不到……」[6]他接著說，「本機構再也不會在仇恨與暴力加諸印第安人時保持沉默；再也不會容許假定印第安人的人類資賦低於其他種族的政策實行；再也不會勾通謀取印第安人的財產；再也不會任命拒絕爲印第安族人福祉效勞的領導者；再也不會允許汙衊印第安人的刻板形象，來使得議政殿堂損失體面，或使得美國人民對於印第安族的看法流於淺薄無知；再也不會抨擊諸位的宗教信仰、語言、習俗或任何部落文化；再也不會奪取諸位的孩子，也不會教育他們爲自己的出身感到羞恥。再也不會。」[7]

這三個例子中，所傳達出的自責與自制，遠遠不只是一句簡單的陳述與承認冒犯行爲而已。他們不但爲了冒犯行爲所導致的傷害承擔責任，而且都使用了明顯相似的語言，表達在自責中面對過往錯誤的本質：卡特爾但願生命如同電腦有「取消」按鍵，戴克拉克想要扭轉時間，而高沃痛切希望能夠改變歷史。既然無法抹消已經犯下的罪過，個個便都誓言保證將來會有所不同：高沃採取戲劇性的重複修辭「再也不會」，而戴克拉克則表示國民黨的政黨宣言是要「聲明我們已經棄絕過去的錯誤」。

相較之下，缺少自責與自制便暗示著，犯錯者無法遵循社會上普遍的道德標準，因此仍有風險再犯。這類行爲往往會引起媒體的興趣，反過來也照映出大眾的興趣與反應。法官、陪審團、緩刑監督官也會觀察犯罪者有無悔意，有時做爲參考依據，來決定判處刑期長短，或者判斷讓犯罪者重返社會是否安全。關於人們面對不知悔改的犯罪者會如何反應，以下將介紹七則簡短報導。

一名棒球球員覺得自己遭到紐約洋基隊員羅傑·克萊門斯蓄意用球棒擊頭，並因爲對方沒有展現悔意而表示自己對克萊門斯失去敬意。[8] 根據《紐約時報》報導，法官威廉·尼爾森告訴一名毆打丈夫並勒頸致死的婦女，「妳是個嚴重喪心病狂的女人。妳從來沒有說過妳覺得抱歉。」[9] 另一則故事同樣登在《紐約時報》，報導約翰·羅伊斯特毆打四人並導致其中一人死亡，標題寫著〈四起毆打案嫌犯供稱並無悔意〉，副標題更進一步指出「主嫌辯稱一連串的毆打行爲無罪且不後悔」。[10] 一名三十一歲的男子面對性侵一名十三歲少女的重罪，辯稱性行爲是出於雙方自願下進行，要求被害人原諒，並表示希望對方「有一天能再度讓他進入她的生活」[11]，而法官聽後當場勃然大怒：「這是我在法庭上聽過最令人難以置信的事情。」他更補充表示，嫌犯的陳述「顯示他缺乏悔意」。[12]

奧克拉荷馬聯邦政府大樓爆炸案的犯人蒂莫西・麥克維，造成一百六十八人喪生，其中包含日間托兒所的孩童，他更藉由把遇害的孩子說成是「附帶性破壞」，[13]來誇示自己缺乏悔意的態度。而他的態度也吸引了全國記者注意，並反映在報紙頭條標題上。隨著處決日期接近，報紙記者更是關注他拒絕悔改的表現，[14]舉例來說，美國聯合通訊社的報導描述：「蒂莫西・麥克維沒有顯現任何自責的跡象，帶著如同因爲奧克拉荷馬市聯邦政府大樓爆炸案殺害一百六十八人而遭逮捕當時，呈現在世人眼前的那副燧石般的冷酷面孔，走向死亡星期一。」該篇報導的標題爲：〈麥克維因奧克拉荷馬市爆炸案遭處死刑：了無悔意受死〉。[15]

三名德國年輕人於德國哈勒進行閉門證詞時坦承（根據被害人家屬的辯護律師陳述），他們對一名非裔移民拳打腳踢致死。律師表示「他們既沒有表示後悔，也沒有道歉」[16]、「他們未能表現悔意，使得被害人遺孀深受打擊」[17]，並因此無法繼續留待法庭。美聯社則對此案發表評論：「檢察官將公訴書翻譯成英文，這樣不尋常的舉動是爲了回應國際關注的目光，展現該國如何處理仇恨外國人士的問題。」[18]

四十一歲的雷蒙．傑姆森與他十二歲的兒子鮑比身穿迷彩服，與雷蒙同父異母的四十七歲哥哥邁克，在新英格蘭的鄉間小鎮使用弓箭打獵。突然，雷蒙的腿上意外中了一箭，他要兒子冷靜下來找人幫忙。此時，他同父異母的哥哥靠過來，跪下並問道：「你傷得有多嚴重？」[19]

雷蒙要他在自己失血過多而死之前，先去求援。後來他的兒子及時趕回，奮力救回雷蒙一命。稍後邁克告訴警員，是他十二歲的姪子射傷自己的父親。警方一開始將邁克依酒醉打獵起訴，儘管後來撤銷了告訴，他接著卻又因射箭傷人並供認罪行，而依二級攻擊罪遭起訴，並且同意接受酒精濫用治療。邁克最後被求處七年徒刑，雷蒙則經歷十次手術治療，最後甚至必須截肢。[20]

雷蒙表示在射擊事件發生前，他與邁克相處融洽，偶爾會一起打獵，拜訪彼此住處並享用晚餐。事件發生後，他們不再說話，雷蒙也不想再見到邁克。「他不斷更改說詞，愚蠢的謊言一個接著一個。……要是他一開始就全盤托出，或許現在我對他會有不同看法，可是他竟然怪到我的兒子頭上……他走出法庭的時候，**並沒有任何感到懊悔的樣子**。他從來沒有說過他覺得抱歉。」[21]（粗體字為作者強調）

《波士頓環球報》專欄作家蘇格・理海藉由敘述自身狂怒的經歷——當兇手未能表現出「起碼一點人性的態度」來表示懺悔，他因爲憤怒而熱血沸騰——來雄辯地總結不知悔改的影響。他說那形同「拒斥社會倫理規範」。其所傳遞的信息就是「你的悲哀、規範、準則、道德，對我來說什麼都不是」。[22]針對某個大規模殺人犯，理海評述：「他甚至沒辦法顯露單純的人性，承認他所造成的破壞。就某些方面說來，其麻木不仁可說是連最後一絲人性都被剝奪的侮辱。」[23]理海的措詞「剝奪人性的侮辱」（dehumanizing insult），說明了我們所共享的信念、想法、價值是我們共同生剝奪人性的侮辱活的基石，一旦面臨這麼明顯的拒斥時，我們會有什麼樣的看法。因此，我們藉由給這些人貼上「慘無人道」、「反社會的」，甚至「精神錯亂」的標籤，來將他們從我們當中驅逐出去。缺乏悔意實在太令我們惱怒了，事實上，我們或許寧可對方虛情假意地懺悔，也沒有缺乏任何表示那麼令人難以忍受。我們藉著相信犯錯者至少曉得社會規範，儘管不見得會信守那些準則，似乎多少覺得寬慰一些。

羞愧

有些道歉行動會包含口語或非口語的方式來表達羞愧，其中，有的伴隨自責的表現，有的則直接取代自責。人們無法實踐自己的抱負或思想時，就能體會到羞愧的感情。而道歉時若要將羞愧化爲言語則是：「我的行爲並不能反映我這個人，這不是我的眞實自我，不是我自己想看見的樣子，不是我想成爲的樣子。」所以，羞愧是與自責相輔的一種感情。關於羞愧的口語表達有一些常聽的說法，像是「我覺得自己好丟臉」，或是「我眞是無地自容」、「我沒辦法忍受我自己」，或是「我想要從地球表面消失」。而羞愧的非口語典型表現，則包含頭部與視線低垂。

本書談及的許多道歉都包含了「羞愧」這個字眼，而其中有個道歉相當具有歷史意義。塞繆爾・休厄爾在一六九七年，爲了一六九二年麻薩諸塞州的塞勒姆審巫案而進行道歉。他站在南方教會的教區全體教徒前，爲了當年在審巫案扮演的角色，忍受「痛斥與羞愧」。[24]根據他的傳記作者表示，在兩歲女兒喪生與兒子胎死腹中後，促使他有了道歉的動機，試圖與上帝和解。他相信他所遭逢的悲劇，或許正是爲了懲罰他在審巫案的司法行動。[25]

一九九四年，日本政府爲了沒能在襲擊珍珠港前先與美國斷絕外交關係所帶來的「羞愧」，而向日本國民——並非向美國——進行道歉。這是因爲官方文件解密，日本政府才會突然道歉。[26]

莫妮卡．陸文斯基對於自己與柯林頓總統的婚外情，從未表示羞愧與自責，而專欄作家大衛．布魯克斯與艾倫．古德曼都曾對此發表評論。布魯克斯在他《紐約時報》的專欄中，暗示陸文斯基居住在由娛樂價值建構的世界，那裡不分是非對錯，因此羞愧與自責的語言也不存在。因爲柯林頓是她「官能享受的靈魂伴侶」，她才不會爲了所作所爲誠實地表達羞愧，只會爲了這事不能繼續而感到失望。[27]

她簡直是徹底的無恥。在這個案例中，莫妮卡的確實踐了她總是隨心所欲的自我形象，爲了所作所爲道歉對她而言根本毫無意義。

同樣地，艾倫．古德曼同時發表了評論，暗示陸文斯基女士的所有證詞與採訪中，獨獨少了表態懊悔來承認她傷害了其他人，以及她的行爲是錯的。古德曼寫道：「……我也想要聽到這名年輕女士說聲抱歉，爲了別人，而不是爲她自己。」[28]

布魯克斯與古德曼都暗示，陸文斯基的自我概念太過狹隘，而且自我耽溺，她無法體察人類彼此之間的內在關聯——構成人類社會的巨大關係網路。這種人的「最佳自我」（best self），幾乎僅僅集中在他或她的自身利益，既不注意、也不在乎其他人在他或她追求利益的過程中受到危害。這種人不會覺得自己有什麼好羞恥的，而且認爲自己幾乎——如果有的話——沒有理由道歉。

謙卑

道歉是一種謙卑的行爲，不僅承認犯下錯誤，而且表達自責。這種謙卑的態度有益於恢復被冒犯者的尊嚴。道歉時如果沒有心存謙卑，或者更糟糕的是，表現得自大或傲慢，本來想要道歉卻變成了侮辱。流露自大的態度暗示缺乏悔意，而且認爲道歉的人比起接受道歉的人優越。舉例來說，想想曼荷蓮學院歷史學教授約瑟夫．埃利斯的例子，他聲稱曾於越戰擔任排長與傘兵，也參加過反戰運動與公民權利運動，欺騙了學生與同事好幾年。直至遭到《波士頓環球報》記者對質，埃利斯才表示懊悔，並爲了將越戰經歷的謊言「擱著不管」而道歉。他補充說「就算是在人生黃金時期，還是會犯錯……」接著又表示，「爲此及其他歪曲我個人經歷的行為，我想要道歉」。[29]

在原本應該顯得謙卑的時候，埃利斯此話一出卻流露出自大的態度，似乎在暗示就算有錯，那也是他人生的「黃金時期」。這次道歉結果並不成功，因為他沒有指明自己應該承認的錯誤（「為此及其他歪曲我個人經歷的行為」）。這種請求概括原諒的做法，令人不禁懷疑他是否還做了其他什麼壞事，只是暫時逃過法眼。

在第三章，我們考察了道歉過程可能要滿足的各種需求。現在我們可以追問，自責、自制、羞愧、謙卑等在這個過程中，分別扮演什麼樣的角色？我確信這些態度凸顯出冒犯者有多注重冒犯行為，並因此證實了冒犯者與被冒犯者，事實上，的確共享重要價值。此外，由於這些態度都屬於苦惱的狀態，我相信也能藉此顯現了冒犯者因為闖禍而嘗到苦果的程度。羞愧與謙卑同時也代表著，冒犯者從原本比被冒犯者優越的權力位置「被推翻」；而自制則是承諾雙方之間將會有不一樣的未來。

真誠

道歉要能起作用必須誠懇，似乎早已是老生常談。不過，我倒認爲就現實看來，沒辦法分得那麼清楚。儘管理想的道歉是眞誠的，有些道歉就算並不眞誠，也還是能發揮作用。對於一對一情況下的私人道歉而言，眞誠才是最重要的。在這種情況下，對於任何或所有道歉的構成部分，如承認錯誤、表達懊悔、提出解釋等，若是故意隱瞞或欺騙，都算是缺乏誠意的行爲。由於原本的冒犯行爲通常是背叛信任關係，所以在任何一個部分有所欺瞞，都會令對方懷疑起整個道歉。如此一來，讓被冒犯者多了不信任的理由，缺乏誠意甚至會破壞原來最爲謹愼傳達的道歉。

然而，在某些情況下，缺乏眞誠的道歉也能取得部分成果，因爲可能滿足了被冒犯者的部分心理需求。例如，如果能確實承認錯誤，儘管自責顯得不夠眞誠，被冒犯者仍會看重對方明白所作所爲這一點；又或者是確實的認錯，並且提出的賠償具有意義。我相信在這樣的案例中，就算懊悔不夠眞誠或者解釋是捏造出來的，都不會使道歉完全失去作用。

在公開道歉中表達懊悔時，眞誠的角色普遍沒有那麼重要，此時，充分承認社會契約或道德契約遭到破壞，有著更爲重要的社會價値，因此也就顧不上眞誠與否了。一些例子包括：罪犯承認罪行時缺乏誠意，表示自責與悔改時也不眞誠；或是某家企業爲了帶有種族歧視的政策道歉，而它的負責人卻是眾所周知的種族歧視者。在這樣的案例中，社會大眾要的是再次確認冒犯者明白：第一，社會契約的「條款」；第二，這些條款遭到破壞時隨之而來的後果。提出保證不再犯的行動——像是承認冒犯行爲、透過自責來強調冒犯的後果、提出賠償來彌補冒犯所造成的傷害等等——即使矯情或缺乏眞誠，通常也就足以使冒犯者恢復在社會上的「良好聲譽」。冒犯者可能不喜歡社會契約的條款，但是只要他們願意認可——儘管不情願或事後才承認——社會秩序高於一切就行。

另一個礙於社會價値而道歉卻缺乏誠意的案例，則是一名主管在公開會議上羞辱了一名部屬。這名主管遭到上級斥責，並明白他眼下只能採取妥協立場，在下次會議中向這名部屬道歉。在場每一個人或許都明白他的道歉其實並不眞誠，但是這個道歉的公開特性，使得各自的權力關係與期待昭然若揭：儘管冒犯的主管有權力羞辱部屬，卻是要由他的上級來設下權力行使的底限。如此一來，企業的價値仍能維持穩固。羞辱他人者蒙受了羞辱，而受到冒犯的部屬對於恢復尊嚴，達成應報正義，也感到十分痛快。

同樣地，缺乏誠意的道歉可以置換到全國或國際層級。如果某個國家進犯了其他國家的邊境，或是損害了他國的財產，或是應當為傷害他國公民承擔罪責，這個冒犯的國家就要在全世界面前公開道歉。有時這些道歉雖然不真誠，卻仍無損於它們的社會價值，亦即形同為國際間的行為規範公開背書。重新確認受到認可的行為，對於相對弱勢的國家來說尤其重要，因為國際行為規範的存在就是為了確保公平待遇，而無關乎大小、財富或政治權力。如此一來，弱國便能在世界舞臺上恢復尊嚴與地位。

提出與接受解釋

被冒犯者通常認為，如果道歉卻沒有提出解釋，就無法令人心滿意足。他們將解釋視為對方虧欠的部分債務，並且發表議論，例如：「你欠我一個解釋」、「請你告訴我為什麼這麼做」、「你至少還可以體面地為自己辯白」等。這些陳述暗示沒有提出解釋，通常會被認為道歉不夠充分，甚至是進一步的侮辱。報紙通常藉由將提出解釋與否寫進標題，來吸引世人關注道歉與解釋的連結。

許多曾經遭遇人際冒犯的人，都寧可得到一個不太討喜的解釋，也比起什麼都沒有來得好。當某個家庭成員遭到謀殺或失蹤，我們就會在家屬身上看到這種反應。這類事件對於喪失親人的人而言，意味著兩個不同的挑戰：首先是「失去」本身，無論在任何情形下都令人難以接受；其次是事件出乎意料的性質，實際上家屬無法理解他們的至親爲什麼會慘遭殺害或劫持。一個解釋就能緩解其中一個重擔，儘管沒辦法減輕另一個：

家庭成員藉由聽取加害人關於自己行爲的理由，停止沒完沒了地猜測事情眞相，並且能夠開始爲痛失親人而哀悼。

需求解釋的例子不一而足。「爲什麼你對我說謊？」、「你爲什麼沒能赴約與我吃晚餐？」、「你爲什麼違背了婚姻誓言？」、「爲什麼羞辱我？」、「爲什麼闖進我家？」、「爲什麼綁架我的孩子？」、「爲什麼侵犯我國領空？」、「爲什麼殺害無辜公民？」、「爲什麼轟炸我們的大使館？」回應這些問題的種種解釋，幫助我們重新獲得一種感覺——這個世界畢竟還是可以預期的，儘管我們並不認可那些理由的正當性。藉由告訴我們加害行爲究竟是隨機行動還是報復行動，這些解釋將加諸在我們身上的加害行爲去神祕化。我們得知自己對加害行爲負有多少責任，以及預期將來是否可能還會有類似情形發生。最終的結果就是我們有了衡量安全的方法，也能採取適當行動來預防未來的攻擊。

以下的例子說明了，「解釋」如何藉由提供情境脈絡的相關資訊，來淡化冒犯行爲明顯的嚴重性。某人受邀於晚間六點時共進晚餐，而她因爲女兒生病，二十四小時沒有闔眼，於是在五點左右躺下來打個小盹兒，一不小心就睡了整個晚上。隨後她在道歉時說明了未能赴約的理由，因此淡化了這次冒犯行爲的嚴重性。主人與女主人明白那並非出於不夠體貼、滿不在乎或不友善，倒不如說，她沒能出席晚餐是因爲她實在累壞了，又沒有人能在她熟睡後叫醒她。

接下來，另一個例子則是關於俄國核子動力潛艇失蹤的慘劇。一名父親的兒子是軍人，死在潛艇上；記者想訪問這名父親，他卻唐突而粗暴地拋下：「我不想說，要說找他媽去。」來結束談話。[30]軍人的母親則代替丈夫道歉：「他只是因爲廖沙承受太多痛苦了。」[31]

記者因這位母親的提醒，覺察到訪問的內容情境，於是能夠體諒她的解釋。能夠淡化冒犯行爲嚴重性的解釋，必須傳達出以下四項要點的一部分：

一、冒犯行爲並非故意的，因此也不是針對個人。
二、該行爲並非代表冒犯者的「眞實自我」。
三、被冒犯者是無辜的。
四、不會因爲本次例外情形而再度發生類似行爲。被冒犯者可以藉由評估這些事態，來考慮是否要接受道歉、寬恕冒犯者並重修舊好。

如果給冒犯行爲提出的理由，顯得不誠實、傲慢自大、意圖操弄，或像是在侮辱被冒犯者的智商，這種解釋反而會使得冒犯程度升級。舉例來說，國會山莊廣播電臺記者訪問眾議院多數黨領袖迪克．亞密的過程中，問及他正著手撰寫的一本書，以及把版稅捐獻給慈善事業的計畫。他回應說：「我喜歡耳根清淨，而且我沒必要聽巴尼．肥甲（Barney Fag）*……〔停頓〕巴尼．法蘭克（Barney Frank）在我耳邊誇誇其談，只因爲我靠自己辛苦寫書賺了幾個錢。我就是不想

＊ Fag在美語中有蔑稱同性戀男性的意思。

聽這些。」[32]巴尼・法蘭克是麻薩諸塞州公開出櫃的同性戀眾議員代表，在一週前才批評了眾議院議長紐特・金瑞契四百五十萬美元的出版事業。亞密爲了稱呼「巴尼・肥甲」而道歉，公開表示是他說錯了，並且親自去見法蘭克，據推測是爲了提出私人道歉。不久，他告訴記者：「我不願巴尼・法蘭克有那麼一刻相信我會中傷他。**我喜歡講字頭聲母相近的字，那是我的一大問題**。我講起話來又結巴、又含糊……我私下與人交談時從來不使用這個字……而且我不認同任何使用它的人……**那就是不小心發錯音**。」[33]（粗體字爲作者強調）

亞密說他對於不切實際的心理學家感到憤慨，竟然光憑那次發言就對他妄下論斷。並且強調他不需要任何佛洛依德式的潛意識心理分析，他更補充說：「讓我的五個孩子或其他任何人的五個孩子，一打開電視就看到對我發錯音的大肆批評，好像我不是一個正直、有禮、懂得尊重人的人——這實在令人無法忍受。」[34]《紐約時報》的一篇社論暗示，如此失態的舉動正是「擴大事端的典型模式」。[35]報導也提到，民主黨員與無黨籍人士都擔心亞密的言論，可能是「國會在共和黨全新的領導風格下，會在短時間之內就將美國政治對話導向粗俗不堪、令人側目的程度」的證據。[36]

亞密的道歉問題在於解釋。把巴尼．法蘭克說成「巴尼．肥甲」硬拗成只是單純的發音錯誤，實在是不夠有說服力。亞密眾議員的道歉可以更有說服力嗎？我相信答案當然是「可以」。令人信服的道歉會承認自己侵犯了世人普遍認同的價值，並承認不應該使用貶低言詞來討論同性戀者。亞密其實可以說：「對於最近以貶低言語影射議員代表巴尼．法蘭克的風波，我已深切反省，並希望澄清以下兩點：第一，我明白自己的言論傷害了議員代表法蘭克，而且感到後悔；我尊敬巴尼．法蘭克，無論是做爲人，或是做爲相匹敵的政治對手。第二，我要爲自己說過的話承擔一切責任，儘管我並非明知故犯，刻意採用無禮而傷人的措詞『肥甲』，但是惡言畢竟出自我口。我保證未來會避免這種（或類似的）貶損措詞，從而實現我的個人理想，並向我國的好榜樣看齊。」

另一個例子，緬因州佛萊柏格市的駕駛布萊恩．史密斯，因爲他的洛威拿犬在後座嘗試鑽進食物保冷箱，讓他一時分心造成車子失控，撞上當時走在路邊的史蒂芬．金，猛烈的撞擊力道將金彈出、掉進十四英尺外的一條溝渠。隨後金接受了六次手術，還要長期復健。史密斯在一次採訪中表示：「很**不幸發生了這件事，但也僅止一次而已。非常、非常對不起。**」[37]（粗體字爲作者強調）史密斯要是之前十年沒有發生多起交通事故，或許他的辯解會更有可信度，然而根據行車肇事紀錄，他聲稱「很不幸發生了這件事，但也僅此一次而已」反而減損了他的信譽。

另外還有一個道歉是來自《班戈每日新聞》的報導，「摩納哥公主卡羅琳的丈夫，為了二〇〇〇年德國主辦世界博覽會時，在土耳其展覽館旁邊小便，於週五公開向土耳其人道歉。恩斯特・奧古斯特王子買下了土耳其《自由報》歐洲版的全版廣告頁，寫道：『我有義務向土耳其社會大眾說明，二〇〇〇年世博會拜訪行程中隨地小便，**確實不是蓄意行為**。我與家人希望能竭誠表明，我們喜愛土耳其文化，也是土耳其人民的同伴。』」[38]（粗體字為作者強調）這解釋顯然不夠準確，甚至相當可笑。因為人人都曉得清醒時小便當然是蓄意行為，所以縱使他聲稱自己並非有意為之，大多數人也不會輕易上當。奧古斯特王子若能換個說法解釋，像是男廁太遠了，而自己又憋不住急著想小便（假設這個說法是真的），那麼他的道歉也許會比較可信。在這種情形下，任何理由都無法令人滿意，或許更好的替代做法是說「這種行為沒有任何藉口」，然後向土耳其提出有意義的補償，而大多數人也能體會這種困境。至於為什麼他選在展覽館旁小便，而不找個更加隱蔽的地方，則同樣令人難以理解。

職業籃球員拉崔爾・史普利威爾練球時盛怒之下，掐住教練的脖子不放，因而遭到禁賽，隨後被交易給紐約尼克隊。爲了道歉，史普利威爾說：「我想，要是說我那天諸事不順並不爲過……那不是我。我沒有什麼毛病，不會沒事亂發脾氣。」[39]最後他告訴NBA總裁大衛・史騰*「他攻擊教練錯得多麼離譜」，並再次向他保證自己會爲NBA帶來正面影響。[40]從另一個角度來解釋，這個道歉加劇了原本冒犯的程度；史普利威爾以當天「諸事不順」來做爲掐人家脖子的正當託詞，反而使得冒犯事態更加嚴重。我們都有諸事不順的時候，但是我們不會因而到處掐人家脖子。再者，辯稱「那不是我」，更害他的解釋站不住腳，因爲攻擊教練的可不是別人，正是史普利威爾，一清二楚。

另一個理由不夠充分的例子，則是蒙大拿州比靈斯市參議員康拉德・伯恩斯的發言，他在對蒙大拿設備經銷商協會的演講上，以「爛布包頭佬」[41]來形容阿拉伯人。他隨後解釋自己「**說的比想的快**」[42]來向協會成員致歉。（粗體字爲作

＊編註：時任NBA總裁，二〇一四年後退休。

者強調）再一次，從另一個角度來解釋，這個道歉加劇了原本冒犯的程度；辯稱說話太快來合理化貶低整個文化的行爲，更是侮辱了接納「理由」一方的智商。這理由沒能幫助被冒犯者理解冒犯的緣由，反而加深了傷口。

有許多解釋說詞，冒犯者會經常在日常生活中使用來減輕罪責，但是反而削弱了道歉的分量，甚至還侮辱了被冒犯者。這些冒犯性說詞如下，提醒各位讀者留意：「我就是沒辦法克制自己」、「我當時不是我自己了」、「我太不小心了」、「我沒想清楚」、「我太累了」、「我一時失神」、「我生病了」、「我記性不太好」、「我當時太自私了」、「我是在生別人的氣」、「我那時壓力很大」、「我不是那個意思」、「我只是開個玩笑」、「我當時肯定是瘋了」、「我那天諸事不順」、「我只不過是個凡人」、「我當時喝了酒」、「我讓情緒凌駕了判斷力」、「我敗給了無法抗拒的衝動」、「我一時情緒失控」、「我當時正在戀愛」、「都是荷爾蒙作祟」、「都是魔鬼叫我幹的好事」。

我確信對冒犯者來說，不要採取任何解釋最爲見效，而不是利用不實、操弄或侮辱的託詞。單純的訊息，如：「這是我的責任，我深感抱歉，沒有任何藉口」，便能恢復被冒犯者的尊嚴，修補損壞的自尊心。此時，被冒犯者才能明白冒犯者並未推卸責任，或是企圖掩飾來操弄被冒犯者。接下來的道歉案例將會闡明這種誠實的謙卑特質。

一名美國水手爲了將一名同船的同性戀船員殘酷地毆打致死，而在軍事法庭上道歉，他說：「爲了我的行爲，怎麼道歉都還不夠，我不是試圖要爲那晚發生的事找藉口。那實在很可怕，但我並不是個可怕的人。」[43]如果這名水手沒有企圖與自己犯下的罪行切割（「我並不是個可怕的人」），這個道歉就會更好了。

接下來的故事中，我與妻子是接受誠實道歉的當事人。我女兒賈姬因爲乳癌轉移到骨骼，導致頑固性疼痛，她的腫瘤科醫師因此安排她住院。而醫師開立在家服用的解痛藥處方劑量不足以緩解賈姬的疼痛，血液中鈣濃度升高還引起精神狀態改變。她住院後，痛苦難耐地躺在病床上等內科醫師等了六個小時。我與妻子在病床邊，陪她一起捱過這段煎熬的時間，等候痛苦止息的那一刻到來。護理師們顯然也心煩意亂，儘管已經用傳呼機呼叫好幾次，住院醫師卻始終不見人影。這名醫師總算趕到時，護理師告訴她家屬相當憤怒，她則一臉苦惱，看起來累壞了，並且向我們道歉，而在我們看來那是樸實而衷心的道歉。「讓你們等這麼久我很慚愧，」她說，「**沒有任何藉口。**」[44]我爲她道歉的誠意所打動，也因爲她明顯苦惱的模樣而回答她：「我也做過住院醫師，今天想必夠妳受的了。」我支持的話語觸動了這名醫師，於是她告訴我們，爲了救治心跳驟停與腸胃道出血的病患，她已經整夜沒有闔眼。幾年後，當我深入思索她的道歉，不禁納悶，她說「沒有藉口」時，指的究竟是醫院（在此故事中，是一所知名的醫院）無情加諸住院醫師的過量工作毫無來由，還是那天不幸就是個工作負荷繁重的日子。

如果這名住院醫師當時提出一堆解釋或理由來爲延誤治療開脫，我與妻子或許就不會對她懷抱同理的感情。不過，她的陳述——「沒有任何藉口」——維護了她的某種尊嚴：她能認清自己遲到所造成的種種痛苦，而且勇於承擔咎責，沒有企圖怪罪他人或合理化遲到的事實。此外，我們都體會過無助這種共同經驗，這種無能爲力來改變痛苦現狀的感受。也許正是這名醫師的苦惱反映出我們自己的遭遇，我們才因此得以寬恕。

賠償

我在第三章說明過，賠償會是某些道歉的主要特徵，因爲它們能徹底彌補損失。例如派對上意外被飲料濺汙的禮服，可以清洗乾淨或賠件新的；歸還偷竊的車輛；賠償弄丟的照相機等等。提出賠償向受害者與／或社會表明，加害者認真看待對方的不滿，並且願意「彌補」所造成的傷害。

另一方面，若是有能力提出賠償時卻不願這麼做，道歉便因此失效。想想看以下這個私人道歉。我有個熟識的朋友是攝影師，我讓他用我的辦公室來取景攝影。他弄掉了自己的器材，落在我的古董燈罩上，把一片玻璃鑲飾砸裂開來。他前來找我再三道歉，明白表現出同情而懊悔的樣子，於是我問他檯燈的事打算怎麼辦。「不怎麼辦。」[45]他竟然這麼回答。我隨即發覺他道歉的話語多麼廉價，而且對他沒打算彌補傷害感到氣憤。最後他把碎片重新黏合，還一副好像他幫了我大忙的樣子。當時沒有任何道歉能令我滿意，除非是某種實質賠償：賠錢、賠個新的，或是把檯燈修好。然而，到了我必須勉強他把碎片黏好的地步，也已與賠償行動眞誠的本質背道而馳了。

還有個類似的情況發生在瑞典斯德哥爾摩，有個竊賊偷了一輛車，裡面有昂貴的漁具、滑雪板、一些家用錄影帶、一份失業救濟金表單。這名竊賊寫了封道歉信，說明他必須「借用」那部車，但是加上一句：「但願你能原諒我。」[46]據這名竊賊解釋，他亟需那部車子。他將失業救濟金表單隨信寄還，但是沒有歸還車子。在這個案例中，唯一能獲得認可的賠償方式，就是還車、賠錢，或是賠一輛新的車子。做不到那樣，道歉就只是裝模作樣，事實證明，竊賊顯然以爲這是筆好交易——歸還容易找到替代的失業救濟金表單，就能換來一輛車子。

《新共和》雜誌前記者斯蒂芬．格拉斯，杜撰了至少二十七則新聞報導，接著又出書描述這段經歷。格拉斯也在喬治華盛頓大學對學生與新聞工作者授課，因此惹惱了《華盛頓郵報》專欄作家馬克．費雪。費雪寫道：「（格拉斯）從沒採取任何行動來表達自責或彌補錯誤，光是嘴上說他有多麼抱歉。他有發揮那豐沛才華來從事崇高的事業嗎？他有將那本下流著作的報酬捐獻給有需要的人嗎？沒有，都沒有。」[47]費雪還引用了雇請格拉斯到《新共和》雜誌的編輯安德魯．蘇利曼的話，說道：「你要怎麼說服我或其他人，說這不是一堆廢話——徹頭徹尾的廢話？」[48]

若是無形的冒犯行爲，比方說侮辱或羞辱，那麼賠償方式就可能具有象徵性質，例如：請喝飲料、請頓晚餐、安排宴會來向對方賠禮、贈送表演或運動賽事的門票、提出報償、捐獻給與被冒犯者關係密切的慈善團體等等。如果冒犯者想不出適當的賠償方式，也可以詢問「我可以做些什麼來補償你的損失嗎？」

前菸草業政治說客兼前馬里蘭州參議員維克多・克勞福德，就是個象徵性賠償的案例，雖然不太尋常，卻發揮了十足的作用。他罹患喉癌後，就爲曾替菸草業從事遊說活動而向公眾道歉。「我說了謊，對不起。」[49]他說。他的道歉以公開發言來反對菸草業的形式，做爲象徵性賠償。

有時雖然已提出慷慨的賠償，道歉仍然可能失敗，因爲未能妥善處理道歉的其他向度，荷馬的《伊里亞德》就是個最好的例子。亞伽曼儂向阿基里斯道歉，不但沒能修補裂痕，反而激怒對方。在這部經典傳奇（由羅勃特・費茲傑羅翻譯）中，眾神決定，希臘將軍亞伽曼儂必須放棄他的戰利品，也就是征服克洛伊城時所贏來的女奴。[50]亞伽曼儂爲了彌補自己的損失，強奪阿基里斯的女奴。阿基里斯是當時希臘軍隊第一勇士，這麼做形同當眾羞辱他，令他顏面掃地。而阿基里斯也因此氣得拒絕參戰，造成希臘軍隊在戰役中損失慘重。亞伽曼儂一番反省後，向諸戰友坦承自己犯下「盲目的錯誤」。[51]他爲了緩和對方的怒氣，而解釋說自己屈服於「醜惡的憤怒」，[52]並打算完璧歸還阿基里斯的女奴來做爲賠償。此外，亞伽曼儂向諸戰友承諾，他會額外再賜給阿基里斯七個女奴，還有大量的財寶。但是他要求阿基里斯必須「臣服於我，因爲我（亞伽曼儂）的地位更加崇高，權傾天下。」[53]

諸戰友將訊息轉達給阿基里斯時，沒能傳達道歉的原旨，說明亞伽曼儂坦承部分出於「醜惡的憤怒」，而犯下了「盲目的錯誤」。相反地，他們提出一筆交易（企圖賠償），表示阿基里斯應當「拋下椎心的憤怒」[54]來換取賞賜。阿基里斯拒絕這項提議，並透過使者來指控亞伽曼儂無恥地哄騙他、欺瞞他、愚弄他，背信棄義，還趁火打劫；他更進而指控亞伽曼儂未曾直視他的雙眼（面對面道歉）。阿基里斯說，亞伽曼儂將無法平息他的怒火，「除非他充分付出同等代價，以痛苦賠還痛苦，以玷辱賠還玷辱。」[55]

儘管阿基里斯通常給描繪成頑固而執拗的性格，我還是要爲他申辯幾句。這個局面應該歸咎於亞伽曼儂，因爲他所提出的道歉，起碼從三個角度來看都不合情理。其一，他沒有當面道歉；其二，他的使者沒有轉達他吃了多少苦頭、感到多麼懊悔；其三，他竟要求阿基里斯——先是已經蒙受屈辱——還得臣服於他。此時，就算亞伽曼儂提出的實質賠償慷慨得不得了，這個道歉仍然無效，因爲阿基里斯的基本需求——恢復名譽或尊嚴——仍然未獲得滿足。

相對於亞伽曼儂失敗的道歉，接下來的道歉則是十足成功的案例，而其中有很大部分要歸功於圓滿的賠償方式。一對女同志情侶在看棒球賽時因爲親吻彼此，而被道奇體育場驅逐出場。當時有人抗議，聲稱他們的孩子不該接觸這種不良示範。事後這對情侶揚言，倘若球隊管理高層不出面道歉，就要提起民事權利訴訟。道奇隊總裁鮑柏·格蘭齊安諾回應這對情侶：「我很困擾……因爲這件事背後的涵義代表了道奇團隊……妳們做爲道奇球迷對我來說意義重大，我們將堅持繼續做正確的事。」[56]除了道歉，道奇隊還捐出五千張門票給三個男、女同志團體，要求所有員工參加教育訓練，並免費招待這對女同志情侶坐在貴賓席看球，來補償當天未能看完球賽的損失。在這個案例中，各方都對於道歉及其結果感到滿意。一名男同志倡導團體的成員指出：「對於所有關心事態發展的人來說，這個結局宛如一支『全壘打』。」[57]格蘭齊安諾與亞伽曼儂恰恰相反，他直接向被冒犯的情侶對話，而他的道歉不僅恢復了她們的尊嚴，同時也展現了自己的敬意。此時，他所提出的賠償就能適切印證他的好意。

雖然提出金錢賠償一般都能加強冒犯者的羞恥與懊悔，但是有時候，無疑也會對受害者產生負面的影響。比方說，有個日裔美國人在二至五歲時，遭拘留在二戰時期的美國集中營，因此獲賠兩萬美元，他批評道：「美國政府偷走了我孩提時期的四年光陰，如今又給被偷走的每一年定價五千美元。」他還補充，「還不如一毛錢都別賠給我來得好。」[58]這位先生的言論清楚顯示，他將這個賠償視爲對他個人價值的不當宣言，彷彿他童年時光被偷走的每一年只值五千美元。也許再多的金錢也無法塡補他深刻的失落感受。像這樣的賠償雖然立意良善，象徵性地承認受害者的損失，卻令對方覺得不當與受辱，這是可以理解的。

企圖藉由金錢補償卻造成負面效應的另一種情況，從受害者對於神職人員性侵案和解賠償的反應，便可以見得。一名參與和解過程的律師說，接受賠償形同虐待，因爲他的客戶每遭受一次猥褻，就從虐待他的神父那裡拿到一筆錢。另一名受害者也有相似的心境，他說：「原告都覺得自己簡直像是個『娼妓』，既然他們都已經爲性侵付錢來補償了。」[59]在性侵的本質做爲前提下，被害人與其他人或許會覺得這種賠償如同「遮羞費」。

冒犯廣大群體時，最難以施行賠償，因爲冒犯的後果牽涉複雜，效應持久，而且對方不會輕易同意金錢補償。美國蓄奴制與南非種族隔離政策都是很好的例子。兩者的情況中，歷史形勢都營造了有利環境，使冒犯行爲得以持續許多年，同時對受害者的精神與物質生活狀態造成傷害。這些歷史錯誤轉而導致許多不公制度成形，讓受到衝擊的廣大群眾所蒙受的不公對待從此長存，流傳後世。為了進行合理的賠償，也引發出一些難以回答的疑問。應該賠償給誰？如何衡量苦難與傷害？什麼才算是適切的賠償？賠償如何改變這項冒犯行為持續存在的社會現狀？

我曾聽聞這樣的說法，因為亞伯拉罕．林肯已經為蓄奴制道過歉，所以美國沒有必要繼續爭論這個問題。林肯在第二次總統就職演說上，以要求賠償來作結，而這項賠償至今未曾付諸實踐：「我們對任何人都不懷惡意，對所有人都心存仁慈……讓我們繼續奮鬥來完成我們手上的工作，來包紮這個國家的傷口……來竭盡全力，與我們的同胞，也與其他各國，實現正義，守護和平。」[60] 當前的爭議就是如何去實踐這樣的賠償。

個人感想

第四章與第五章探討道歉的過程：道歉如何運作來達到療癒的目的，諸如恢復自尊與尊嚴、確保雙方遵循相同的價值、看見冒犯的一方受到懲罰等。道歉過程的複雜性使我深受感動——藉由認錯、態度、行爲、解釋、賠償的共同作用所形成的各種複合結果，來滿足被冒犯者的需要。

爲了表達道歉，浮現在我的腦海中的隱喻，就宛如一場小型交響樂隊的演出般。有時，作曲家只要一種樂器就能譜出令人滿意的旋律，有時則必須搭配運用各種樂器來完成。而不論是哪一種情況，圓滿的演出都需要經年累月的訓練、反覆的練習。至於道歉，也是同樣的道理，成功或失敗都取決於自我鍛鍊，亦即能「諦聽」對方的需求到什麼程度，並恰如其分地結合同理心與種種要素、重點的能力。

第六章 人們爲什麼要道歉?

人可以感受到同理心、內疚和羞愧,
還有對高尚、榮耀和自尊的渴求,
這構成了我們所謂性格與完整人格的很
大一部分。

在第三章裡，我們思考了人民、團體、國家爲何要別人給他們一個道歉。我們探問，道歉對被冒犯者來說的意義是什麼：道歉是如何療癒傷害的？現在我們要反過來看問題的另一面，藉由犯錯一方的觀點，來檢視道歉的過程：他們爲什麼要道歉？他們是出於什麼動機要去冒這個險，萬一道歉失敗遭到羞辱和拒絕呢？

人們道歉的動機可以分成兩類。第一類是出於對內在強烈感受的回應。比方說，他們對他人心境的感同身受，或是內心因內疚或羞愧所引發的痛苦。藉由向別人道歉，他們可以重拾並維護自己的莊嚴和自尊。第二類促使人道歉的動機則是強大的外在壓力：他們想要影響別人看待、對待他們的方式。任何一次道歉的動機，都可被視爲出於內在或外在因素，或是兩者的混合。

透過在本章出現的幾則故事，我們可以看到這兩類動機與其可能的變化形式。雖然我呈現這些故事的主要目的，是爲了探索促使人們道歉的這兩種動機，我還是會對這每次道歉的複雜與獨特之處加以討論，因爲它們也彰顯了我們之前探討過的道歉的一些特性。

「做出這種事來，我感覺好內疚、好羞愧」

有三個心理學的概念，可以幫助我們了解爲什麼情緒可以驅使人們道歉。第一個概念是「同理心」，這是一個人覺察並理解另一個人的想法與感受的能力。第二個概念是「內疚感」，這是給我們對別人所做的舉動判定是非的能力，並且在傷害到他人時，給自己加以情緒懲罰。有些作家認爲同理心是內疚感必要的一部分。舉例來說，馬丁・霍夫曼便描述他所謂以同理心爲本的內疚感，是「因爲體會到某人所受的痛苦，再加上領悟到自己是罪魁禍首，而引發的自尊受損的強烈不悅感」。[1] 這些內疚感的經驗可以給我們帶來益處，因爲它們促使我們承認自己應受譴責，進而嘗試去彌補我們造成的損害，而所用的方式通常就是道歉。行爲研究學者已經揭示了，這種內疚感是透過社交適應過程而生的，並不會造成精神症狀或心理疾病。健康的內疚感與精神官能失調或病態的罪惡感，也因這一點而有所分別。[2]

第三個概念是「羞愧感」，這是無法活出自我期許的個人形象而引發的情緒反應。雖然內疚感與羞愧感看起來非常近似，它們有一個相異之處在於，內疚感通常與冒犯他人的某個特定情境連結在一起（「我因爲沒有對你信守承諾，所以感到很內疚」），反之，羞愧則是因爲我們對自己的整體評斷而生的反應（「看樣子我是沒法做到之前答應要做的事了，眞是慚愧。」）。我們對內疚感的通常反應是想去彌補，對於羞愧感的反應則是想要躲藏——避免與人接觸或是身體做出背離的姿態。還有，羞愧的人通常會想去恢復他們在自己與他人眼中的良好名望。

雖然我把這幾個心理學概念分開來談，但我們常常會同時體驗到這些感受。比方說，某人因酒醉駕車而不小心撞傷了一個行人，他可能對自己給對方造成的傷害既感同身受、又很內疚，同時也爲自己差勁的判斷，還有在鄰里間聲望不保而感到羞愧。[3]

人可以感受到同理心、內疚和羞愧，還有對高尚、榮耀和自尊的渴求，這構成了我們所謂性格與完整人格的很大一部分。我們會去相信或倚仗他人，依賴的就是這些特質。當他們違反了某些合宜行爲該有的準則，爲了撫平傷害，或重拾名譽和自尊自重的感覺，他們通常都會道歉。

接下來一系列故事闡述了，爲何維護名譽、尊嚴並避免內疚和羞愧感，都能成爲私人或公開道歉的動機。在所有這些故事裡，強烈的內在感受促使犯錯的人道歉，無論是出自基於同理心的內疚感、羞愧感，或是兩者皆而有之。

第一則的道歉故事是我的個人經驗，而內疚與羞愧是驅使我道歉的動機。因爲我擔任醫學院院長一職，有一回我就招募新系主任的進展，向我們醫院的理事報告。我指出求才過程十分順利，且最有可能的兩名人選都是女性（我們爲了招募女性系主任下了不少功夫）。二十分鐘後，我察覺到現任系主任也在場（系主任通常不會出席這種會議）。他十分優秀，目前暫代主任一職的工作成績很出色，同時他也是參加這次終身職招募的候選人之一。對於我在討論最佳人選，明白表示他不是考慮人選時，可能不慎羞辱了他，我感到非常羞愧，並想像著他所受到的羞辱（出於同理心和內疚），而輾轉反側了一整夜，同時又因爲沒意識到他在會議現場而感到很愚蠢（羞愧感）。第二天，我去他的辦公室向他道歉。我告訴他我對昨天發生的事感覺有多糟，特別是我竟沒發現他在場，實在是太遲鈍了。我不是爲自己說過的話道歉，而是爲了我的報告方式可能公開羞辱了他而道歉。我們交談了幾分鐘，彼此握手致意。他顯得很驚訝，並且在我離開時報以溫暖的微笑。

兩週後，在我與代理系主任的常態會議中，我問他對我們上次會面感覺如何。他說這成了對他來說非常重要的一件事，對我的尊敬也因此顯著提高了。一個月後，在我倆另一次定期會議中，他告訴我他冒犯了一名同事，他們兩人的關係因而變得十分緊張。他請我教他如何道歉——如何像我向他道歉一樣，對別人發揮同樣的影響。

當我回想起我對他道的歉，我領悟到，這是出於一種混合了同理心、羞愧與內疚的動機而行的。由我煩躁了一整夜看得出來，我的羞愧是很明顯的（「我想當個怎樣的領導人呢？如果我不道歉，又要怎麼教別人道歉的益處呢？」）。當我體會到自己可能已經如何傷害了他的感覺，內疚感也很明顯。我當然也知道自己不想道歉，我自問：「要是他不想跟我說話呢？要是他侮辱我怎麼辦？我這是在小題大作嗎？為何不放下這整件事向前看？不管怎麼說，我可是他的上司。」

我的道歉帶來的結果——被冒犯一方對犯錯一方更加尊敬，雙方的關係也更加穩固——對眞誠的道歉來說是很常見的。這次道歉之所以會發揮功效，是因為它至少達到了被冒犯者的某些需求：比方說，它恢復了這名系主任的尊嚴與他該得到的敬意，確保了我們共有的價值觀（我們都認爲對人應該以禮相待），並且重建了他在這段關係中的安全感（他可以信任我不會去傷害他）。

這名系主任對我提出的要求值得注意之處在於，他似乎在請我教他一件「每個人」都已經知道，或應該知道的事：如何好好道歉。而事實則是，很多人並不知道該如何道歉。他的要求顯示出他的心胸開放，也促使我去思索，什麼是教人道歉的最佳方式。我的結論是，最有效的方法就是以身作則，也就是在適當的時候向他人道歉。我們知道親身示範良好行爲這招，在面對孩子的時候很管用；對朋友或同事來說，不也是同理可證嗎？

接下來的故事，顯示了內疚做爲促使人道歉的動機有麼多重要。保羅是我的鄰居，也是個退休的心理學家。他告訴我數年前發生的一件往事，此事至今仍對他的情緒有很大的影響。[4] 保羅與他的太太珍娜，在他們的老家於某年夏天翻修時，暫時搬到鄰鎮一間公寓裡。這對夫婦在新社區仍然繼續清晨散步的習慣，順道探索這個有座恰西迪猶太教堂、民俗風情迥異的鄰里。

在每日慣常的散步路線上，他們常會碰到一名前往猶太教堂的七旬老翁，他帶著圓頂小帽、身穿夏季便服。「他的面容看起來很有教養、既聰明又嚴肅，舉止也很端莊。」保羅告訴我。隨著時間過去，這對夫婦和這名猶太男士建立起一段淡然卻友好的關係——「一個微笑、揮一揮手、一句問候」——然後他們開始好奇，這名男士的職業與生活境遇是如何。

有一天，在不見這名陌生人三週之後，他們發現他走在身後。他加快了腳步好向他們打個熱情的招呼，保羅與珍娜也回應了。然而，他們已經習於自己當時的步行速度，且不知怎的，那時候他們感到和那人靠得那麼近有些古怪，所以他們加快了速度向前走，實際上來說就是從他身邊走開了。回程時他們又經過了那個人，不過這回他「看起來冷漠又疏離，」保羅說，「他移開視線，幾乎沒發現我們經過他的身邊。」對保羅來說，這名男士顯然是在他們稍早落下他的時候，覺得自己遭到怠慢和拒絕了。

保羅告訴我這段往事的時候眼中含淚，他說他「感覺很糟，一整天都揮之不去。那天晚上上床以後，我有好長一段時間都醒著，邊思考邊禱告。我想要解除這個傷害，我渴望挽回什麼。我開始演練下次見到他的時候要說些什麼、做些什麼。」保羅和珍娜接下來有兩週沒在散步途中遇上這名猶太男子，某天他又出現了，神色平常地向他們走來。「當他靠近的時候，我面帶微笑轉向他，還伸出我的手，他也伸出手來跟我握手。我馬上為了上回沒有停下來邀他一起散步而道歉，並解釋說我那天心不在焉，但我們是想再見到他的。接下來我們友善地交談了幾分鐘。」保羅告訴他，他們再過幾天就要搬回老家了。保羅在故事尾聲表示，那次道歉平息了他因拒絕那名男士而感到的不安。

保羅的故事讓我滿感動的。對我來說，他的動機很顯然是出於內在需求：他不是為了建立個人或商業人脈，也不是想逃避懲罰。他因為對另一個人造成不必要的傷害而感受到的痛苦，是一種出於同理心的內疚，隨之衍生的道歉也藉由補償對方（向那名陌生人確保他不應被忽視），還有解除保羅自己的羞愧感，而產生了療癒的作用。

下一則例子取材自知名的南北戰爭史學家薛比．弗特所寫的一段故事。弗特描寫了南軍統帥羅伯特．李將軍在輸掉一場關鍵戰役之後，如何向率兵出征的將領道歉。南軍的喬治．皮凱特將軍在蓋茲堡一役中，對某個北軍要塞進行了一次結局悲慘的衝鋒，他的師因此損失了三分之二的人馬。然而，就在他班師回到主要戰線的時候，李將軍命令這個沮喪又焦慮的男人帶兵上陣，迎擊北軍在預期之中的反攻。[5]皮凱特淚汪汪地說：「李將軍，我現在沒兵可帶了。」[6]「來，皮凱特將軍，」李將軍在醒悟到發生了什麼事之後，打斷他的話，「這是我的戰鬥，責任也由我扛下。今日你麾下的官兵一如往昔，顯揚了維吉尼亞的美名……你的手下克盡全功……錯全在我。」[7]李將軍在走向每一位率兵出征的將領的時候，都說了同樣的話。「是我輸了這場戰役，你們一定得盡力替我解危。」第二天，李將軍告訴隆史崔特將軍：「這都是我的錯。我以爲我的人馬所向無敵。」[8]

弗特的說法是：「對他來說，立即扛下進攻失敗的所有罪責，不只是暫時接下重擔，好使他的軍隊有勇氣去抵抗他認爲北軍的米德將軍即將展開的反攻；在迫切的需求過去之後，通常我們出於另一種也很正常的人性需求，該想要爲自己辯解的時候，他仍繼續說同樣的話。」[9]當時身在蓋茲堡的英國上校費曼鐸覺得：「你在看著他（李將軍）或聽他說話的時候，心裡不可能不懷有最崇高的欽佩之意。」[10]就我們所認識的李將軍看來，他很樂於和下屬建立充滿同理心的連結，而後者對他報以的就是高度尊崇。李將軍道歉的時候，減輕了旗下將領的內疚和負擔，也恢復了他們的莊嚴和自尊，他們的心理創傷因此得以痊癒。李將軍在自願接受戰敗的指責的同時，讚揚了他們的英勇付出。某些道歉所需的勇氣和大度，能夠提升犯錯的人的地位，這一點從這則令人鼻酸的故事就可以看得出來。

在接下來兩則故事裡，主人翁道歉的主要動機是爲了尊嚴與榮譽感，還有免於羞愧的需求。第一則故事，來自一名七十五歲的機械技工，他在我某次演講結束後上前來，自願提供了一個道歉的例子，「好讓你寫書，醫師。」[11]他說：「我在我的機房工作有三十年了。有一天，我和身旁的夥伴發生了點摩擦，兩個人都說了不中聽的話。我已經不記得誰講了什麼，也不記得錯在誰身上，不過我們再也不跟彼此說話了，而且接下來六年都是這樣。有一天，我對他說：『我呀，一直都是個該死的白癡。』然後伸出手等他來握。我們握手講和、賭氣結束。附近幾個工人湊過來問發生了什麼事，我說：『我可不想一輩子當個該死的白癡。』這就是我的道歉。」[12]

這名男士覺得積怨這麼多年很傻，尤其這還是出自一件他早就記不得的芝麻小事。他想要當個更好的人，而不是「該死的白癡」。他對自己感到很難爲情，尊嚴與榮譽感都因此岌岌可危。然而他道歉的時候，要冒上四個風險：第一，因爲我們通常預期道歉的人就是挑起紛爭的那個人，所以他可能要承擔人家認爲他是始作俑者的眼光；其次，因爲他是公開承認自己幹了蠢事，所以可能會被同事嘲笑；第三，別人可能會因爲他讓步而認爲他很軟弱；第四，要是對方不跟他握手、不願和好，他就會遭到拒絕或羞辱了。我們從這裡再次看到，道歉時多麼需要鼓起勇氣。

這麼簡短的道歉如何能發揮作用，是很難解釋。或許是因爲這個人放下身段，承認自己的愚行，這種坦白讓對方覺得受到尊重。或許這次道歉打開了話匣子，使得雙方得以讓彼此明白，他們其實有著共通的重要信念，也想要繼續這段友誼。也或許「受傷的那個人」因此得以醒悟到，自己其實也要爲這股積年的怨氣負上責任。無論如何，這次道歉——雖然來得遲又短得可以——很顯然產生了療癒作用，修復了一段受損的關係，並且解開一個結了六年的梁子。

第二則故事和名人有關，而這也是個說明了羞愧會促使人道歉的例子。七十六歲的大衛·布林克利在電視界是個開天闢地的前輩。一九九六年十一月初，他在自己的週日新聞節目「布林克利週報」做了告別演出，節目現場來賓則是比爾·柯林頓總統。布林克利一開場就向柯林頓道歉，爲的是前一週，他在總統大選之夜的報導結束時做的評論。當時布林克利以爲節目已經收播了，就開始說這個總統（柯林頓）會給美國人繼續帶來四年「天殺的胡搞瞎搞」，還說總統「一根創意的神經都沒有。所以他無聊透頂，而且永遠都會是個無聊的人。」[13]他這段即興評論以柯林頓的演講是「我聽過最糟糕的東西」作結。[14]

布林克利在給節目開場的時候，首先憶道自己在多年前寫過的一段文字——雖然人不可能永遠保持客觀，但是「永遠公平待人」是很重要的。他承認在當了一整天的班報導選舉日活動之後，他變得「既沒禮貌、又不公平」。[15]布林克利旋即自承懊悔與遺憾。總統先生很體恤地接受了道歉，並表示他了解布林克利度過了難熬的一天。柯林頓解釋道，他也曾爲了自己疲倦時說的話感到懊悔。他表示：「你得綜觀一個人所有作爲之後，才能下定論。」[16]布林克利也表示同意。在節目接下來的訪談裡，柯林頓總統還開玩笑說，布林克利這麼一說他「無聊」可讓副總統高興了，「你讓我在白宮廣受歡迎。」[17]（在競選期間，副總統艾伯特．高爾常遭人批評很無聊）

從他的發言看得出來，布林克利顯然認爲自己沒有實踐公平待人的個人信念。他是爲了恢復名譽而道歉，並且避免或減輕羞愧感。他不只承認自己犯下了什麼錯誤，也爲他爲何表現失常提出解釋：這些話是在他當了「一整天」的班之後說出口的。這解釋暗示他那天晚上是一時反常，大概是爲了減輕自己的罪過所以這麼說。像這樣的解釋在道歉時很常見。只要聽來合理，又不是為了推卸責任，這麼解釋不算冒犯。在這個案例中，布林克利表明了在正常情況下，他和柯林頓有著相同的重要信念（也就是不能無端傷人），由此他承認了自己的行為的確是太超過了。

柯林頓總統對布林克利道歉的反應很有意思。他沒有去扮演被冒犯者的角色，反而利用這次道歉為自己大添優勢。首先，他展現出原諒人的風度而非心懷怨恨，也無意報復。其次，他藉著理解布林克利那天的日子不好過，而表現出他的同情心。總統隨後又得以對他人提出建言，要大家用布林克利整體工作表現來評斷他，而非單一事件。這可能也是在為柯林頓過去的不當行為請求同情與寬恕。最後，總統拿自己跟常被人說無聊的副總統高爾相比較，發揮了幽自己一默的能力。簡而言之，柯林頓把自己塑造成一個大度、有同情心，又有幽默感的人，因此，當他沒有達到人民期望的時候，也該得到原諒才對。柯林頓藉著幽默與機智掌控了全局，同時沒有去傷害布林克利。這是個雙贏的局面，而且觀眾應該也很享受這整場交鋒才對。

「請別瓦解我的社會支持」

看過了那些爲緩和內在情緒而道歉的人，現在我們要轉向第二類案例。在這些例子裡，主角們是爲了回應（同時也想去改變）外在環境而道歉的。更精確地說，他們是以道歉來避免遭到拋棄、汙名化、名聲受損、報復，或是任何形式的懲罰。

第一則故事來自我的一個朋友。在一九四〇年代，當他還是個小男孩的時候，見證了一次爲了維繫他全家人的團結，所做的深沉道歉。[18]

「我出身自一個枝繁葉茂的大家庭，家人的關係很緊密。」[19]他這麼開頭。「我父親有五個兄弟姊妹，我媽媽則有三個。我父母成年後都和各自的家人住得很近，也常互相拜訪。一九四〇年代，社會上瀰漫著濃厚的反猶太氣息，就連我們住的紐約市也不例外。親戚經常相互提醒：『在困苦的年頭，我們所有的只剩家人了。』現在回想起來，那時候第二次世界大戰顯然已經開打了，我們有很多親戚住在波蘭、俄羅斯，還有東歐其他地區。這件事一定讓大人們很掛心。」他繼續說道，「在這種時空背景下，有一回，父母帶我和我姊妹去看一個姑姑（也就順道看了我全部的叔伯姑嫂、他們的孩子，還有我奶奶）。我母親非常愛吃甜食，那時她注意到姑姑家的咖啡桌上放了一盤糖果，那是一種用濃郁巧克力裹住焦糖漿、杏仁、腰果，現在叫做『小烏龜』的甜點。她看了就說：『小烏龜！我最愛吃小烏龜了（她是用猶太話來稱呼這種甜食）。』在那個年代，小烏龜可是很貴的，通常在特殊場合與時刻才能享用到。我母親拿起一個小烏龜，閉上眼睛嘗了一口，很享受地微笑起來，發出『嗯——』的聲音。我和姊妹都看著她，等著她准許我們各自拿一塊來享用。

「我姑姑這位女主人趕緊過來告訴她的嫂嫂：『喔，芙莉耶達，我不是故意把這些糖放在外面的，這是要等到有什麼好日子，留給我先生吃的。』我母親張開雙眼，瞪大了眼睛露出驚訝的表情，覺得很可笑，也氣極了。她說：『唉，眞對不住啊。我很抱歉。因爲妳把這些糖放在這裡，我以爲是要給客人吃的。請妳一定要原諒我啊。』……諸如此類的。我媽媽就這樣說了好一會兒，語氣充滿了挖苦和故做眞誠的歉意。然後，她把那塊已經咬了一口的糖果放回盤子裡，又說：『妳一定要把這塊糖拿給妳先生吃喔。』我姑姑因爲這連番攻擊而面色消沉，她轉身離開了客廳，而我姑丈也跟在她身後走了，還狠狠地瞪了我母親好久。雖然男女主人都不在場，在我奶奶不動聲色地接掌全局之後，聚會還是繼續下去。不過，這個時候客廳靜悄悄的，沒有熟悉的笑聲與吵鬧，相親相愛的氣氛全消失了。沒多久，姑姑跟姑丈再度回到客廳來，但場面很僵。我還記得我覺得好害怕。『在困苦的年頭，我們所有的只剩家人了』。我從沒見過家裡這個樣子。最終大家就這麼散了，也沒有素日會有的擁抱與親吻。

「回家路上，母親爲求心安就問了父親：『親愛的，我這樣做錯了嗎？』我父親是個睿智的男人，深知以他的角色該說什麼才好。他答道：『沒錯，親愛的，妳是對的。』不過除此之外，在那趟漫長的車程裡，大家罕見地一句話也沒說。

「那天晚上，我坐在客廳一角寫功課的時候，奶奶打電話給母親。我從父母的討論中得知她在電話上說了些什麼。奶奶告訴母親，她應該向她的小姑道歉才對。母親則抗議她才是對的、她才是那個該得到道歉的人。不過奶奶說，誰對誰錯並不重要，但我母親侮辱了我姑姑，而我姑姑可沒這麼做，因此，母親一定得道歉。對母親來說，奶奶最令人無法反駁的論點，是這一句話：『這對全家人來說很重要。』毋須多言，她對奶奶的要求讓步了。

「母親打電話給姑姑的時候，我也在場。她大致是這樣說的：『我眞的非常、非常抱歉傷了妳的心。我不該在全家人面前給妳難堪，尤其還是在妳家做客的時候。我眞是太失禮了。請妳原諒我。』輪到我姑姑說話的時候，母親閉口不言了好久；她哭了。然後她說：『謝謝妳，太感謝妳原諒我了。』

「等到下回家族團聚的時候，母親走到姑姑面前對她說：『有件事我一定要在全家人面前對妳說。』然後她再度道歉。我姑姑邊哭邊說：『我原諒妳，我原諒妳。』兩個女人接著相擁而泣，然後所有的女人跟小孩都哭了，連我也是。大家彼此擁抱、親吻，我們又和好如初。」

在這個情況下，是誰有理並不重要，畢竟這兩個女人都丟了臉。家人關係能回歸平和才是最重要的。這個故事值得注意的地方在於，出面主持公道的第三人是祖母，她有那個地位和權力來替整個家族發話，也有得以服眾的影響力。誰犯了錯、誰又該向誰道歉，由她說了算。這次道歉的主要動機與尊嚴、榮譽、內疚、羞愧都沒有關係，而是爲了一個外在目標：想要取悅祖母，並支持她爲維繫一家和諧所做的努力。而遭到冒犯的姑姑所需要的，除了尊嚴得到恢復，或許還有錯不在己的安慰。雖然那個被指定的犯人（敘事人的母親）一開始可能覺得受到不公平對待，我相信她最終還是會領悟到，她與婆婆的關係因此而更親了。

我回想起自己同樣是在這種大家庭長大的時光，那時候我母親常常「命令」我去跟妹妹或同輩的孩子講和，不論我是否有理。我得奉命道歉，因爲「你要做出大哥哥的榜樣來」，或是「你比較聰明」、「你年紀比較大」。她對我兒時的抗議：「可是那不是我的錯呀！」是充耳不聞。

接下來這個道歉的經驗是一名四十五歲的女士告訴我的，她說這發生在她十六歲那年。[20]雖然這名女士想起她母親的反應還歷歷在目，她已經不記得是什麼緣故了，只知道母親很生她的氣。「她拒我於千里之外，很嫌棄我。」她告訴我，「她的神色非常冷淡，既嚴肅又疏離，還不跟我說話。我覺得自己被拋棄了，好像離家很遙遠，又好絕望。我覺得整個人被炸得四分五裂，簡直快要發瘋。我說：『對不起、對不起。我眞的、眞的很對不起妳。』我一直不斷地道歉，雖然我不認爲自己做錯了什麼。這是在那天下午兩點左右的事。我跑去睡在母親床上，直到第二天早上醒來，才覺得好過些。那時候，母親看起來似乎已經原諒我了。」

在這則故事裡，這個十六歲女孩主要是出於恐懼而道歉。她怕被拋棄，同時又極度渴望與母親重修舊好（從她道完歉後跑去睡在母親床上，更看得出來她有多想回到母親身邊）。這孩子沒辦法認錯，因爲那個時候她覺得自己沒有犯錯。因此，她無法表現出眞誠的悔意，或給出合理的解釋。然而，她還是道了歉，彷彿再現了幼童時期的行爲。那些小小孩道歉，而且馬上想要知道自己是不是重獲寵愛了。「對不起，媽咪，我把餅乾都吃光了。妳現在又愛我了嗎？」

在下一則故事裡，當事人也是爲了維繫社群關係而道歉的，不過情境和前幾個例子大不相同。在喬治亞州的湯馬斯維爾，一名非裔美籍男性和白人女性生了一個女嬰。這個嬰兒先天頭骨畸形，撐不過小生命的第一天就過世了。家人決定把她葬在浸信會教會的墓園裡，就在她外公的墳墓旁邊。葬禮三天後，教會的執事會發現這孩子有個非裔父親，就投票決定把她的棺木遷出墓園，好維繫這片墓地專屬於白人的規矩。[21]

女嬰的祖母表示，這個執事會的反應揭露了比種族歧視更醜惡的事實。「這很不人道。」她說。[22]執事會要求女嬰遷葬的消息，震驚了獲悉此事的當地居民與外地人，一名美南浸信會的高層幹部表示，這件事「給基督福音帶來難堪的局面」。[23]

整個城鎮向這對喪子夫妻傾洩而出的同情，引來一窩蜂的電視攝影機與記者。這些教會執事因此改變了心意，最終也道了歉：「我們全體會所人員，敬請各位接納敝會的道歉。」[24]女嬰的祖母說，她不得不逼著這些人道歉。「我希望他們承認自己的所作所爲，還要爲這些事情表示歉意。」[25]她又指出，每次她進城去的時候，都有人對她表達慰問之意，還有他們對這些事件感到有多糟。女嬰的父母則表示，這次傷害需要很長的時間才能復原。這些教會執事人員會道歉，是因爲有來自當地社區和教會總會的外在壓力，而不是因爲發自內心的內疚或羞愧。眞誠與否在此案是無須置喙的。

接下來的道歉，來自宗教界人物傑瑞．法威爾牧師。他在恐怖分子摧毀紐約世貿中心之後，做出麻木不仁的評論，冒犯了各界人士。在一個電視節目裡，法威爾表示他相信「世俗的群眾激怒了上帝，所以祂解除保護的『帷幕』，允准恐怖分子攻擊。」[26]

四天後，一則由白宮發布的訊息聲明，布希總統認爲法威爾的發言並不恰當，總統也不同意他的說法。法威爾牧師隨後就道歉了。「我說了不該說的話，對此我深感遺憾。」他說，「我道歉，因爲……我特意針對某些美國人還責怪他們。這麼做不夠敏銳、**不合時宜**，對我們遭到的損傷來說，也是毫無必要的評論……總而言之，對於在九一一發生的野蠻事件，我要指責的只有劫機者與恐怖分子，別無他人。」[27]（粗體字爲作者強調）

他的道歉聲明繼續道：「我不知道九一一的恐怖事件是否出於神的決斷……」[28]然後他引用亞伯拉罕·林肯的第二任總統就職演說中的一段話作結，「全能的上帝自有其旨意……神的決斷必定全然真實與公正。」[29]法威爾也在道歉時表示，他述說個人神學信念的「**時機不對**」。[30]（粗體字爲作者強調）

法威爾的道歉顯而易見是爲了操控情勢，好避免總統的非難與排斥。他爲了取悅布希總統而收回自己說過的話，不過他的表達方式讓人很容易就能感覺到，他後悔的是自己發言的時機，而不是發言的內容。也就是說，他是爲了在九一一事件發生後旋即發表這些言論、這種不得體的舉動而道歉，完全不是爲了這些言論本身。他並沒有否定他的信念，就是上帝對美國缺乏信仰的群眾發了義怒，導致這個國家要遭受苦難。我覺得法威爾拿林肯的演講來當護身符，是很諷刺的。因為林肯就在這段演說裡宣告，蓄奴制是一種罪，也分化了美國國民，我們必須「不對任何人懷抱敵意，且要兼善天下。」[31]艾倫．古德曼在她的專欄文章〈道歉？不接受！〉裡，也有和我類似的觀點。「這位牧師與恐怖分子並無二致，兩者都要求我們一定得同意他們的宗教與政治觀念，否則就該死了。我們現在可明白是誰在分化彼此了。」她的最後一段文字酸味十足，「不過呢，我當然又忘了，法威爾先生可不是道歉了嗎？」[32]我認爲，法威爾的道歉只是爲了操弄局勢，好讓布希總統繼續支持他，並避免絕大多數美國人的怒火。這也是爲了維持他在信眾心目中的威信。

接下來的道歉，則是來自前重量級拳王麥克．泰森，他在一場世界拳擊協會的賽事對上依凡德．何利菲德的時候，咬下了何利菲德一小塊耳朵。泰森因此向他道歉。在拳擊界，泰森曾是繼穆罕默德．阿里之後最出色的明星選手。不過，在咬耳事件發生前，他曾在另一場比賽中意外敗給何利菲德。在拉斯維加斯一場十五回合的比賽中，泰森在第三回合咬了何利菲德的耳朵，還兩隻耳朵都咬了。泰森是在離此一回合結束還剩三十八秒的時候，咬了他的右耳（這隻耳朵有百分之十五的皮膚和軟骨都完全分家了，得要縫上十二到十五針才合得起來）。比賽爲此暫停了兩分鐘，好爲何利菲德治傷。然而，就在重新開打之後，泰森又咬人了。這次是何利菲德的左耳遭殃。裁判因此判泰森失格，並宣布何利菲德獲勝。泰森在失去比賽資格之後，還與現場維持雙方陣營秩序的警察互相推打。這場賽事可是有兩百萬人在付費電視頻道前觀看，每人要價約五十美金，此外，還有大約一萬七千名拳擊迷到現場觀賽。

比賽舉行的時候，泰森正在緩刑期間。他之前因爲強暴某個選美參賽佳麗，所以在印第安納州的監獄服了六年徒刑中的三年刑期。負責審理這件強暴案的法官派翠西亞・吉弗，有權力因爲泰森在這次比賽的表現而撤銷他的緩刑。

賽後兩日，泰森召開了臨時記者會道歉。他在讓一百多人枯等近一小時之後，朗讀了一份事先備好的聲明，然後沒有回答任何問題就離場了。在他的道歉裡，泰森爲了「在賽場上情緒失控……做了我前所未有，以後也絕不會再犯的行爲」[33]而請求原諒。他的道歉所訴求的對象包括以下一連串人物與團體：他的家人、內華達州體育委員會、批准他緩刑的派翠西亞・吉弗法官、米高梅集團、娛樂時間電視網、拳賽承辦人唐・金、泰森自己的工作團隊，還有拉斯維加斯市。

爲了解釋他在場上的反應——情緒失控——泰森說他當時因爲眼睛上緣受創，很害怕自己會因此在比賽中落敗，所以像許多其他運動員一樣，有了挑釁的反應。他承認自己行爲不當，也該付出代價，但他祈求自己不會「因爲這個錯誤而終身受罰」[34]。泰森解釋說，他是在街頭長大的，沒受過正當教育，也沒有人在緊要關頭拉他一把。他對所有觀眾表示，他正在「向上帝」求助，希望自己能重拾信仰成爲虔誠的教徒，[35]也希望能從專業醫療人員處「得知自己做出這些舉動的原因」，[36]並從中得到幫助。他希望能夠獲得眾人原諒，接下來好彌補過失。

泰森只用了一種或許可以稱爲「空洞的免責聲明之謬論」的方式，很馬虎地提到了何利菲德。泰森的態度好像是在說：「雖然我覺得很抱歉，不過是你先用頭錘攻擊挑起爭端的。而且無論如何，我本來就會贏得比賽。」他的說詞如下：「我只是覺得很難過，這場比賽沒有繼續進行下去，好讓全球的拳擊粉絲親眼見證誰會勝出。當您（何利菲德）在第一回合用頭錘攻擊我的時候，不管您是不是無心的，我都失控反擊了，接下來發生的事情就不用多說了。」[37]

就我看來，這次道歉的主要目的顯然是爲了避免懲罰。泰森道歉的對象是那些有權力懲處他的人：譬如內華達州體育委員會，該會當時考慮開出一張三百萬美金的罰單（這是拳賽總獎金的百分之十，外加無限期停賽處分），還有派翠西亞·吉弗法官，就是泰森認爲有權力撤銷他緩刑的人。他對受害人依凡德·何利菲德的道歉，在這份事先備好的聲明裡直到結尾才出現，簡直像事後才想起來一樣。除了傷害何利菲德，泰森也使得觀眾很困擾：他的脫軌演出彷彿是一個表演者剛介紹出場後，旋即又走下舞臺。他似乎沒弄懂，最需要得到一個道歉的是何利菲德，還有那些花錢買票卻只看到三回合比賽的觀眾。泰森甚至事先就幫體育委員會設想好了原諒他的方式（不要對他終生禁賽）。

雖然泰森道歉的時候，另外用了些說詞、語帶感情地提到了這些不周之處，我認爲要是他沒有提出補償，這次道歉就不算什麼：比方說，他應該退回那三千萬美元獎金的絕大部分來補償觀眾，或是對慈善團體捐出等量齊觀的款項。

接下來這是一則幽默故事，不過如同眾所周知，人們常常用幽默感來掩飾正經八百的心思和態度。在一九九五年棒球賽季接近尾聲的時候，三名紅襪隊球迷寫了一封信給《波士頓環球報》的編輯，向紅襪隊經營團隊獻上了一個有趣的計謀。有鑑於一九九五年是貝比·魯斯的百歲冥誕，這三個球迷注意到，當魯斯在一九二〇年被紅襪隊賣給紐約洋基隊的時候，世界大賽至當時爲止所舉辦過的所有賽事裡，有四分之一的冠軍都是讓紅襪隊拿下的。不過，有關注波士頓棒球動態的人都知道，自從魯斯離開以後，紅襪隊就再沒贏過世界大賽冠軍了。*這封信對紅襪隊老闆提議的策略是，「以接棒經營者的身分，公開承認他們很後悔這樣的球員交易已然發生」[38]。這封信還繼續寫道：「如此認栽，就可以解除紅襪隊球員、球迷心靈和理智上的『貝比魯斯魔咒』，給該隊一個贏得今年比賽的機會，並且一直贏到永永遠遠。」[39]

我和好幾個身爲紅襪隊球迷的同事討論過這個提議，他們對此相當感興趣，也很熱衷地發想，這麼個道歉該如何進行才好：在球季開幕戰的前一天，一場特殊的典禮會在球場中央舉行，而一九二〇年貝比．魯斯交易合約的複印本，會在典禮上鄭重其事地被燒掉。爲了補償紅襪隊長久以來飽受折磨的球迷，啤酒會無限量供應，也做爲奠祭棒球之神之用，不管到底有沒有這種神存在。如此一來，「貝比魯斯魔咒」就可以永久解除了。

* 編註：在這之後已贏過四次世界大賽冠軍，二〇〇四年爲魯斯離開後首次贏得，也是突破魔咒的一年。最近一次贏得世界大賽冠軍爲二〇一八年。

雖然這些球迷是用玩笑話來表達心聲，他們是在要求紅襪隊現任經營者爲出售貝比．魯斯道歉。身爲球隊一系列經營者的最新代表，現任老闆可以爲當年的罪魁禍首「挺身而出」。這次道歉不是爲了要緩和內心的情緒狀態，只是純粹爲了處理一堆悲慘（也因此難以讓人接受）的處境。

下一個道歉可就不好笑了，雖然道歉動機和前述案例很相似。根據美聯社的報導，在斐濟一個遙遠的小島上，有個叫做納布淘淘的村子，該村居民「演示了一場精心打造的道歉儀式……道歉對象是一名英國傳教士的家人。這名傳教士在一百三十六年前在此地遭到殺害，還被居民給吃下肚了。」[40] 據說，這些人因爲他們早年的魯莽舉動而受到詛咒。在其他斐濟村莊享有現代建設之便的時候，他們卻被剝奪了這個權利，還爲長年貧困所苦。雖然他們之前已經道過兩次歉了，這一回是直接針對遇害的湯馬士．貝克牧師與他的家人所做。納布淘淘村的首領，是把傳教士烹了的前首領的曾孫，他道歉的時候親吻了一名貝克的後人並請求原諒。從道歉衍生出來的儀式持續超過了一個月，在村民給予十名貝克的澳洲裔子孫一連串補償時達到最高點。「牛隻、特別織就的蓆子，以及三十個抹香鯨牙齒的雕刻作品……」[41]

我發現這些村民的道歉和其他當代社會的道歉非常相似。比方說，雖然前兩次道歉失敗了，這些村民還是下定決心要「還人家一個公道」。如同我們在第十章會看到的，決心去談妥道歉時的條件是道歉很重要的部分，這麼做也會使得結果更讓人滿意。在這個例子裡，這些村民藉由下列方式修正了先前的道歉：他們重新考慮誰該爲犯錯的人發話（村莊的首領，同時也是那個犯下大錯的前任首領的曾孫），還有誰該接受道歉（一名食人習俗受害者的親人）。不論這次道歉是否比前幾次更成功，這些村民顯然很了解道歉的威力，還有協商所能發揮的作用，他們也持續不懈地爲了溝通而努力。

在以和為貴的世界裡，兩種道歉都占有一席之地

在我們分別檢視過出於內在與外在動機而行的道歉之後，我們能不能給這兩種道歉做個評價呢？大家要是去回想一下，有時候我們被自己很在乎的人傷害了，我們可能會情願這麼想：這些人是設身處地的爲我們著想，所以才會不小心傷人的。他們一定也因爲冒犯了好友，而感覺到內疚或羞愧。我們可能也會預設

他們用類似的方式對待陌生人，因爲我們尊崇這些品性出眾的人，他們會盡可能公平待人，也會致力維護別人的尊嚴。我們因爲他們是出色的人而加以信任。他們很可靠，值得信賴又眞誠。這些人就是那種即便不認識對方，還是會把別人遺失的皮夾物歸原主的人，因爲他們知道丟了皮夾是什麼感覺（同理心）。也或許他們會這麼做，純粹因爲這是該做的事（一種健康的內疚感）。我們對這些好人的仰慕是否暗示了，那些爲了避免受罰而做的道歉，或是那些爲了恢復國家、群體、家人、個人的和平關係而做的道歉，就比較不值得敬重呢？

我認爲那些「出於權謀」而爲之的道歉——或爲了改變他人觀感，或爲了保持關係圓滿，或爲了加強自己的社會地位——也是很可貴的，即使這些人沒有表現出羞愧、內疚、同理心，或是缺乏這些感受。我們怎能反對個人、家庭或國家彼此和諧共處呢？我們又怎能駁斥爲了避免戰爭所做的努力？就如同我們在第三章看到的，爲了讓人心服，道歉一定要滿足被冒犯者的需求，像是恢復他們的尊嚴、認可雙方共同的價值觀、提出賠償方案，與其他種種舉措。要是我們不知怎的，認爲這些「實事求事」的道歉和那些感情洋溢的道歉相比，是比較不眞切或是比較沒用的，那就是在推崇形式大過於內涵了。因爲如此一來，就表示我們認爲，道歉的表達方式比道歉想達成的目標來得更重要。我認爲，這樣的態度同時貶低了道歉的個人價值與社會價值。只要道歉滿足了被冒犯者重要的心理需求，或是藉由公開訴求的形式，重建了和諧關係、確保了重要的社會價值觀，我們不應該爲了吹毛求疵，而去限縮這些道歉的功效。我們可以從日本文化和中華文化看得出來，道歉的主要功用，通常就是重建社會的和諧狀態。

第七章 人們爲什麼不願道歉？

一、害怕面對道歉對象的反應；

二、想像自己道歉的畫面就感到尷尬或難為情。

強化或推動道歉過程的力量來源豐富，就如我們在前一章所談論的。源自個體內在的力量包含同理心、內疚感、羞愧感等，這些我們廣義上稱爲「良知」的因素；而源自外在的力量，則包含擔憂遭到遺棄與其他懲罰的威脅，以及把握機會來提升名譽與社會和諧。不過，任憑這些力量再怎麼施壓，在許多情況下人們仍然拒絕道歉，或即使勉爲其難道歉了，心裡還是不太甘願，表情痛苦，舉止笨拙。前面章節一再透過事例來說明，人們如何想盡辦法逃避或破壞道歉，像是對於冒犯行爲滿不在乎、拒絕承認冒犯行爲、提出淺薄輕率的辯解、未能表現悔意、提出不合情理的賠償等等；再者，發生冒犯行爲後，許多道歉往往遲來了幾年、幾十年甚至幾個世紀。這些失敗的道歉當中，許多最後都演變成侮辱，到了這種地步回想起來，反而令人覺得乾脆不要道歉還比較好。

爲了查明人們爲何難以道歉的原因，我訪談了幾組高中生、醫學院學生，還有我的同事，問他們爲什麼覺得道歉這麼難（以下陳述爲扼要說明，並綜合眾受訪者的意見）。而大家的反應大致分爲兩類：第一，害怕面對道歉對象的反應；第二，想像自己道歉的畫面就感到尷尬或難爲情。

道歉後令人害怕面對的對方反應，列舉受訪者的說法如下：

- 「他們可能會決定當場絕交。」
- 「他們可能開始看不起我。」
- 「他們會覺得自己比我了不起。」
- 「我可能會遭到相當嚴厲的懲罰。」
- 「我若開誠布公，結果可能只會受傷。有一次，我向我媽道歉，她卻告訴我，光說對不起根本不夠賠我闖的禍，還要我最好別再犯。」
- 「我朋友會變得沾沾自喜、自鳴得意，擺明他是對的而我錯了。我不認爲自己受得了這些。」
- 「對方可能永遠都不會原諒我。」
- 「道歉賦予了其他人『像上帝一樣』原諒你的權力。」
- 「她可能會把事情鬧大，尤其是在公眾場所。」
- 「她可能再也不想看到我了。」
- 「他可能懷恨在心，伺機報復。」
- 「教授可能在我的朋友面前公然羞辱我。」

- 「你沒辦法知道對方會怎麼反應。」

第二類反應則說明了道歉者害怕負面的自我意象，與被冒犯者的反應無關。

- 「道歉的話會讓我覺得自己很軟弱。」
- 「道歉意味著坦承錯誤，證明你無法勝任，表現不如預期，並承認你所犯下的錯誤要由別人來善後，而這錯誤可能就這樣毀了一個患者。我想到自己無法勝任就覺得受不了。」
- 「我們做為人類，普遍都會藉由『我們是誰』、『我們擁有什麼』等等來定義客體自我（self）或主體自我（ego），同時也會試圖捍衛這個心理意象，因為我們缺乏其他結構來支撐我們的心靈，而情緒就是這類經驗最強而有力的形式。當我們生氣、傷痛、悲哀，往往不願拋開這種情緒，因為它使我們在當下得以定義自己，如同火上加油。我認為這正是道歉的難處：道歉使我們覺得自己不得不讓步，放棄自我意象，甚至失去『自我』。」

● 「道歉很難，你得屈服於對方，那會令你覺得好像你輸了。」

● 「道歉相當困難，因爲我可能會流露出深藏的情緒，像是悲傷或憤怒，接著開始哭，然後我可能就會被看做是脆弱的人。」

● 「許多人偏好隱藏他們的感覺，而說『對不起』則顯示了他們還是有感覺的。」

● 「爲了道歉，你必須表現情緒來讓人們相信你。」

● 「說『對不起』很困難，因爲那將帶來羞愧感，強迫我面對自己會傷人犯錯的事實。一旦認清事實，內疚感就來了。」

● 「當你說對不起，你很可能會打擊自己的自尊心。」

● 「道歉很困難，因爲低聲下氣來請求原諒不容易。每個人都喜歡認定自己是對的，而道歉則暗示你承認自己錯了。」

● 「道歉很困難，因爲你得悉自己令人失望或令人難過，而且實在覺得抱歉，以致於說不出口。」

● 「道歉時，你解除了防衛，而且像個沒穿盔甲也沒佩槍就上戰場的士兵。我認爲當你說對不起，就是袒露你的內在自我，並且放下武裝。因此，你更有可能重創自尊。」

總結以上反應的例子，第一類冒犯者擔心接受道歉者不再敬重他們、威脅或結束這段關係、變得沾沾自喜與自滿、自以為高人一等、擴大事態讓冒犯者出醜、懷恨在心、拒絕寬恕，或施加處罰，像是羞辱。這類型的冒犯者會說服自己，只要不道歉，被冒犯者就不會察覺受到冒犯的實情，而這通常是錯誤的假設。他們進而假設被冒犯者對道歉的反應苛刻，這又是值得懷疑的假設。

第二類冒犯者比較不擔心被冒犯者的反應，反倒更加在意自己軟弱、無能、認輸、愧疚、丟臉、沮喪、像個失敗者——其實就是失去自尊或他們寶貴的自我。值得注意的是，冒犯者似乎是透過道歉來確認自我知覺與情緒，而不是他們的所作所為。換句話說，他們以為舉止冒犯是可以容許的，但是口頭承認你舉止冒犯，就使你成了名副其實的加害人。

我們陷入了悖論，許多道歉的人都懷抱這兩項主要動機——一方面想要扭轉外在世界，緩解內疚感與羞愧感（這卻也是某些人避免道歉的理由）；一方面又害怕外在世界的反應，承受內疚感與羞愧感的煎熬。道歉者與接受道歉者之間的差異，究竟有多少純粹因爲負面經驗與學習所導致，或基於更加穩定的人格特質所造成，這一點還有待商榷。

以上對人們拒絕道歉箇中理由的觀察，僅限於個體之間的私人道歉，如果能知道這些原則有多少可以應用在公開道歉中，想必會很有意思。

人們不願道歉的其他理由

人們不願道歉的常見理由是，他們無法體認到自己的行爲冒犯了他人，而這可能出於幾種原因。有的冒犯者或許平常就比較遲鈍，難以體察自己行爲對於周遭的影響。他們就是俗話說的「瓷器店裡的牛」*，經常說錯話或闖禍，並對自己的行爲渾然不覺，無關痛癢的樣子，因而惹惱許多人。被冒犯者爲了引起冒犯者注意，可能得要大吼大叫並質問他們才行。

其中有些冒犯者可能會被形容是極度自我中心，由於他們不再受到被冒犯者

* 比喻人行爲魯莽，容易造成破壞。

喜愛、歡迎、賞識，最終或許會因自責而道歉。內疚感或羞愧感並非支配他們生命的主要力量，而他們對於他人的苦難關心也很有限。他們獲悉冒犯的實情後，道歉的說法會是「讓你對我不高興，抱歉」而不是「傷害了你，對不起」。他們所謂的「抱歉」只是孩子般地順口補上一句，這種浮淺的道歉對被冒犯者來說，沒有什麼意義。有個年輕人婚宴一小時前才告知他的親戚，說因爲另有安排不克出席。他說他不用特地解釋，因爲對方夠了解他，可以體諒。他的「道歉」從頭到尾只有一個詞，「很抱歉」。

有時候，道歉所謂的「失敗」並非因爲冒犯者漫不經心，而是期望獲得道歉的被冒犯者過度敏感的結果，其中，可以理解的是，這些所謂的冒犯者可能眞的不明白自己做了什麼。這種情況普遍發生在家庭或職場中，一方當權而另一方權力地位相對較低的時候。譬如，職場上管理者分派職務、年度考核、決定薪資與獎金、解雇員工時，或許覺得只是例行公事，卻被受雇者視爲嚴重的冒犯。

家人或朋友之間，未能受邀參與特殊聚會、親戚或朋友未能出席重要場合（婚禮、喪禮、堅信禮等等）、賓客裝束不得體、收到不適當的禮物等，都可能令某些人覺得被冒犯。手足之間，認爲其他兄弟姊妹沒能分擔照顧年邁父母的責任，或是家產分配不均而獨厚某個手足，也會冒犯到某些人。前述的這些情況下，其中一方渾然不覺對方受到冒犯，因此也沒想過要道歉。

此時，乍看之下，被冒犯者若能知會對方並指出冒犯情事，似乎比較合乎情理。然而，出於幾個理由，這實際上幾乎不太可能發生，因爲如此一來被冒犯的人就得爲自身惱怒的反應，背負著被批評太脆弱或臉皮太薄的風險。他們或許覺得冒犯者若眞心在乎他們，應該明白自己做了什麼好事和那造成的影響，根本不必明說。再說，他們看待對方的冒犯行爲，或許覺得自己在立場上更站得住腳，道德上也比對方更優越，因此更有正當的理由來與對方保持距離。最後，職場上若冒犯者是主管，被冒犯者通常就更不願主動告知，因爲對方可能認爲自己遭到指責，進而對部屬心存芥蒂。

被冒犯者希望對方明白冒犯情事，卻怕顯得脆弱或惹禍上身而不願表態時，適當的措詞就可以降低這些風險。與其指責冒犯者說他麻木不仁，不如說：「因爲你做的某件事（說的某句話）令我感到困擾（煩亂、苦惱）。」藉此提醒對方的侮辱言詞或冒犯行爲即可，不用再表明自己遭到侮辱或是冒犯。另一個促進溝通的方法，是透過第三者來轉達訊息，使冒犯者知道自己的不妥行爲，這時候被冒犯者看起來也比較不會像是在控訴。最後，被冒犯者也可以藉著幽默感來傳達感受。

在許多情況下，都會遇到舉止冒犯的人對於自己的行爲不但沒有絲毫悔意，可能還爲此洋洋得意；在這種情況下，遭遇這種對待的人會覺得委屈或是受到二度傷害。因爲冒犯者一點都不覺得後悔，所以堅信自己不需要向誰道歉。他或許還是會道歉，不過只是爲了逃避責罰而已。

有些人冒犯他人，只是爲了滿足優越感與掌控局勢。他們可能會問些不得體的問題，像是「爲什麼你沒有生小孩？你有生育問題嗎？」、「你怎麼都不結婚？」他們可能會試圖提出問題來證明自己的智力高人一等，像是「你讀過莎士比亞全集嗎？」或是「你有在百老匯看過哪一齣舞臺劇嗎？」這些都是冒犯的行爲，但是冒犯者並不會因爲意圖冒犯而道歉。

最後，有的人在他人太過親近自己或者在關係中需索無度時，會藉由冒犯來拉開與對方的距離。有的人也會在關係中試圖藉由冒犯來取得權力，動搖對方的地位。嘲諷、侮辱、侵略的言行，以及攻擊對方珍視的信念，都會侵犯到對方，進而強化了冒犯者的權力並拉開距離。針對以上這些，冒犯者也同樣不會感到後悔。

大部分讀者會懷疑，或者會發現，自己也曾在不經意之間冒犯了他人。他們通常打算要道歉，卻又好像做不到，而我相信這些遲疑的人會更清楚體會到那些令他們卻步的力量。是因爲害怕對方的反應嗎？會失去或放棄權力給對方嗎？道歉的恥辱，或是表達害怕感受的想法，就會使我們矮人一截嗎？是因爲擔心向受害者透露更多他們不知道的內情嗎？

我相信深入思考這些問題可以幫助人們下定決心道歉，因爲只要更仔細地省察，就會發現之前的擔憂都是多慮了，面對眞誠的道歉時，大多數人的反應其實都會是表達感激。爲了彌補對方因爲被冒犯而失去的力量，我們會進行補償，然而我們補償給被冒犯者的力量，往往不過如此。最後，儘管我們常在道歉時經驗到羞愧的情感，這種情感卻正好做爲一種信號來提醒我們，我們未能秉持自己的準則而活，因此應當更加努力進步。就這個意義來看，羞恥並非道德失靈，反而正是人格完善的表現，我們大都寧可覺得羞恥，也好過無恥。

我們經常冒犯了家人、朋友、同事，卻毫不知情，而當這些人出乎意料地藉由情感退縮、輕蔑、侮辱，甚至是羞辱來冒犯我們時，我們應該就可以揣想自己或許冒犯了他們。處理這種情況有個管用的方法，就是直接詢問這些人：「我是不是哪裡冒犯了你？」這種說法依據的前提是，他們的惡意是針對你的冒犯行為而來的反應，如果他們表示同意（這是相當常見的情形），那麼你也有幾種不同的方式對應，要視情況而定。你可以為自己的行為提出合情合理的解釋，而不用道歉，例如：「這是我必須做的事，這就是我的工作，而我很遺憾這件事令人不快（這裡所說的『遺憾』就沒有道歉的意思了）。」又或者，你也可以澄清誤會，例如：「我沒能出席你的晚宴，因為你沒確定日期。」最後，你可以道歉，例如：「非常對不起，我當時沒留意，不曉得自己的行為傷害了你，我實在是太粗心大意了。」

我們可以猜想，什麼樣的人格特質會使得人們更加難以道歉。他們可能習慣牢牢掌握人際形勢，控制自己的情感。他們在大多數時候傾向自以為是，或自覺道德上高人一等，認為自己幾乎不會犯錯。他們認為外界對他充滿敵意，人際關係暗藏危機。相反地，能夠自在道歉的人面對人際形勢，會願意與對方分享控制權，享受人際關係。他們接納、重視甚至享受自己的情感，並承認自己的脆弱、怯懦、缺點，同時也努力設法改進。他們確信自己是明理而正直的人，並認為其他人同樣有著正派的品格。當他們道歉，就只是坦承自己犯下過失，然而，這種坦承並不會構成威脅，只要他們依然自尊自愛，不將自己當成是個錯誤。

最後，針對冒犯者就算滿心懊悔，渴望修補關係，卻又不願意道歉，還有一個原因，或許是因爲他們不曉得該怎麼道歉，或他們從來沒想到可以透過道歉來彌補所造成的傷害。換言之，無論在規畫或執行上，道歉都不屬於冒犯者所熟悉的技能。若是在幾年前，我會認爲這是乖張的託詞，我想當然耳，畢竟人人都該曉得怎麼道歉。

這幾年我沉浸在研究道歉的樂趣中，找來朋友、孩子與他們的同伴、親戚、同事等，暢談這個主題，討論我爲何對道歉如此感興趣並深受吸引，這些討論並不是什麼訓話，或是問題解決課程啦（起碼我自己是這麼想的）。數月後，甚至數年後，這些人會告訴我，他們曾做出一些道歉，從而深遠地影響了自己的人生。其中有些人不了解道歉的過程，而且是眞的不懂該如何道歉；其他人則是清楚如何道歉，卻從沒想過要實行。由這些經驗我得到了結論，我們的文化普遍欠缺學習，也不鼓勵道歉。自此，我便在高中、課後宗教社團或主日學課程舉辦團體來討論道歉，而這些學生不僅相當感興趣，反應也非常熱烈，更展現出敏銳的洞察力。我建議將此議題納進高中或大學教育，融入心理學、倫理學或人際溝通的課程中。

第八章 道歉的時機

在私領域裡，
犯錯的人通常有充裕的時間，
也能仔細想清楚，
好給人家一個合宜的道歉。

一九九七年十月八號，參議員佛瑞德・湯普森在向柯林頓總統道歉的時候，闡述了有關道歉時機的重要眞理。有鑑於他誤指柯林頓涉入國際運輸工人工會和民主黨全國委員會的資金交易密謀，湯普森表示：「如果你非得去吃烏鴉不可*，即使只有半隻烏鴉要吃，也最好是趁熱，別等冷了才吞下肚。」[1]要說我的想法，我認爲馬上道歉比稍後片刻才道歉要好，這話有時只對了一半。

我曾在一個高中課堂上問學生，他們認爲什麼時候是道歉的最佳時機。對於我的問題：「你該在什麼時候道歉？」大部分學生都與湯普森有志一同，認爲打鐵要趁熱、道歉要及時。班上有個學生顯然頗有江湖歷練，他就不同意了。「我劈腿被女朋友抓到的時候，」他說：「我馬上跟她說我們要好好談談，不過我沒有當場道歉。我要給她一點時間，讓她消消火。過了好幾天我才道歉，然後我們又和好嘍。」[2]我贊成這名學生的說法。不是說劈腿沒關係，而是想要讓道歉發揮效用，適當的時機是其中很重要的因素，也很複雜。

道歉的時機這個課題，引申出不少其他問題。人可以在還沒犯錯的時候就先道歉嗎？什麼時候道歉最好？在犯錯後馬上爲之，或至少在事發後也別等太久？犯錯後幾小時、幾天、幾個禮拜之後道歉，可以嗎？被冒犯者是否能左右道歉的時機？私人道歉與公開道歉的最佳時機是否有所不同？道歉有可能會太遲嗎？

「我想事先道歉」

有些人在預期自己會犯錯的時候，會試著事先道歉。有兩個例子可以做為佐證。多年前，我兒子四歲的時候，去兒童醫院動了一次手術。他在復原期間告訴我：「如果我的復健車去撞到那個小女生，我會說對不起。」第二個例子是在一則漫畫裡，有個丈夫對妻子宣布，他想要在傍晚外出前，事先說聲抱歉。

雖然「事先道歉」這說法有其幽默之處，我認為在事發前就道歉其實沒什麼意義。因為「道歉」的精髓之一，就是犯錯的人承認過失並表示懊悔，而且就算他日後還可能遇上相似情境，也要想辦法避免再犯。我兒子和那則漫畫裡的丈夫不可能在犯錯前，就好好道歉的。我得拿逗趣的童年往事和漫畫來佐證自己的觀點，就是因爲這類道歉事實上很幼稚、好笑。

＊譯註：吃烏鴉（eat crow）爲英文慣用語，意思是認錯並承受可能隨之而來的難堪場面。

有種常見的「事先道歉」，是人們預期自己要從集會中提前離席所做的「道歉」。我在寫這本書的時候，有一回，某個剛加入我的管理團隊的成員，在某次會議一開始，就爲了他得在會議得出結果前早早離開，而向大家道歉。我用挖苦的語氣解釋道，人是不可能在犯錯前就道歉的。我接著又建議，與其說「道歉」，他不如用「不好意思」或「遺憾」來得妥貼，像是「我很遺憾得先走一步」，或是「不好意思，我得先走了」。在他快要離開的時候，管理團隊中另一人問他，是什麼原因讓他必須在會還沒開完就走。結果這位仁兄告訴大家，他是要送岳母去機場。他的岳母大人已經和他們全家共度了三週假期，要是今天能順利完成這最後一件差事，可眞要謝天謝地了。我們笑成一團，明白到他在這件事發生前就用了「道歉」這個字眼，不只是語意上不正確，連他因爲提前離席好送走岳母而感到遺憾，事實上也不盡然如此。

「這不是在針對你」

湯普森參議員關於道歉要趁早的建議，適用於非關個人情誼的狀況，或是事涉私交，但犯行不是那麼嚴重的狀況。這些非關個人的過失是不小心的，或是碰巧發生的。這些唐突之舉不是故意要造成傷害，或是要貶低特定的人或群體在大家心中的評價。比方說，在雞尾酒會上不小心撞到某個人，把飲料灑了他一身，這通常不會被視爲在刻意針對誰，因爲這種意外可能在任何時刻，發生在現場任何人身上，這不涉及預謀或是特定意圖；給潑了滿身飲料的人，不是因爲他的個人特質、選擇或人際關係，而受到特別待遇。犯下非關個人恩怨的錯誤的時候，犯錯的人應該立刻道歉，並且表明這是個意外。可行的話，也要提出合理的賠償之道。要是犯了這類錯誤卻沒立刻道歉，人們通常會覺得這種人無禮又麻木，缺乏社交敏感度，是個粗人。反過來說，要是雙方原本就不和，被冒犯的人認爲對方是帶有敵意而刻意爲之，這些錯誤就會變得很個人了。這個時候，雙方要道歉與接受道歉，可能都需要更多時間與努力。

然而，在許多不是針對特定對象的過失裡，我們可能會把犯錯的人的道歉，解讀成他在認罪。因爲這個緣故，當事人出於對相關法律後果的恐懼，可能會克制自己不去道歉。交通事故中的汽車駕駛，或是在診療上出了差錯的醫生，都是常見的例子。不過，法律學者如今正在重新審視，在醫學場域中不道歉是否眞的明智。有許多研究顯示，不道歉可能會被當成是侮辱人的舉動，事實上反而會刺激受害者提出訴訟。在醫病關係的研究中，學者發現，不是所有不良的治療結果都會導致訴訟，也不是所有訴訟案件都肇因於不當的醫療處置。一件不當執業的案件是否會進入法律程序，左右因素之一是醫病關係的品質有多好，還有病人覺得自己的看法與價值觀得到尊重的程度有多高。[3]

「如果我立刻道歉，就不用去聽你發怒了」

有時候，被冒犯者還沒搞清楚自己遭遇到的是怎麼一回事，或是還沒有機會表達被冒犯的感受，我們就已經道完歉了。比方說，有個孩子打破了花瓶，他滿臉自責地跑去請求母親的原諒：「對不起媽媽，不要生我的氣。」這個母親可能根本還不知道孩子做了什麼。犯錯的人（這個孩子）選在這種時機來道歉，不是爲了滿足被冒犯者的需求，而是爲了避免去傾聽被冒犯者（這個母親）的苦處，這其中可能包含了像是憤怒、失望、愛意消散等各種感受，以及其他的威脅。也就是說，犯錯的人想要輕易脫身。

近來，在我生命中最難熬的一段日子裡，我就得到了一次這種不成熟的道歉。那天我在醫院裡等一名癌症專科醫師等上了四個小時，因爲我姨子罹患了淋巴瘤，而這名醫師負責評估她的病情（當時我們夫妻倆、我姨子和襟兄都在場）。這名醫師確認了我姨子的狀況，比預期來得更爲嚴重，而她在幾個月後過世了。

對我來說，那天令人感到不安之處，始於我們即將失去一位鍾愛的姊妹這件事。此外，我太太和襟兄感到十分痛苦，而他們兩人對我來說都非常重要。身爲醫生，我卻感到如此無助和無能，無法做些什麼來扭轉結果。不只這些事，這次經驗還喚起了我跟太太早先的回憶。我們也曾經陪伴二十八歲的女兒接受乳癌治療，而她最後也因病過世了。我女兒跟我姨子有很多相似的地方，不只是那些癌症病人共同的外觀而已，譬如消瘦的病軀，還有爲了遮掩化療導致的禿頭而戴的棒球帽；她們天生就長得像。然而，那天最糟糕的緊急狀況還沒發生呢。

診療結束後，我襟兄帶著我姨子回去我家，我則開車去藥局買些東西。我離開藥局停車場的時候，在出口停了幾秒，等個車流不多的時機好轉進大街。就在這個時候，一個年輕人跳到駕駛座這一側打開的車窗前，從他手臂放的位置看來是拿著武器的。他對我說：「手舉起來！」我傻了，也嚇壞了，整個人被恐懼淹沒，感覺好像有一輩子那麼長（其實只有幾秒鐘）。直到我醒悟過來，這個年輕人其實是我的外甥，是我姨子那三十歲大的兒子在對我惡作劇。他剛從緬因州住處開了兩百五十英里路的車來探視他的母親，然後在我正要離開的時候，發現我們湊巧在同一間藥局裡。

等我到家的時候，整個人因爲稍早在醫院的經歷而耗盡了情緒，又被那場假「搶劫」搞得心煩意亂。此時我外甥已經抵達了，他用羞慚的笑容迎接我，對我說：「我眞的嚇到你了，亞倫叔叔。」我對他大發脾氣，口出各種惡言，甚至還說他這麼做可能會害別人心臟病發。我那激動的長篇大論想必歷時有好幾分鐘，雖然我外甥在我剛開始講不到十秒鐘就大方道歉了，不過這也讓我很惱火，所以我假裝忽略他的道歉。

我一定是嚇著我外甥了，因爲在這之前我從沒這樣對待過他。現在回想起來，我在胡亂罵人的時候，內心理智的部分其實有想過，他道歉只是爲了讓我安靜下來，別再繼續攻擊他。但我就是想繼續罵。我倆當時都不明白，他冒犯我的時候，我們是處在怎樣的情境裡。也就是我們都爲了他母親的病情倍感壓力，還有稍早在醫院的漫長等待，還有我對女兒的疾病和死亡的回憶。我只想要他在我發洩怒氣時保持安靜，等我發洩完，他才能道歉。

我外甥在我的激情演出結束後幾分鐘就離開，回緬因州去了。我事後想過，如果他能夠忍耐到我火氣全消之後再道歉，我們就可以理性地談談，然後一起吃一頓當時已經快要端上桌的晚餐。我後來也覺得很痛心，自己竟然在人家來陪媽媽的時候，把他掃地出門。就像我外甥用惡作劇把我給嚇翻了，我毫無理性的怒氣也令他難以承受。因爲我倆都不是愛記恨的人，所以之後還是維持很好的關係，好像什麼事情都沒發生過一樣。現在回頭看，這對我們兩人來說，都是很糗的事情，因爲當時我們都大失常態。事後我們也都爲自己的所作所爲向對方道了歉。在讀過這段故事的草稿之後，我外甥告訴我，他很自豪能給我上了道歉的一課，還有爲這本書做出貢獻。

為個人之間的嚴重過失道歉，需要時間

湯普森參議員關於道歉要趁早的建議，並不全適用在個人之間的嚴重過失

上，像是當眾羞辱某人、欺騙朋友或對他說謊，或是背叛他人的信任。要是我們認爲在做出這類舉動之後立刻道歉，是和解的最佳途徑，這可能是大錯特錯。這麼做彷彿是在告訴被冒犯者，犯錯的人沒有理解到自己的行爲有什麼影響，只想盡快輕易脫身，或是顯示出他們很害怕被冒犯者的情緒、不重視雙方的關係。比方說，如果有人被配偶發現他對婚姻不忠，所以這人認了錯、表達悔意、提出解釋，並且答應要送禮物做爲賠償，而這一切都是在配偶控訴他不忠後的幾分鐘之內發生的，那麼，這段婚姻可要有大麻煩了——如果他的道歉到此就結束的話。被冒犯者通常需要數天、數週，或是更長的時間，好在心理上接受事實，同時去了解情況。如果這段婚姻關係要繼續下去，雙方要在指定的場合和不同的時期見面數次（比如說沒有孩子干擾的安靜場所，或是心理治療師的辦公室），來討論與理解這些狀況的意義何在、犯錯的一方有怎樣的解釋、適當的補償應該是如何，以及，這段關係的未來在哪裡。也就是說，如果一段值得擁有的關係意味著，就算其中有人深深傷害了另一人，事後還是該給他一個機會來挽回這段關係，那麼，這樣的道歉一定很複雜，需要隨著時間來慢慢推展。

以上關於道歉時機的原則，也適用於大型群體在公領域裡的互動，當涉事雙方都可能有錯，也都有許多風險要考量的時候。比方說，在勞工管理的情境中，「冷卻時間」就是爲了讓理性觀點得以成形的手段。在戰爭時期或是有開戰跡象的時候，停火或是某些休戰協議可能是必要的，這麼做是爲了給參戰人員機會做出理性的決定，像是調停、究責，或是（有時候得要）道歉。不過在這些情境裡，道歉可能要等上一段時間，直到下一代領導人出頭。這時我們已不需要承擔迫切的責任，頭腦會比較冷靜；或至少等到與過往罪行無涉的新生代能掌控情勢的時候。

不過在公開道歉時，和前述情況相反的例子是很常見的，也就是有一方很明顯犯了錯。像是參議員川特．羅特爲了他帶有種族隔離色彩的發言而道歉、伯納．羅主教爲了把虐童的神職人員調職而道歉，還有史考特．華鐸中校因爲他在日本漁船沉沒事件中扮演的角色而公開道歉。在這些案例中，民眾會在過失被批露之後，立刻要求一個明確的道歉。任何延遲或是「顧左右而言他」都會招來質疑，以及愈來愈多要求「說清楚、講明白」的壓力。這和私人道歉或是那些責任尚未釐清的情況有所不同，後面這兩種道歉是可以慢慢來推展的。在私領域裡，犯錯的人通常有充裕的時間，也能仔細想清楚，好給人家一個合宜的道歉。但是在公領域裡，犯錯的人一定要馬上做出正確的回應。

無法在場接受道歉的時候

另一個會影響道歉的時間因素，就是被冒犯者拒絕接受道歉，或是冒犯者一開始向被冒犯者道歉的時候，後者並不在場。被冒犯者會這麼做是因爲拒絕冒犯者期望的結果（像是解除內疚感或是恢復關係），可以讓冒犯者感到很痛苦。這會讓左右事情發展的大權，轉移到自覺無助受傷的人手裡。在私下道歉的時候，被冒犯者會拒絕和冒犯他們的人見面或是談話，直到覺得「感覺對了、準備好了」爲止。中國對美國在一九九九年五月轟炸了塞爾維亞的貝爾格勒中國大使館的回應就是一例。中國政府在事發過後一個星期，才願意接聽柯林頓總統的電話，讓他表達哀悼、遺憾，還有歉意。在這段期間，中國把握機會，好好譴責了美國一頓。[4]

沒把握道歉的最佳時機是很可惜，但不是無可挽回

不論是私人或公開的道歉，要是無法在數天至數月內緩和嚴重的憤恨不平，雙方的關係可能會遭到永久的損害，甚至無法挽回。此外，受到傷害的人可能會開始積怨，還會尋求報復。這樣的怨恨可能會持續數年都無法消散，甚至是好幾十年、好幾個世紀。這種未能化解的不平感受涉及親朋好友的時候，要是其中一方在和解之日來臨前就過世了，可能會導致活著的人受到永久的心理傷害。

道歉尚未到來的時候，雙方都可能會創造自己的敘事版本，來爲他們的行爲辯解。受到傷害的人可能會說，冒犯他們的人神經很大條、很冷漠，甚至殘忍；他們覺得自己看錯那些人了。冒犯的人則會認爲，那些被冒犯者未免太敏感、要求太多、很沒彈性又不講道理，也不懂得原諒人；他們也覺得自己看錯那些人了。兩邊都想尋求他人來聲援自己的處境；他們可能都會說，這關係是斷了最好，即使他們內心不安，覺得導致關係破裂的衝突其實可以避免或解決才對。然而，如同我們會在下一章看到的，關於晚來的道歉這回事：道歉永遠不嫌遲。

第九章 遲來的道歉

主動要求道歉，並寬恕對方。
面對親朋好友之間的衝突，
我們若能提出明智的忠告，
可能也有機會促成道歉。

有時候，冒犯行爲會過了好幾年、幾十年甚至幾個世紀，才提出道歉或要求道歉。根據我的觀察，從一九九〇年代起，這種延遲道歉的做法就變得愈來愈普遍。我們該如何理解這樣的現象？爲什麼延遲？又爲什麼如今才道歉？個人、群體、國家能在冒犯行爲過後幾十年，順利進行有意義的道歉嗎？人們或群體能順利地爲前人的冒犯行爲道歉嗎？我們應該認眞看待這樣的道歉嗎？

本章我們將考察若干道歉來探究前述問題，而這些道歉或私人或公開，皆在冒犯事件過後好幾年甚至幾十年才提出。第一組道歉，是爲了解脫難受的內疚感或羞愧感；第二組道歉，是因爲發覺自己上了年紀，甚至是在面臨死亡時，萌生了道歉的念頭；第三組道歉，冒犯者期望藉由操縱其外在的環境，去影響公眾的反應，或修補一段近期才提升價值的破裂關係。其中，最後一組包含了受到道德典範的啓發，學習到新的理解角度或實踐方式，於是激起動機的道歉；這些人或許是頭一次覺悟，他們的行爲破壞了重要的道德價值。

試圖解脫難受的內疚感或羞愧感

當我們體認到自己造成傷害，隨即產生令人難以承受的內疚感，而這就是延遲道歉的一個常見原因。想想看約翰．普拉莫的例子，他二十四歲，是一名直升機飛行員兼作戰官，在越戰期間負責輔助來協調聯軍轟炸。一九七二年六月八日，聯軍向浪滂縣的村莊投擲重型爆炸性武器與燒夷彈。[1] 次日早晨，美國軍方報紙《星條旗報》登出一則有關該起空襲的報導，其中包含一張如今舉世聞名的照片——年僅九歲的小女孩金福逃離遭烈火吞噬的家園。幾年後，普拉莫「……盯著照片，看見凝固汽油燒光了她的衣服。她瞇緊了雙眼，張大著嘴巴，驚駭莫名，無法理解自己怎麼會遭受這種痛苦。她拍打雙臂，姿態笨拙，彷彿她不認為那是自己的手臂……『我難受得像是膝蓋遭到暴擊。』」[2]

戰後數十年，約翰．普拉莫酗酒成性，經歷了兩段失敗的婚姻，飽受折磨。他最終辭去了國防承包商的工作，轉而成為衛理公會的神職人員。儘管他已投身新的志業，卻仍對深印在他腦海中的那張照片耿耿於懷，一想起它就覺得心痛。

[3]他甚至夢見那張照片，還聽見受害者的尖叫聲。「如果她能凝望我的雙眸深處，普拉莫心想，她會明白我爲了自己對她造成的傷害，感到多麼痛苦，多麼悔恨。」[4]

事發經過二十四年後，約翰．普拉莫與金福在華盛頓的越戰紀念碑相見，普拉莫這麼描述那次會面：「她朝我敞開雙臂……我卻只能不斷地說：『對不起，眞的很對不起……』」而她輕拍普拉莫的背，告訴他：「沒關係，我原諒你，原諒你了。」[5]他們那天陪伴彼此，度過了兩個小時。「自從那天見過金福，我再也沒在睡夢中聽見任何聲音，再也沒有尖叫聲，一切復歸寧靜。」[6]

這段故事闡明了罪惡感導致道歉延遲的情況，在傷害事件發生後二十四年才進行道歉。普拉莫並未遭到控訴，因爲受害者當初甚至不知道他的身分。普拉莫沒有試圖操縱情勢或逃避對自身犯行的責罰，他承受的痛苦來自內在——他僅僅是因爲內心無法獲得安寧。就他的立場看來，面對面道歉並獲得寬恕，終於平息了那些尖叫聲，使他的心靈平靜。此外別無他法，即使是轉變職業、重新適應生活的巨變，也沒辦法緩解他深植心中的內疚感。

以內疚感、羞愧感爲動機，並盼望能夠賠罪而延遲道歉的另一段故事，是關於日本情報官永瀨隆，他在二戰期間虐待在桂河強迫服勞役的英國士兵戰俘。戰後，永瀨隆試圖擺脫內心折磨，他書寫當時的經歷，並回到當年虐待戰俘的地點創建寺廟。然而，就如同普拉莫，永瀨隆沒辦法藉由這些「良善事業」來解除心理痛苦。直到事發經過六十年後，他偶然再次遇見當年的其中一名受害者，才給了他直接爲罪行道歉的機會。而這名英國士兵艾瑞克．羅麥斯或許是爲了寬慰內心報復的激情，交給這名軍官一封信，原諒了他。羅麥斯在自己的書《心靈勇者》[7]中傾訴了這段故事，我們會在第十一章詳細討論。

在接下來的這個案例中，內疚感顯然是道歉的動機。一九七六年，在一場反種族融合運輸政策的暴力示威中，數名青少年與年輕人毆打泰歐多．藍茨馬克，他是一名非裔美國人律師，當時正站在波士頓市政廳的臺階上。不但如此，一名年輕人還拿起美國國旗當做武器，將旗桿朝藍茨馬克瞄準，垂落地面的星條旗微微捲起。史丹利．佛曼便是以照片記錄這個事件，而贏得了普立茲獎──現場新聞攝影獎，獲獎原因包含了時機（建國兩百週年）、事發地點、美國國旗做爲武器的象徵意義突出、受害者的種族、加害人的膚色等等，構成了富有力量的畫面，傳遞出偏執與仇恨的深刻訊息。藍茨馬克先生從未看過攻擊他的人一眼，也沒有逮到任何人。

十八年後，其中一名攻擊者博比．鮑爾斯尋訪藍茨馬克先生，「羞愧難當地」[8]向他招認自己是攻擊事件的共犯，並表示希望能向他賠罪。「我不是個惡毒的人，」他解釋，「我老是爲了自己的許多問題怪罪運輸政策……但那許多問題其實都是我自己的問題。」[9]鮑爾斯說當時他是絆倒藍茨馬克的那個人，然後他就閃到一邊，好讓那些「走狗」趁機攻擊他。事發當年，鮑爾斯才十七歲，如今他澄清自己並非種族主義者。「我那時只是個憤怒的年輕人，就只是個男孩，眞的。」[10]

當時鮑爾斯的父親生命垂危，祖母也病了，他也時不時地惹上一些麻煩。鮑爾斯一直覺得人生無法步上正軌，直到他爲了所犯的錯誤付出代價。鮑爾斯覺得自己將近二十年來就像穿著「粗麻布衫」，他說：「我知道泰德原諒了我，但我很難原諒我自己。」[11]

鮑爾斯無論是承認（坦白）冒犯行爲或是承擔罪責（「我老是爲了自己的許多問題怪罪運輸政策……但那許多問題其實都是我自己的問題。」）他的自責與痛苦都意義深遠，而他的解釋也相當可信（並非種族主義者，「只是個憤怒的年輕人」，祖母生病，父親性命垂危）。

下一個故事將提到，一名因內疚感而延遲道歉的冒犯者，藉由加入匿名戒酒會來致歉。這個組織的會員、其他「十二步驟計畫」*互助小組，以及一些宗教團體，都鼓勵人們為幾年或幾十年前的過錯道歉。而匿名戒酒會的十二步驟計畫中，尤其是第八步、第九步與道歉相關。第八步聲明：「列出一份清單，記載所有我們曾傷害過的人，並嘗試甘願地向每一個人賠罪。」[12]匿名戒酒會要求成員試著「修補我們造成的傷害」[13]，並掃除「過往的殘骸」[14]。第九步也採取相似的做法，聲明：「無論在什麼情況下，盡可能直接向這些人提出補償，除非這麼做會傷害他們或其他人。」[15]匿名戒酒會告誡，進行這種道歉時要選擇適當時機，以免傷害他人。接下來將介紹受到匿名戒酒會啟發，進而激起動機道歉的圓滿故事。

心理學家喬治．馬爾的一個研究助理發展出一套先導性研究，並得到正面結果，使得馬爾博士相當興奮。研究結果送交某科學期刊出版前，馬爾要求另外兩

＊十二步驟計畫（12-step）指匿名戒酒會協助酗酒者戒酒成功的十二個步驟。

名助理重複相同的測量方法，但他們卻做不出來；事實上，他們的測量方法與前者相牴觸。大約一年後，馬爾博士意外遇見那名前任研究助理，並隨意談起那個研究，討論造成結果不一致的可能原因。馬爾注意到他的前任助理似乎不太自在。「（他）畏畏縮縮的，表情也變了，我通常說那種表情是『臉綠了』，這個表情變化相當特殊，給我留下難以磨滅的印象。」[16]馬爾博士曾寫文章來描述這個事件。

馬爾博士講述在事隔約二十五年後，他收到那名前任助理寄來的信，信中說道：

我寫信是爲了讓您知道，是我蓄意竄改了研究結果……企圖使研究能夠支持假設。當時我很在意其他人對我的認可，而且認爲要是研究結果能支持您的假設，您就會比較願意接納我。爲了自己的行爲，也爲了那個研究倘若出版或由您報告，可能危及您的名譽與專業立場，我向您道歉……再次，爲了替您工作時我的不誠實行爲，向您道歉。[17]

馬爾博士於一週後回覆，說道：

我接受你的道歉。而且你有勇氣告訴我眞相，讓我深受感動。你這麼做堅定了我對於人類的信任，也更堅定了我二十五年前對你的直覺——你的確是個誠實的人。我但願自己當時能體察你尋求認同的深切需要，並採取一些行動來回應你，好能減輕你這些年來承受的內疚感、羞愧感。不管怎樣，至少讓我向你擔保，你早已經贏得了我的肯定，今後也依然如此。

我注意到你是在九月七日寫好信，九月三十號才寄出。顯示你因爲這封信，內心經歷天人交戰，煩亂不堪。而對於你忍受這番掙扎，我不但感到佩服，也覺得感激……我會保留你的信，收入檔案，同時剪除信尾簽名的部分。你誠摯的朋友謹上。[18]

這名前任助理在下一封來信中，表達了感激之情：

謝謝您對我那封懺悔信的美好回應，我十分感激。內心能夠感到純淨，一掃陰霾，對我來說實在是意義重大。[19]

又過了七年，馬爾博士詢問以前的那名學生，爲什麼他等了二十五年才向他坦承僞造研究。馬爾寫道：「他說他參加匿名戒酒會，成爲清醒的成員已經超過十一年了，並說明康復計畫鼓勵參與者，『嘗試爲過去施加他人的傷害賠罪。』」[20]

以上所提到的道歉說明人們對於道歉的反應，普遍都是寬厚的、寬恕的，而且有時願意主動分擔一些責任。馬爾博士給前任助理的第一封回信中，就坦承自己不夠體貼，未能察覺助理尋求認同的深層需要。人們能夠表現寬容，是因爲他們覺得自己受到敬重，獲得賠禮，並確認、澄清了事件之所以出現問題，不是他們的行爲所造成。

發覺自己上了年紀，甚至面臨死亡

另一個導致道歉延遲的常見原因是，當我們變得成熟、上了年紀，或經歷重病與損失，就會企圖重新建立與親友的私人關係；而這某種程度上是因爲我們想要「整頓自家門戶」*，並緩解內心的寂寥感、孤離感。或許是我們總算明白過來，相較於人類存在全景的複雜本質，冒犯行爲的內容便顯得微不足道。又或者，我們決定拋開「永遠不會犯錯」的虛妄自尊，改頭換面，變得願意承認錯誤。不論確切的理由爲何，顯然這些「人生里程碑」都爲延遲已久的道歉提供了契機。接下來的幾個道歉將會闡明這項特質。

紐約洋基隊的前任老闆喬治．史坦布瑞納透過第三者電話聯繫，開除了前任球員兼經理尤基．貝拉，當時再十六場熱身賽就要進入一九八五年例行賽事球季了。同時，貝拉發誓只要史坦布瑞納還在洋基當家做主一天，他就絕不踏進洋基體育場一步。十四年過去，史坦布瑞納六十八歲，貝拉也七十四歲了。史坦布瑞納親自登門拜訪貝拉，握住他的手，看著他的眼睛說：「我知道是我錯了，沒有當面解雇你，這是在棒球上我犯過最糟糕的錯誤。」[21] 做爲回應，貝拉也承認自己在棒球職涯中同樣犯過錯。史坦布瑞納說，如果貝拉之後願意來洋基體育館參

* put our own house in order，美國諺語，意即「批評別人之前，先管好自己的問題」。

加慶典，他（史坦布瑞納）要帶他坐人力三輪車遊喬治華盛頓大橋。根據《紐約時報》運動專欄作家哈維．阿拉頓描述，史坦布瑞納坦言自己之所以期盼能夠賠罪，是直接受到米奇．曼托過世與喬．狄馬喬一個月前罹患重病所影響。[22]阿拉頓認爲貝拉使他聯想到「離家出走的兒子回歸父親的懷抱，當這兩個大男人在門口相擁、互道再見的時候」。[23]貝拉的妻子卡門將史坦布瑞納的道歉歸因於千禧年，這時人們都渴求平靜，希望能盡釋前嫌。[24]

看待生命的態度轉趨成熟，進而產生動力來道歉的例子，包含前重量級拳王穆罕默德．阿里與喬．佛雷澤。在他們三番對戰的第一場開打前，阿里嗆佛雷澤是「湯姆大叔」＊，說他「醜到不能當拳王」。[25]第三場比賽開打前，阿里又將佛雷澤比做猩猩。在第一場比賽中，佛雷澤戰勝阿里，取得職涯第三十勝場。此時，原本據說對阿里的惡言惡語氣得牙癢癢的佛雷澤，對阿里說：「喂，老兄，就過來給我個擁抱，讓我們繼續好好生活吧。」[26]後來媒體訪問時，阿里回應：「就某方面看來，喬說得對。我一時熱血沸騰，說了許多不該說的話，給他取了難聽的綽號，我爲這事道歉，對不起。那全是爲了挑釁，好炒熱比賽氣氛。」[27]他還說：「我喜歡喬．佛雷澤，我和他幹得漂亮，那是場精采的巡迴表演。」[28]

在某次電話訪談中，佛雷澤說他會接受這個道歉。「當我再見到他，我會接受道歉，握握他的手並擁抱他。我們都是成年人，這件事卻已經拖得太久了，彷彿我們在打越戰。我們倆都是世界頂尖的運動家，爲什麼要咬牙切齒纏鬥不休？我們必須擁抱彼此，是時候來談談並見個面了，人生苦短啊！」29

這段簡短的交談令我十分感動，是由佛雷澤啓動道歉的過程，他坦率地訴求：給我個擁抱就夠了（非口頭道歉），他的道理很清楚：「我們都是成年人……人生苦短。」而阿里的回報不僅僅是許諾擁抱，他還坦承冒犯行爲（給佛雷澤取綽號），並同意那是不對的；表達悔意，並解釋口出惡言並非針對佛雷澤：他「一時熱血沸騰」，而且是爲了挑釁、炒熱比賽氣氛。佛雷澤以越戰做爲隱喻，暗示他們的紛爭是場持續存在的惡鬥並造成許多痛苦，不但沒有值得這麼做的好理由，而且休戰的日子顯然遙遙無期，至少對他來說是這樣。他藉由提醒阿里與自己「我們倆都是世界頂尖的運動家」，巧妙地重新定義了目前的處境。一個道歉就能使兩位蒼老而練達的男人終止不必要的苦惱，而佛雷澤對阿里的傾

＊湯姆大叔語出小說《黑奴籲天錄》（Uncle Tom's Cabin）裡，甘心受白人奴役的黑人角色。

訴尤其令我感動，他說：「……讓我們繼續好好生活吧。」這句話暗示著，起碼對佛雷澤而言，他的生命有某個部分已經因此停滯不前，持續了三十年。

最後一則故事與某個前英國皇家空軍飛行員有關。一九四五年，鄰近德文郡愛思德城的一間酒吧正在舉行派對，慶祝歐戰勝利紀念日，他就在這時候從酒吧外面的旗桿上，偷了一面六乘四平方英尺的旗幟。過了五十年左右，這名如今已七十多歲的前任飛行員將旗幟寄還，但沒有透露姓名，他在隨旗附上的便箋中解釋，說那起偷竊是「不可饒恕的破壞行爲，爲此我沒有一刻不感到羞愧」。[30] 他更進而描述自己是「一個懊惱、痛悔的成年罪犯」。[31] 酒吧的現任老闆收到這面旗幟時說：「我想現在一切都已受到寬恕，而且我想見見這位先生，邀請他來這附近的旅舍住一陣子。」[32]

企圖操縱形勢來謀取自身利益

另一種延遲道歉的常見情況是，冒犯者企圖操縱其外在的環境來謀取自身利益，或緩和冒犯行爲的負面效應。尤其冒犯行爲如果是近期才被揭穿，冒犯者或許就會試圖推諉塞責說：「此一時，彼一時；至少我的人生到了現在這個階段，絕不會做出那種事情。」屬於這種道歉的第一個案例是尼克森總統與葛培理牧師。尼克森總統製作的祕密錄音帶，披露出一九七二年某次祈禱早餐會後，尼克森與葛培理談話中的反猶太言論。尼克森先提起這個話題，他怒叱猶太人支配了媒體，而他也沒辦法公開表達這種看法而不被新聞界修理。葛培理的回應則暗示他贊同尼克森的意見，他說：「得要突破這種備受箝制的困境，要不然這個國家將會每況愈下。」他還說：「……如果你能再度當選，到時候我們或許就能採取一些行動。」[33]

三十一年後，錄音帶被公諸於世，如今已是八十三歲的葛培理道歉說：「我完全想不起來曾對任何族群有過那種感情，特別是對猶太人，而我現在當然更不可能這麼覺得。我那時的言論沒能反映我對於猶太人民的愛護，而我謙卑地請求猶太民眾明察，過去這些年來，我致力於促進猶太人的權益，這些作爲與我那日在總統辦公室的發言是相當矛盾的。」[34]

歲月流逝，使葛培理得以撤銷原來的主張，完全不用承認那是他的意見（「我完全想不起來……」），同時申明自己現在不可能說出那種話（「……我現在當然更不可能這麼覺得」）。甚至葛培理道歉時使用的動詞也證明他其實自相矛盾、處境尷尬：三十一年前的言論要如何反映他如今對於猶太人民的愛護？無論事實為何，葛培理都力勸猶太民眾，將「這些年來，我致力於促進猶太人的權利」與「我那日在總統辦公室的發言」兩相權衡——來向猶太人含蓄地保證，無論當時情況如何，他現今的信念與價值都不容許這種行為。

接下來將以羅曼史小說家珍妮特．戴莉為例來討論。戴莉遭揭發抄襲小說家諾拉．羅伯特的作品，而她承認她於一九九〇年代早期撰寫的其中兩本書《山楊黃》與《惡名昭彰》，部分取材自羅伯特女士的幾部小說。「因為我的不當行為造成的任何痛苦或難堪，我僅能向我一直以來視為朋友的諾拉，以及我的諸位讀者致歉……最近我才體認到自己非蓄意的、不尋常的抄襲行為，是源自我甚至從不認為自己會有的心理問題……為此我已經開始接受治療，並且能確保治療後，這種行為將不再發生。」[35]

這個道歉正是企圖透過解釋來降低負面影響。戴莉藉由聲稱自己罹患「甚至從不認為自己會有的心理問題」來暗示，正因為這樣的疾病，或許她一點也不該為抄襲負責到底。在這個情形下，她道歉不過是因為侵犯行為被人揭穿了，還找藉口來逃避責任，博取同情。人家會納悶，她的賠償——捐款給美國反文盲志工協會，並將《惡名昭彰》折價出售（《山楊黃》已絕版）——會不會也只是企圖規避民事訴訟。

第三個例子的加害人是瑞士政府。二戰結束至一九九六年，瑞士對於戰爭期間與納粹的關係，以及納粹大屠殺遇害猶太人的瑞士銀行存款，一貫不願張揚，避而不談。戰後五十年，美國檔案解密並曝光，接著蘇聯政府垮臺，終於瓦解了此事原本鮮少受到討論的低調狀態。

一九九六年起，瑞士遭到多項控訴，指責他們在二戰期間驅逐猶太人，與德國交易並提供強勢貨幣，再從這種不道德的交易中牟取暴利，而且拒絕向戰時的被害人或是其親屬償還他們的銀行存款。這些指控重創瑞士國民人道、公正的國際形象。[36]

瑞士透過公開道歉與賠償來回應種種指控；而我們可以這麼理解，當局企圖利用賠償來減輕瑞士國人的罪惡感，並扭轉世人對昔日惡行的負面觀感，因此才道歉。此外，瑞士還進一步回顧歷史，想弄清楚公正而人道的國民怎麼會做出這種事來。然而，倘若一開始記錄犯行的檔案沒有曝光，未曾披露這些新資訊，那麼瑞士也不會進行後續所做的一切努力了。

在這三個案例中，如果冒犯行為沒有遭到揭發，冒犯者大概也不太可能道歉。難道我們就該因此認定這些道歉沒有任何價值嗎？我不這麼認為。葛培理長久以來被視為猶太教徒的朋友，這樣一來，他道歉時就能證明，自從發表矛盾的反猶太言論後，他善待猶太人的行動應可視為一種補償。而珍妮特．戴莉的道歉儘管不夠坦率，辯解的內容也不太可信，但是她一樣提出了賠償（或許是因為迫於法律的威脅）。瑞士政府道歉時，也承認了世人理當獲悉的真相，賠還了被害人理當獲得的補償。就算這些道歉遲來了，動機也未必「純良」，它們還是具有某種程度的價值。

這類型的道歉還可以繼續延伸出一種子類型，其中冒犯者企圖利用道歉來謀取自身利益，我們把它稱為「權謀型道歉」。以阿拉巴馬州州長喬治．華萊士對非裔美國人的道歉為例；華萊士是個頑固的種族隔離主義者，記者席歐多．懷特曾形容他是「性格最惡劣的南方民粹主義者」、「心胸狹窄的可笑鄉巴佬」。[37]華萊士曾數次做為第三方獨立候選人來角逐美國總統，他在一九七二年的總統競選活動上，談到「大型黑鬼投票」，而《紐約時報》記者也引述了他的這段話：

「我今天可沒有跟他們扯太多黑鬼的事……太鳥了，人們現在要說我的態度軟化了。」[38]在之後的競選活動上，華萊士遇襲，挨了一槍，從此腰部以下半身不遂。

直到一九七〇年代，華萊士才向遭他無禮對待的非裔美國人道歉。譬如，他與黑人人權領袖約翰．路易斯會面，又去見亞特蘭大市議員，列出自己懊悔的行爲，並告訴對方：「爲了我企圖冤枉你所做的一切壞事，我要請求你的原諒。」[39]華萊士還跑去馬丁．路德．金恩位在阿拉巴馬州蒙哥馬利城的舊教堂，宣稱自己遭遇的折磨「與黑人蒙受的痛苦有關，並請求他們的原諒」。[40]他一再辯稱自己過去的作爲只是爲了支持國家的權益。面對華萊士州長的態度大逆轉，我們可以選擇相信他自從半身不遂以後，就眞誠地爲種族歧視的觀點道歉（悔改）；或者，我們也可以認爲，他眼看政治趨勢轉向，自己的票源縮減，只好道歉來挽救政途。

另一個爲了鞏固事業而道歉的例子是保守派作家大衛．布羅克，對現任最高法院法官克萊倫斯．湯瑪士的前雇員、也是湯瑪士任命確認聽證會上最主要的反對者安妮塔．希爾的道歉。布羅克如今承認，撰寫那本嚴厲批評安妮塔．希爾的書《安妮塔・希爾的眞面目》時，他捏造實質證據，恐嚇安妮塔・希爾的支持者，還隱瞞證據、僞造記錄。[41]霍華德・庫爾茲在《華盛頓郵報》引述布羅克的話：「我不但現在才悔悟自己寫了那本內容不實的書，還在一篇關於這件事的報刊書評上故意撒謊。我應當還原歷史事實，這是我的責任。如果要說我犯了什麼錯誤，那便是早在五年前就得悉眞相，卻祕而不宣。」[42]

布羅克現在確信，出版一本述說眞相的書，就可以挽回他的聲譽。在一次全國公共廣播電臺的訪談中，他說自己已經向安妮塔・希爾致歉，還說：「我那麼做是打算私下和解。這是必要的第一步，我想這樣或許就足以——減輕我的良心不安。」[43]布羅克撰寫另一篇文章後，希爾曾致電給他並留下語音訊息，但是布羅克說：「我那時沒有膽量回電給她，因爲我覺得自己沒辦法控制……完全說出眞相，因爲我會不得不承認，我原本最擅長的這兩件事都做錯了，而我實在沒有勇氣那樣做。」[44]

爲什麼布羅克還在這個時候坦白招認？我們可以推測，首先，他清楚法律追溯期有限，對方無法只憑一九九四年出版的著作，以誹謗罪名來起訴他；其次，他最近才剛宣布出版新作《被正義蒙蔽：一個前保守派分子的良心》，而有些人認爲他的自白或許能刺激新書買氣。我們應該將他所有的「招供」視爲一種道歉嗎？當我們審愼檢視他的言論，就會發現，如果他眞的打算正當地道歉，那麼他距離這個目標還遠遠差了一大截。舉例來說，根據《華盛頓郵報》報導，布羅克使用的是條件式陳述：「……如果要說我犯了什麼錯誤……」顯示他根本無法肯定自己犯了錯。而他實際上從未直接與安妮塔・希爾對話，這也說明了，他既不想承擔自己犯下的全部罪責，也不想藉承受羞愧或痛苦的方式，來爲犯行付出代價。以這些事實爲前提，這場道歉看起來就只是爲了吸引媒體關注，而不是發自內心賠罪，也沒有打算好好補償的意思。

受道德典範啟發而學到新的理解角度或實踐方式

向新的道德典範學習而激起動機的道歉，將舉出一連串的例子進行說明，其中包含孩童與青少年長大成人的過渡時期。關於這類道歉，有位同事跟我分享了她個人的故事。她告訴我，她考進醫學院時，兒子才剛上幼稚園，而後在兒子的整個童年與青少年時期，他都不時會責怪她沒能當個好母親。不過，最近他也考上了醫學院，展開求學生活的第一年。現在，他爲了幼時曾百般苛責他的母親，頻頻向她道歉。[45]他大概不是唯一想爲青少年時期折磨父母的往事，來向他們道歉的成年子女。

對於道德典範的理解加深道歉，我認爲接下來的例子也符合這個類型。作家李察德·李福斯因爲寫書大肆抨擊總統傑拉德·福特，於一九九六年向福特總統道歉。這本書在一九七五年出版，書名爲《一部福特，而不是一部林肯》；當中提出證明文件來主張，福特總統特赦尼克森前總統是筆交易的一部分，並由尼克森的幕僚長亞歷山大·黑格做爲掮客。《紐約雜誌》的一篇文章摘錄該書內容，並配上一張傻瓜小丑在總統辦公室裡的照片，標題寫著：「各位先生、女士，這就是美國總統！」[46]

李福斯於一九九六年在《美國傳統》刊出文章道歉，標題寫著：「對不起，總統先生。」他還寫到自己的書：「但是那……沒必要這樣。福特總統做爲國家領導人，是有許多缺點，還有更多不稱職的地方，不過他畢竟是偶然當上總統的*，他已經盡他所能做到最好了。事到如今，糊里糊塗地度過了那段艱險時期，我們也明白了這一點。」[47]李福斯解釋，他現在相信福特當時要赦免尼克森才能好好治理國家，儘管他這麼做或許害他輸了選舉。他也認為自己的書用報導的語調來詈罵政治人物，而這股歪風持續至今，因此汙染了「民主信仰的源泉與我們的政治談話」。[48]該文以李福斯的悔過結尾：「我但願自己不要同流合汙，而且或許我會找出解決之道。首先，我要跟傑拉德．福特說，我知道他已經盡了最大努力，做好他認為該做的事了——『你已經贏得了我的尊敬，總統先生。』」[49]李福斯在他的書出版約二十年後進行道歉，顯示在這段期間，他深入體察了福特當年赦免尼可森的情境脈絡，也嚴肅反省了自己從事新聞工作的專業倫理。這種深刻反省的過程經常能使人產生智慧，進而決定為過往的冒犯行為道歉，就如同李福斯的例子。

接下來以教宗若望．保祿二世發表宗座牧函道歉為例。牧函中敦促：「羅馬天主教會應為了近兩千年來其教徒所犯下的罪孽懺悔……」[50]教宗同時發表意見，認為羅馬天主教會「不能不激勵孩子們藉由悔改過去的錯誤、不忠、善變、行動遲緩來淨化自我，就逕自越過新千禧年的門檻」。[51]他力勸教會「回顧歷史

＊尼克森因水門事件請辭後，福特未經選舉即接任總統。

上的每一個時代」，它的教徒「放縱自己的思想與行爲時，正是反見證與醜惡的形式」。[52]這個道歉僅是這位教宗一長串道歉的其中一項，收錄在《當一位教宗請求寬恕：若望．保祿二世的懺悔》一書中。若望．保祿二世撰述了洋洋灑灑共二十一項宣言，並請求寬恕（包含十字軍東征、女性、猶太人、伽利略、宗教裁判所、伊斯蘭、馬丁路德、黑手黨、種族主義、教廷的歷史、黑人等等），顯示他是一位富於思想的歷史研究者，也是代表教會成員來追隨道德典範的教宗，爲了教會曾經背離正道，致力於省察、承擔、悔改罪過。[53]

最後一個因爲反省從前作爲而選擇道歉的例子是，美國總統對於惡名昭彰的「塔斯克吉試驗」的回應。美國公共衛生部於一九三二至一九七二年間，爲了研究梅毒的自然演化過程——如何擴散與致死，暗中剝奪三百九十九名非裔美國男性獲得適當治療的機會。當局對這些男人承諾免費的醫療照護，將他們募集到教堂來，然而，他們卻從未得悉自己究竟有沒有罹患梅毒，就算有，也從沒獲得適當的治療。最後，二十八人直接死於梅毒，另有一百人死於梅毒併發症，甚至連部分孩子、配偶也遭到傳染。[54]代表受害者的集體訴訟於一九七三年結束官司，獲賠一千萬美金。

一九九六年一月，在塔斯克吉召開了一個委員會，商量如何回應外界對於正式道歉的訴求，並評估當今以人類爲受試對象的研究是否獲得足夠的保障來防止傷害風險（意思就是，所進行的研究能否證明是正當的，還有參加試驗的受試者是否確實清楚研究內容，並且自願參與）。[55]這個委員會聚集了塔斯克吉大學的學者、疾病管制中心的官員、歷史學家、梅肯郡公共衛生部的主管等。翌年，在國會黑人黨團施壓與大量媒體關注下，柯林頓總統終於正式道歉，距離該研究被揭發不道德並終止試驗已經過了二十五年。[56]

柯林頓總統雄辯激昂地致歉，而這個道歉同時也代表了美國的道德宣言。雖然這個道歉對於受害者來說相當有意義，卻不免還是褪色了，至少在我看來是這樣，而這有幾個理由：第一，我們不得不問，爲什麼拖了這麼久？前任總統還曾向二戰時期遭拘留的日裔美國人道歉呢；第二，道歉的動機是什麼？許多人仍抱持著懷疑態度，認爲這個「塔斯克吉道歉」是出於政治目的，說不定是柯林頓企圖爲下一屆總統競選爭取非裔美國人的選票才這麼做；最後，柯林頓總統是爲了別人的罪行道歉，不是他自己的，而這個國家卻曾經希望他能爲自己的不端行爲道歉。然而，就算柯林頓得到了我們所懷疑的全部好處，他——或他任內的其他官員——或許還是會提出這個道歉；因爲他確信，縱使這些試驗曾是公認的做法，仍然是不正當的。

蒙冤受害者仍然索討不得的道歉

世界上有些冤案早在幾十年、幾個世紀以前就發生了，卻至今仍在要求遲未來臨的道歉。譬如，我在第三章提過土耳其人坦承犯下亞美尼亞種族大屠殺的重要性；從東方的安那托利亞有超過兩百萬名的亞美尼亞人，被鄂圖曼土耳其帝國強迫流放，據信其中有三分之一於途中遭到屠殺，三分之一死於流放之後，只有三分之一倖存，這場屠殺被稱爲「當代第一起種族滅絕事件」，大約共有一百五十萬名亞美尼亞人被殺害（阿道夫．希特勒曾以這起事件爲前例，爲他往後的屠殺行動辯解，他毫不懷疑地說：「說到底，今天還會有誰談論亞美尼亞人被消滅的事呢？」[57]）。如今，離屠殺事件已經超過八十年了，我還是遇過許多在美國出生的亞美尼亞人，仍然爲這樁巨大的人類悲劇感到痛苦。他們渴望土耳其政府能明白承認當時發生的事：拒絕承認屠殺事件，就是拒絕承認他們的歷史和身分。[58]或許終有一天，他們的請求會得到回應，至少曾經發生的事會受到土耳其政府承認。

不像德國，日本則遲遲不願爲二戰期間加諸敵人的暴行表示歉意。日本的犯行包括南京大屠殺、偷襲珍珠港，以及恣意虐待來自西方國家的戰俘、強迫亞洲國家女性成爲慰安婦。隨著環太平洋國家日益發展，日本在經濟上亟需與這些國家積極建立貿易關係，而這也成爲另一股對日本施壓的力量，來要求他們向被害人道歉。

總人口數約四十萬人的澳大利亞土著爲了「土著過去幾個世代所蒙受的冤屈」，[59]要求當局正式道歉。這些土著是澳洲社會最弱勢的族群，從他們的平均餘命、嬰兒死亡率、健康與財務狀態便可見一斑。澳洲土著遭遇的種種暴行當中最廣爲人知的就是，長達幾十年來，他們的孩子被政府強行奪走，交由澳洲高加索人收養。這個國家也爲了是否應該道歉，產生了族群對立的問題。[60]

讓我們把目光轉回美國國內，自從越戰結束後，輿論開始質疑美國政府決定參戰的理由，並認爲這場戰爭非但沒有必要，還重創了我們的國家與越南的人民，批判聲浪愈來愈強。事實上，如今我們的老百姓確信，當時那些領導者矇騙了我們，五萬八千名美國士兵與三百萬越南人民也都白白犧牲了性命。在那場戰爭變得愈來愈慘無人道之後，許多美國的越戰退役軍人再也不受國內民眾歡迎。我相信可能就在幾年內，美國政府將因爲決定涉入這場長年苦戰，而被要求進行道歉。

雖然羅馬天主教會已經與猶太人民展開富有意義的和解，但是對於幾個世紀以來加諸猶太人的暴行，則尚未提出完整的道歉。從一九六五年的第二次梵蒂岡大公會議開始，教會就正式駁斥將耶穌釘死於十字架是猶太人集體罪過的想法，並且公開譴責反猶太主義。〈我們的時代〉寫道：「教會……譴責因爲反猶太人而在任何時候、由任何人所發起的仇恨、迫害與反猶太表現。」[61]從一九八七年開始，教宗若望．保祿二世至今仍是致力於和解的堅定提倡者。[62]

一九九八年，梵蒂岡針對納粹大屠殺發表一份外界盼望已久的文件，名爲〈我們記得：反省納粹大屠殺〉[63]許多羅馬天主教徒與猶太人都希望教會能爲長久以來傷害猶太人的歷史道歉，卻遲遲未能實現。猶太組織希望教會承認，對於折磨猶太人負有罪責的不只是基督教的異端群體，而是教會本身，還有隸屬教會的某些教宗。[64]猶太組織期望獲得類似萊茵蘭福音教會*在一九八〇年發表的聲明：「我們坦承自己與德國基督教徒一樣，在納粹大屠殺這件事情上犯下罪過，同樣必須負起責任。」[65]

另一個尚未等到道歉的例子，則是美國蓄奴制的受害者。非裔美國人為蓄奴制訴求道歉的行動，在一九九〇年代中期凝聚了浩大的支持力量。可是進行這項道歉，由於礙於各種原因而困難重重，相關議題也需要更多的討論，包括誰算是受害者、誰有立場出面道歉，以及如何在賠償的內容與範圍達成共識等等。[66]不過毫無疑問的是，蓄奴制是美國歷史上的一個汙點，也是對我們國家榮耀的質疑。在我看來，這至今仍是我們最重大的「未竟事務」。

＊萊茵福音教會是指德國萊茵河流經地區的基督教福音派統稱。

個人感想

自從第二次世界大戰結束以後，拖延了幾年、幾十年、甚至幾個世紀才終於實踐的道歉屢見不鮮，相當值得注意。我認爲保持開放的態度，並留心那些遲未付諸行動的道歉，對於蒙受冤屈卻未曾獲得道歉，以及遭受侵害而憤恨難平的人來說，意義十分重大。那些過去造成他人痛苦的冒犯者，特別是自己也深受內疚感、羞愧感折磨，或想要彌補破碎關係的人，無論已經過了多久時間，都應該想辦法去補償受害者。而那些曾經遭遇傷害，長期無法擺脫怨恨情緒糾纏的人，或許可以參考喬·佛雷澤的做法：主動要求道歉，並寬恕對方。面對親朋好友之間的衝突，我們若能提出明智的忠告，可能也有機會促成道歉。我確信本章提到的例子已經說明了，這樣的道歉將是滿足雙方情感需求的根源，同時具有深刻的意涵。如同我們所見，做爲這些道歉對象的人大都欣然接受，而且表示感激，並不會心懷敵意或拒絕。當然有些道歉還是會失敗，但原因我認爲多半是因爲道歉者只爲自己著想，或者沒能滿足前面章節描述成功道歉時所說的必要條件，才會導致失敗。

此外，比起個人之間的道歉，一個國家若要爲了昔日傷害其他種族、宗教、國家的罪行道歉，往往會遭遇許多更加複雜的挑戰。這種複雜的特質有部分是因爲，如今許多被要求道歉的人，甚至比那些歷史事件更晚出生，或是他們的祖先當時根本還沒來到這個國家。他們或許會說：「我是無罪的！」、「那又不是我的錯！」、「爲什麼我該道歉和賠償？我根本沒傷害那些人！」

另一方面，許多問題也一一浮現了：誰能代表這個國家發言？我們如何判斷誰有資格代表冒犯者與被冒犯者發言？誰來決定被冒犯者包含哪些對象？我們要如何衡量適切的賠償方式？然而，儘管這些問題都相當棘手，我還是確信道歉的過程終究能爲我們帶來希望，從各種角度來看，都會發現一切的努力其實相當值得，包括恢復尊嚴、修復關係、促進文明，以及在這個持續沉淪的世界上，惕勵個人與國家保持清楚的道德意識。

第十章 道歉是種協商

很多時候,
一段關係在嚴重的錯誤發生後還能繼續的唯一出路,
就是透過道歉來讓雙方都覺得有所收穫。

多年來，我對協商在人類的互動裡扮演怎樣的角色很感興趣，也研究這個主題。

我曾在一九七〇年代寫道，把許多醫病之間的互動視為「協商出來的交換」，是最傳神的。比方說，醫生和病人常常就哪裡出了毛病、健康問題的成因、治療目標、治療方法，甚至是彼此關係的本質而協商。我這說法和當時人們普遍的想法互相牴觸，或至少是取代了那種想法，也就是醫師永遠該掌握全局，而病人只應被動地跟從他的指示。[1] 如今，研究醫師如何問診的專家大都同意，用「協商出來的臨床實作」來形容醫病之間的實際關係是最貼切的，這種相處模式也最能為雙方帶來滿足感，並使得病人更願意遵循治療計畫。就我看來，道歉和醫病處遇有許多相同的重要特質。就像醫生與病人的互動一樣，理解道歉最好的方式，不是把它看成一方（冒犯者）對另一方（被冒犯者）做的某些事情、提供的某樣東西，而是雙方互相遷就，進而達成共識的過程，並且藉由這個過程來處理最初的問題。

道歉的時候，有很多事情是可以拿來商量的，譬如說：一、誰該向誰道歉；二、當事雙方對於過失的成因，各自要承擔多少責任；三、犯錯的人認錯的時候，該明確到什麼程度；四、是否能接受當事人爲了減輕罪責而提出的解釋；五、犯錯的人該表達出多少自責、內疚、謙卑、真誠；六、犯錯的人該承擔多少磨難；七、受害者是否能接受賠償條件；八、道歉的時機（何時道歉、道歉的頻率、雙方會談的時間該有多長）；九、受害者陳述自己所受痛苦的機會；十、要到怎樣的地步，受害者才會同意自己的需求已得到滿足，好原諒對方。透過協商得來的道歉所能達到的最佳成果，就是爲當事雙方帶來「雙贏」，而不是其中一方得付上一切代價的「零和賽局」。[2]很多時候，一段關係在嚴重的錯誤發生後還能繼續的唯一出路，就是透過道歉來讓雙方都覺得有所收穫，或至少讓他們最終覺得，透過道歉，自己得到的「夠多了」。

這類協商所包含的諸多議題，使得每次道歉都是一個複雜又獨特的事件，帶來的結果也不盡然符合大家原本的期待。在接下來的事例中，我會說明透過協商達成的道歉的各種面向，公開與私人道歉都包括在內。我想要證明的是，如果當事雙方都希望道歉發揮效用，用協商的概念來理解什麼是道歉，是很有幫助的。這些故事會分成三種類型來談論：一、個人對個人的協商；二、國與國的協商；三、公眾人物道歉時如何與擁護者協商。

個人對個人的協商

在第一個彼此協商、進而道歉的例子裡，被冒犯者是我的行政主管與行政助理，而我就是那個冒犯她們的人。雖然這兩位都直接向我彙報，我們工作時採用的是不分等級、彼此合作的模式，以履行醫學院院長的諸多職責。

某天工作結束，我正要離開時，我的助理告訴我，我們的例行活動進度大幅落後，像是排定撞期的約會，以及回應各式各樣的請求。我的主管、助理與我都同意隔天要提早上工，好在正式工作日程開始前「趕進度」。不過，隔天我卻忘了這個清晨會議，比大家說好的時間遲了四十分鐘才出現。我開心地向她們打招呼，但注意到她們倆繼續背對著我，含糊地吐出一句冷淡的「早安」。她們的態度馬上就提醒我這個約定，我再三道歉，因爲自己犯的錯而窘到不行（幾天後，助理告訴我，她從沒看過我這麼羞愧、無法直視她眼睛的樣子。她這麼告訴我的時候，一臉藏不住的興味盎然）。我想我的口頭道歉加上又羞又悔的肢體語言，應該夠贏得原諒了吧，不過這顯然是白搭（這個時候，雖然我一開始的道歉明顯失敗，可是我們已經開始協商了）。我領悟到自己需要去了解她們對這件事的想法，於是坐下來，好好聽她們訴說我的錯造成了怎樣的影響。她們從爲了提早上班而做出怎樣的犧牲對我說起，比方說我的主管告訴我，她得放棄清晨的瑜伽練習才能赴約。雖然我盡力在她們訴苦的時候，給予同情的回應，氣氛還是很緊繃（因爲我再三道歉還是不夠，所以協商還沒結束）。我的主管想要確認，我是不是故意忽視這次會議的。我則因此感到很受傷，她竟然覺得可能會有這種事情！同時我也納悶她是不是故意要惹我傷心（她要求我對於遲到做出解釋，這是協商的另一步。不過，我們還是沒有成功）。然後，我提議請她們兩個一起去吃午餐，好補償我的疏忽（我試圖提供補償，又踏出了協商的另一步）。她們拒絕了，還說這種活動只會更加推遲本該在早晨會議就解決的延宕事務（到目前爲止，我爲協商所做的努力全都失敗了——口頭道歉、表示羞愧、傾聽過失造成的影響、提出補償方式、向對方確保沒有不敬之意……都沒用）。最後，我在幾小時後又經過她們的辦公桌前，這時我的主管微笑著對助理說：「我想他應該受夠了吧！」（我們終於達成共識了，她們是想要知道我吃了多少苦頭）那天剩餘的時間裡，我們都在拿這件事來開玩笑。

幾週後，我向她們分別問道，對我們那次的互動感受如何。她們其中一人說：「既然你是老闆，其實你大可以說『眞的夠了喔』或是『我們就別管它了吧』，不過你就是鍥而不舍，直到我們覺得好點爲止。」另一個人說：「這些互動對我來說最重要的部分，就是你承認我們的個人時間和你的同樣寶貴，還有你不是故意失約的。如果你是故意不來開會的話，就會傷害我們互相尊重的關係了。」[3]

我認爲這次道歉是一次成功的協商，因爲雙方都互相讓步了。我以爲誠心誠意的口頭道歉足矣，但她們要求的更多，包括對遵守約定這個共同信念加以確認、確保錯不在她們身上、確保我很尊重她們的時間。這也是一個機會，讓她們有機會陳述我的過失給她們造成的損失，同時確認我足夠在乎她們，以至於願意提出實質的賠償，又證明這個過失也讓我很不好受。我已經仁至義盡了。如果我不做足這些功夫，我們的之間就會失去某些讓彼此的工作關係既有效能、又令人愉快的素質。

第二個談出來的道歉，發生在眾所周知的辛普森殺妻案審訊期間，在蘭斯．伊藤法官與地方助理檢察官克里斯多福．達登之間。伊藤法官指稱達登藐視法院，因為達登和辯方律師在法官席前爭論時，沒讓陪審團聽見。陪審團離開之後，伊藤引述了達登那些不敬的言詞，並強烈示意達登道歉。達登起初雖不情願，後來還是承認自己在庭上的回應可能「不太合適……我向院方道歉。我沒有不敬的意思」。[4]法官接受了達登的道歉，還表示：「我也為了我的反應向你道歉。我們認識好幾年了，我知道你那些回應不是出於本性。我也會從這個角度記錄這件事情。」[5]

伊藤法官命令地方檢察官達登道歉，可能是為了證明他是那個「做主的人」，並且陳明他感受到了怎樣的不敬行為。達登於是提出了一個很微弱、甚至滿失敗的道歉，聲明院方「看起來」是對的，而他的論點「可能多少有點不太合適」。即便是這麼敷衍的道歉，伊藤對於達登終究露出對法院的敬意，還是非常滿意。伊藤法官隨即宣布，自己是反應過度，也對達登要求太多了。他以向達登道歉結束了這次協商，並且指出達登平常不是像這個樣子的，來做為他對達登的補償（一般來說，是犯錯的人為了給自己辯解，才會說自己的行為「不是出於本性」）。伊藤的發言暗示了，他覺得自己對達登要求過高，以致毫無必要、不甚公平地侮辱了達登。

在這兩則故事裡，當事人都和對方擁有很好的工作關係。他們都想要及時恢復對彼此的善意跟尊敬，也都願意接受這樣的結果。他們都透過協商得到自己重視的東西。我認爲這種透過協商達成的道歉，在日常生活中經常發生，而結果通常是被冒犯者會有和伊藤法官一樣的感受。他們的確會想說：「我很感激你向我道歉，不過我其實也有錯啦。」

國與國的協商

國與國的協商和個人之間的協商，兩者的相似之處在於，當事雙方都想要在合理的時間內，得到「雙贏」的結果。只不過，一個國家對另一個國家道歉是很複雜的，除了處事通則、法律考量、文化、語言這些方面的差異，兩國又會各自牽涉到許多不同的當事人。接下來的四個故事就突顯出，這諸多因素加總起來造成的影響是很複雜難解的。

第一則故事的主角是美國格林維爾號潛水艇，他們在進行某次常態訓練任務的時候，撞沉了日本漁船「愛媛丸號」（這是一艘實習船），造成四名高中生和五名船員死亡。格林維爾號造成這次意外事件的機械操作，是一次緊急浮升程序，而這項操作很顯然是爲了秀給當時登艦參觀的平民看的。在針對這次事件的行政聽證會（有高階將領坐鎮的那種）總結的時候，負責指揮格林維爾號的史考特・華鐸中校因爲「怠忽職守」、「置艦艇於險境」，而拿到了一封出自海軍上將湯瑪士・法戈之手的「譴責書」。華鐸被革除潛艇中校職位，改去坐文職辦公桌。他自海軍辭職的時候不但得到光榮除役的頭銜，還得以保留退休金與其他優待。[6]

至於那些受難的日本民眾，想要從華鐸與美國海軍那裡得到什麼呢？根據來自日本、夏威夷、美國本土的多份報告，日本民眾，尤其是愛媛號事件的二十六名生還者，還有那九名罹難者的家屬，有四項訴求。首先，在意外發生之後，他們希望華鐸能立即進行致哀訪問。華鐸要去拜訪罹難者家屬的住處，親自向他們道歉。根據日本習俗，華鐸道歉時要表現得誠心誠意，還要身穿全套制服；第二，他們想要一個解釋，說明意外發生的原因；第三，他們希望打撈沉船還有罹難者遺骸；最後，他們希望華鐸受到合理的懲罰。[7]

意外發生之後，官方舉行了調查庭。受難者家屬與一名曾出席美軍聽證會的日本潛艇將領，對事發經過的解釋並不滿意，他們也對懲處不足感到失望。[8]就這次爲了道歉所做的協商來說，美國的回應在各方面都很不周到。雖然爲這次意外出面的是美國政府和海軍的領導人，他們也都透過親自出面或書面的方式道了歉，但是這並沒有滿足日本官員與受難者家屬的需求。他們希望道歉是來自肇事者本人，而不是假他人之手。

意外發生數週後，華鐸透過他的律師辦公室發表了堪稱道歉的聲明。「帶著沉重的心情，我要對日本人民表達最深切的遺憾之意，尤其最重要的，是因爲格林維爾號與愛媛丸號相撞導致的死傷人員的家屬們，」華鐸的聲明寫道，「對那些痛失所愛的人，沒有任何言詞足以合宜地表達我的哀悼與關切。我也爲家屬和他們所承受的巨大損失感到悲痛。」他又表示，他希望後續的調查能夠「答覆關於這次悲劇的種種疑問與尚未澄清之處……查明事發眞相是我最懇切的盼望」。[9]不過，這份道歉聲明沒有說服日本人。某個罹難者的兄弟評論說：「老實說，到這個時候了，我們甚至都還不知道信是不是他本人親自寫的（也就是上述這份聲明）。我們既見不到他，也沒聽見他說過一句話……這實在來得太遲了，看不到他的誠意。」[10]其他人還提到，華鐸並沒有在聲明中承認他對意外的責任，他們也很生氣軍方沒召開軍事法庭。此外，這些日本人還表示，華鐸受到的懲罰，「家屬絕對無法接受」。[11]

聽證會結束的時候，華鐸透過律師表示：「我要再次向受難者家屬表達誠摯的歉意，我也希望我方政府盡速、妥善處理家屬對美國的所有訴求。」[12]在意外發生將近一個月之後，華鐸終於和來到檀香山的受難者家屬私下見面。他對家屬深深鞠躬並且含淚道歉，同時承認自己應該對這次意外負責。他又帶著十三封給家屬的信件前往檀香山的日本領事館，再次鞠躬道歉，把信交給日本副首相。副首相表示：「華鐸把信親手交給我的時候，流下淚來……華鐸中校『說了道歉這個字眼，所以我也當他是在道歉來接受他的說法了。』」[13]

在法律調查程序展開之後，華鐸承諾會前往日本會見家屬，好對他們正式道歉。他說就算得親自划船他都要划過去。二〇〇二年十二月十五日，這次致命意外發生二十二個月之後，華鐸身穿便服，由律師陪同前往日本。他去罹難的四名學生就讀的高中參觀了事件紀念碑，又向另外四名生還學生道歉。他還在這所高中校園的土地上擺了一個白色百合花環，然後向爲了紀念事故全體罹難者所樹立的九根碑柱鞠躬。他照稿朗讀了一段訊息致意、念出每個死者的名字。他傾聽了生還者請求解釋的心聲，並送給他們道歉信。在這之後，美國海軍賠償了生還者、罹難者家屬共一千四百萬美金。[14]不過，日本人終究認爲美國政府和華鐸提出的條件不夠恰當。他們直到事發二十二個月以後，才得到肇事者的親自道歉，且華鐸道歉的時候也沒穿制服。

這次道歉的協商不成功，是因爲一開始華鐸中校拒絕爲九名日本公民之死承擔責難，也不願負責。還有，他直到事發二十二個月之後，才去日本跟罹難者家屬見面。華鐸指稱，是美國海軍不讓他進行道歉之旅的。[15]美國政府讓許多日本人大失所望，因爲這些日本人認爲事件的眞相似乎遭到掩蓋，且華鐸所受的處置過於寬厚。我也認爲美國應該要做得更好。不只是因爲在日本文化中，及時拜訪罹難者家屬和親自道歉是很重要的，這些事情在美國文化裡也很重要。

另一個國際協商的例子和美國與朝鮮有關。一九九四年十二月十七日，美軍直升機駕駛員、一級准尉巴比．霍爾在朝鮮空軍基地上方失事墜機，他的副駕駛員在意外中喪生。朝鮮政府要求霍爾和美國政府承認，這架直升機是在進行間諜任務。根據美聯社報導，美國官方當時不願和朝鮮過於對立，但也不想讓步太多。他們商量出一個不那麼冒犯人的說法，表示「對這件意外誠心感到遺憾」，並且會致力避免類似事件再度發生。[16]

朝鮮中央通訊社發表了一則據說是霍爾親筆寫下還有簽名的聲明。「我承認這次犯罪行爲無可辯解，也不能原諒。然而，我的父母與妻兒在焦急地等我回家。我只希望，而這也是我衷心所求，朝鮮人民軍能夠寬大爲懷，原諒我的非法入侵，好讓我能夠返鄉與家人再度團聚……我們深入朝鮮民主主義人民共和國領空的侵略行爲，嚴重違反朝鮮主權，同時公然違反了國際法。」[17]

不論這份聲明書是駕駛員因受迫而爲，還是其實是出自朝鮮政府手筆，我們都能看出協商的痕跡。這名駕駛員的行爲被稱爲「無可辯解，也不能原諒」的「犯罪行爲」，不過聲明書沒有承認霍爾當時在進行間諜任務。在這個道歉裡，美國承認得比自己期望的來得多，朝鮮得到的則比自己期望的來得少。不過這次協商已經夠令人滿意、足以讓這名失聯的駕駛員現身了。墜機意外發生十三天後，巴比·霍爾就被釋放。

第三則透過協商達成的道歉，發生在美國與中國之間，起因是一架美國偵察機和一架中國殲－8 I I戰鬥機對撞。這次事件發生在中國外海頗具爭議的領空裡，那架中國戰鬥機顯然對美國偵察機數次挑釁地逼近，最後終於撞上了美方的飛機，並且在兩機分離後墜海。年方三十三歲的中國飛行員王偉在事故中喪生，受損的美國偵察機則緊急迫降在中國位於海南島的軍事機場。機上二十四名美國機員安然無恙，不過全數遭到中國政府拘留。[18]

在隨之而來的談判中，美國政府想要達成的重要目標有：盡快撤回人質與偵察機，譴責中國在公海空域以挑釁的飛行方式尾隨美方飛機，以及維護美國在世界舞臺上的顏面。反之，中國政府想要的是扣留美國偵察機好進行更多研究、促使美國政府道歉、讓美國丟臉，並且確保在未來的日子裡，美國會和中國本土保持適當的距離。兩國協商的焦點是他們天差地遠的目標：中國要美國道歉，而美國想譴責中國。

中國政府的籌碼，是他們手中握有美國人質與偵察機。美國的優勢，則包括盟友的聲援（英國、法國、巴西、加拿大）、經濟制裁威脅、他們或許能左右中國申辦二〇〇八年奧運主的結果、對臺軍售案，還有艘小鷹號航空母艦可以駛向海南島海域。

最終，美國遵循了國務卿克林．鮑威爾提出的談判策略，把談判目標分成兩部分著手。第一個目標，就是讓全體二十四名美國機員平安返家，這對美國人民來說至關重要。第二個目標則是取回偵查機，並且繼續對中國的偵察行動。美國最終透過協商同意道歉，爲的就是要達成第一個目標。在雙方政府數度交手後，美國大使普理赫寫了一封致歉信給中國外交部長唐家璇，如下文所示；中國政府則把二十四名人質交還給美國。

> 敝人謹代表美國政府，簡述我國爲化解本次衝突事件所採取的措施。
>
> 布希總統與鮑威爾國務卿，對於貴國失蹤的飛行員與飛機，均表達真誠的遺憾。請您向中國人民與飛行員王偉的家人轉達，我國對於他們遭受的損失深感抱歉。
>
> 雖然事件詳情尚未得到釐清，根據我方消息，我國在事件中嚴重受損的飛機已遵循國際緊急程序，進行了緊急迫降。對於我方進入中國領空，以及飛機迫降時未明確進行口頭溝通，我國感到非常抱歉，但仍對於機組人員安全著陸至感欣慰。我國感謝中國政府爲了我方機組人員安好所付出的心力。
>
> 有鑑於這次悲劇事件，並基於敝人與貴國代表的討論結果，兩國已就下列數項舉措達成同意：我國與貴國均同意爲此一事件舉行會談；我國政府已獲悉，我

方機員將獲得允准離開中國國境，我國亦期盼此事能盡速進行。兩國會談將自二〇〇一年四月十八日開始舉行。會談議程包含了對事發原因的討論；對未來如何避免撞機事件提出建議；爲了該EP－3偵察機盡速返還我方事宜，擬定計畫；其他相關事宜。我國亦體認到，貴國政府意欲在會談中，就美國在中國鄰近區域進行偵察任務一事加以討論。[19]

這次中美兩國衝突的最終解決方案，涉及了一連串的談判，其規模遠不是這封寫給唐家璇的信所能盡述的。就美方來說，出面寫這封信的是外交大使，而不是總統或其他高階官員（中國一定會偏好從更高層級的官員收到這封「致歉信」的）。此外，美國承認中國損失了旗下的飛機與飛行員，還有美方未經同意就進入中國領空、降落偵察機。

然而，這封信並沒有認錯的意思，反之，它只是使用了語帶同理心的表達方式，像「深感抱歉」、「眞誠的遺憾」等等。

另一方面，中國政府把美國機組人員拘留了十一天之久，讓美國似乎有些不知所措。在那段時間裡，中方得以相當深入地研究美軍偵察機，而獲得關於美方的情報資訊。他們把美國帶有同理心的「深感抱歉」詮釋為認錯的表現，中國官方的新聞機構新華社就是這麼報導的。新華社指出，由於美方承認了外界的指責，再加上中國政府寬大為懷，使得美國人質獲得釋放。「由於美國政府已經對中國人民表示『深感抱歉』，」新華社寫道，「中國政府出於人道考量，已決定允准美方機組人員離開中國。」[20]中國國營的《人民日報》也做了類似的報導：「中國政府與人民堅決對抗美國的霸權，終於迫使美國政府改變了當初蠻橫不講理的態度，改口對中國人民說：『深感抱歉』了。」[21]

美國得到的結果不如預期，也就是中國立即返還他們的飛機與機組人員。中國得到的結果其實也不如預期，也就是比美國駐中大使更高階的官員出面道歉，還有美國接受他們的指責，以及美國停止鄰近中國海岸的偵查行動的承諾。兩方政府對於這封寫給唐家璇的信的措詞，有著大相逕庭的解讀。美國宣稱他們可沒道歉，中國則宣稱美國就是道了歉。

最後一個例子，是發生在美國南北戰爭爆發後第一年期間的「川特號事件」。這是美國與大英國協之間的一次外交危機。我把這個例子納入這個章節，是因為它讓我們能用一種歷史的觀點，來檢視國與國是如何透過協商來道歉的。

在這次事件中，指揮美國砲艇「聖賈欣多號」的查爾斯．威克斯上校，在哈瓦那東向三百英里處，攔截了英國郵輪川特號。威克斯的手下登上這艘郵輪，綁架了兩名南方聯盟的外交官與他們的祕書做爲人質，而這些外交官的任務是要宣告英國將參加南北戰爭、對抗北方盟軍。威克斯上校其人「出了名的桀傲不遜，脾氣又壞」[22]，北方聯邦政府當時並沒有授權他進行這項行動。此外，這次押走乘客的事件加上當時的背景情勢，使得當事兩國與其他國家最終都認爲這件事違反了國際法。

由於當時北方聯邦政府在內戰中居於下風，威克斯拘捕郵輪乘客、將其帶往麻薩諸塞州華倫堡的舉動，得到了高度讚揚：威克斯甚至得到麻州眾議院的表揚。同一時間，英國政府認爲這次事件「侵犯了英國國格」，是不能容忍的侮辱。[23]根據歷史學家高登．華倫所述，倫敦「陷入翻騰的怒火」[24]，英國人民都氣壞了。英國政府發出官方通知，要求美國政府釋放這四名南方聯盟成員，還要爲侮辱大英國協一事道歉。[25]英國又派遣軍隊到加拿大，好爲談判破裂時和美國開戰預做準備。

在大部分國際談判進行的時候，擔任各國領袖或發言人的好處在於，他們有機會聽取政府內部的多方意見，也能獲得來自談判桌對面的非正式情報。在諸多情資的幫助下，所有當事人都同意，避免戰爭才是上策。美國政府同意釋放人質，同時承認威克斯上校未經授權擅自行動。此外，美國也暗示各國目前正在商訂的海事法規，追根究柢，要歸功於前總統詹姆斯・麥迪遜早先的大力支持。雖然沒有正式道歉，不過美國政府的讓步，看起來盡到了道歉的意思。[26]

實際上，美國政府藉由撇清和這次過失的關係而保住顏面，並且在賠償對方的同時，免去了正式道歉。英國爲了保住了顏面，壓下了出兵行動，並且視美國的舉動爲合理的讓步。

公眾人物道歉時如何和擁護者協商

在接下來這個類別裡，需要去道歉的是一些公眾人物，因爲這些人的行爲舉止危及了他們在擁護者心目中的崇高地位。

第一個透過協商來進行道歉的公眾人物，是約瑟夫・埃利斯。他是得過普立茲獎的作家，也是曼荷蓮學院的歷史學教授。他的過錯是編造了自己參加越戰的經歷，還誇大他參與反戰活動的事蹟。埃利斯起初道歉的時候（見第五章），是透過律師發表的。他表示：「再好的人也會犯錯。對於我讓大家誤以爲我曾參加越戰，之後又出面證實這個假想，我深深感到遺憾。爲了這件事情，還有其他關於我個人生命扭曲不實之處，我想要向我的家人、朋友、同事、學生道歉……」[27]這次道歉有三個主要的瑕疵：埃利斯似乎沒有列出他冒犯的全部對象；他暗示了還有其他「扭曲不實之處」，但又沒有明說；他看起來一點也不謙卑。他的擁護者一定覺得這第一次道歉並不妥當，因爲他的律師在兩個月後二度道歉。在這次透過協商而再度進行的道歉裡，埃利斯教授又在道歉對象名單上，加入了越戰退伍軍人一項，因爲「這些人表現出來的怒氣，是可以理解的」，而且他很明確地說自己犯的錯是「說謊」，並且違反了「信任的默契，這在課堂上是不可或缺的」。[28]他又繼續形容自己的行爲「既愚蠢又不當」，還移除了那句厚顏的「再好的人也會犯錯」，以及那句引人入勝的註腳，也就是他還要「爲了這件事情，還有其他關於我個人生命扭曲不實之處」來道歉。不過這第二次道歉，可能又有兩個地方要冒犯人了：首先，他宣布自己要請一年的學術公假，去寫一本新書。這讓他看起來簡直像是因爲自己的所作所爲而得到的獎勵。其次，他是透過律師發表書面道歉聲明，而不是親自出面。是以綜觀這許多端倪，我懷疑他的第二次道歉在大部分人眼中，算不算得上是一次成功的協商成果。

接下來這則故事要從參議員川特．羅特的發言說起。他在慶祝參議員史壯．塞蒙百歲生日會上這麼致詞：「我想要對我所代表的州居民說：史壯．塞蒙參選總統的時候，我們投了他一票……要是其他國民也加入我們的行列，就不會發生這麼多問題了。」[29]媒體有數天都沒有針對羅特的發言加以評論，然後這件事情突然就爆紅了：報紙、雜誌、電視節目緊抓著這段帶有種族主義色彩的言論不放，因爲塞蒙早先競選總統的時候，曾經和某個贊成種族隔離的團體一起進行活動。眾人的推論是，羅特想要重返往日實行隔離政策的時光，而要是塞蒙勝選，就可以讓美國免於隔離制度取消後，所經歷的種族問題了。

羅特最終道了歉。他說：「我的用詞不當，使得某些人有這個印象，好像我在擁護已經被棄絕的過時政策。但這絕對不是事實。我也向任何一個遭到我的言論冒犯的人道歉。」[30]

我認爲這次道歉在許多方面都失敗了。首先，羅特告訴我們，他犯的錯是用詞不當，而不是他想表達的意思。這個說法令很多人質疑；第二，他道歉的對象是「任何一個遭到冒犯的人」，這讓人覺得有種可能，就是他的言論實際上只冒犯了少數人；最後，這次道歉幾乎看不到什麼解釋、悔過、賠償的意思，顯示了羅特沒把這件事放在心上。而他的言論引發的公憤也沒因爲道歉就平息了。兩天後，羅特在一次廣播訪問中，又用一份書面聲明再度道歉。

這回道歉的時候，羅特一再表示，他的說詞是：「思緒上出了差錯，而不是我的心意有問題……用詞極度不當又不夠敏感……對於它如此遭人詮釋，我感到很遺憾。」[31]

不久後，布希總統在對一群聚集了各族群的聽眾演講時，斥責了參議員羅特的發言。實際上，他還爲了羅特的言論向全國道歉。布希宣告，羅特的發言「未反映我國精神……任何認爲過去的種族隔離政策是可以接受的、是正面的政策這類言論，都是很無禮的，也是錯誤的……我國過去進行隔離政策的每一天，都是美國沒有忠於立國精神的表現。」[32]

以道歉而言，布希總統的演說十分有力。他視全國民眾爲被冒犯的對象來發表談話，清楚地說明了羅特踩到哪條紅線——「過去的種族隔離政策」——並且稱羅特在道德上違反了「立國精神」。藉由一次更爲適當的道歉，布希讓那個懺悔懺得笨手笨腳的人顏面盡失。這位總統不僅想藉由他優越的地位，來拯救他所屬政黨的尊嚴，也公開對全國表示，他對羅特的判斷力還有羅特是否致力實踐美國的理想，失去了信心。

數天後，在密西西比州巴斯卡古拉一場有電視轉播的記者招待會上，參議員羅特再度道歉了。他朗讀了一份事先預備好的聲明，並接受現場提問。這次道歉的重心集中在聲明的前幾段：「種族隔離政策是我國靈魂的汙點……我成長的時代所能接納的政策與觀點，現在大家已經知道是錯誤又不道德的事情……我會盡我所能，撫平我所造成的傷害。」[33]

從協商的觀點來看，顯然在布希總統與共和黨的關切之下，羅特不斷地加強他對民眾的說詞。然而，這次協商終究失敗了。一方面是因爲，羅特在事件剛開始的階段就失去了一切信用（他先否認犯錯，然後又爭辯自己是遭到誤解）；另一方面是總統也不支持他。要不是羅特之前已經露出「眞面目」，他這最後一次道歉很有可能會打動人心。他的聲明承認了「我所造成的傷害」，並誓言爲「打造一個所有美國人都有機會成功的社會」而努力。然而，他這次認罪聲明和他一開始傲慢的樣子，差距實在太大了。他也花了太長的時間、嘗試了太多次來彌補這個鴻溝。如果我們把道歉視爲一種協商，犯錯的人應該就可以避免落入這種境地，也就是在道歉開始之前，就把它給搞砸了。

對本章前述的那些透過協商達成的道歉來說，當事雙方的挑戰，是達成一個讓兩邊都能滿意的道歉。不過，接下來這則故事，顯示了和以上諸多結果相反的情況，也就是道歉在這裡變成了讓協商成功的工具。

小喬治．巴頓將軍公認是二戰期間，歐洲戰場上最成功的指揮官。一九四三年八月的時候，他在義大利西西里島的一間後送醫院裡，掌摑了兩名住院士兵。[34]這次事件足以讓巴頓站上軍事法庭的被告席，也幾乎使得他的上級長官德懷特．艾森豪統帥解除他的職權。

巴頓將軍在眾人口中是個性情浮誇、口無遮攔的人。他很容易發怒、愛擺姿態，又喜歡炫耀武功。對許多其他將軍（不在他麾下的），還有國會議員、媒體從業人員來說，他是個頗受爭議的人物。

在某次成功卻大耗人力的戰役結束之後，巴頓將軍前往戰地醫院巡視，與手下的傷兵見面。在其中一間醫院，他遇到一名看來毫髮無傷的士兵，與其他流血又殘廢的傷兵形成強烈對比。那個士兵向巴頓承認，他並沒有受傷，只是再也受不了戰爭的壓力了。巴頓氣壞了，罵這個士兵懦夫，然後命令他滾出帳篷並賞了他耳光。這個士兵在不久後發起攝氏三十九度的高燒，還同時染上痢疾跟瘧疾。[35]

還有一名士兵也在巴頓參觀另一座醫院時，被這名將軍的怒火波及。那時巴頓看到這個士兵在帆布床上發抖，就問他是怎麼一回事。而這個士兵回說：「我有精神問題。」巴頓氣得發抖，也罵他是個懦夫，還說他應該被槍斃。他接著打了這個士兵好幾個耳光，所用力道之大，連士兵的鋼盔繫帶都給打鬆了。那天第二次賞人耳光之後，巴頓對親信吹噓自己幹過的好事，還爲他的所作所爲辯解，說這些耳光是要激出這個士兵反擊的怒火。

這幾起事件很快就傳到艾森豪耳裡。艾森豪是個出色的軍師，大家都知道他與人交往十分謙和，個性又厚道。他遇上那些性格與自己南轅北轍的人，也不吝於妥協以達成共識。就人格特質來說，艾森豪和巴頓是兩個完全不同的典型。

艾森豪寫了封信給巴頓，命他向那兩名遭他掌摑的士兵道歉，還要向第七軍團旗下的所有師團道歉，且巴頓還要擔保不會再有這種事情發生。就在艾森豪收到掌摑事件的報告同時，好幾名記者已經聽到風聲，也透過非正式管道證實了這個消息，他們要求與艾森豪會面。艾森豪與記者相談的時候告知，他已經私下訓誡巴頓，也命令巴頓道歉了。他請記者不要發布這條新聞，好讓巴頓能繼續在戰場上效力。

艾森豪要求巴頓道歉，眞是神來之筆。這次道歉處罰了巴頓，也給他上了一課，還封住了記者的嘴。此外，那些士兵、醫療團隊、記者都因爲看到巴頓吃癟而得以滿足。此舉也「掩護」了艾森豪自己，因爲這讓他的上級長官看到，尤其是陸軍參謀長喬治·馬歇爾，艾森豪是在兢兢業業地履行職責。這次道歉實際上還解除了迫使巴頓除職的壓力，使得他能繼續加入接下來的戰鬥。

巴頓對自己掌摑士兵的行爲可是無怨無悔。他只因爲這事給自己找了麻煩，又疏遠了艾森豪而感到懊悔。他一心想的只有回到戰場，好確立自己是個偉大領導人物的歷史地位。「我對這件事情感到很後悔，因爲我不想惹艾克*生氣。我一心只想讓他高興。」[36]

至於巴頓寫給艾森豪的信，則是他在八月二十九號親自送給艾森豪的。這封信與其說是道歉，不如說是巴頓的申辯書。他首先向艾森豪的公平待人表達謝意，並且表示自己對造成艾森豪不快感到十分苦惱。巴頓解釋說，他打人唯一的目的就是要恢復那些士兵「對身為男人與士兵要擔當的義務，該有的合理評價」。[37]

從這封信我們可以再次看到，巴頓認為自己錯在惹艾森豪不痛快，而不在打了人。他不只解釋了為何出手賞人耳光——好減輕打人的罪過——也趁機自我辯解。根據巴頓的說法，這些耳光都是出於好意，是為了矯正這些士兵的品性。藉由一連串虛假的道歉，巴頓完成了艾森豪交付的任務。

總之，我們在此得到了一個毫無悔意，又充滿自以為是的辯解的道歉，而巴頓這種作風令很多人反感。這使得艾森豪十分為難，因為他可能得在國家在戰場上全心求勝的時候，把他手下戰功最彪炳的將軍解職，或送上軍事法庭。他在解職巴頓以外的另一個選擇，就是命令巴頓低頭，要他公開向大家道歉。這麼一來，艾森豪就可以向所有牽涉其中的人說，他已經好好處置了麾下將領。

不論是否出於真心誠意，只要能讓犯錯的人丟了面子，受害者又得以恢復尊嚴，道歉就能說是發揮作用了（甚至能說發揮得很成功）。巴頓後來的公開道歉

＊艾克（Ike），是美國士兵對艾森豪的暱稱。

就是這樣。因爲他低頭道歉，病人與醫療場所應該得到的尊重得以恢復。更重要的是，其他被冒犯的人——記者、議員、美國民眾——因爲看到巴頓受罰而心滿意足。在他們眼裡，正義得到了伸張。我們因此得到一個虛情假意的道歉，然而它還是達到了成功的效果。這次道歉可說是透過協商而來的懲罰。

了解「道歉即協商」的價值何在？

有一回我以道歉爲題做演講，在問答時間的時候，有個聽眾問道：「我曾經向一個朋友盡量好好道歉了，他卻說這很差強人意。所以，我們就斷絕了朋友關係。您有什麼看法？」基於本章所述的內容，我告訴這個聽眾，道歉就是在協商，而他其實剛給這件事起了頭。如果當時有更多時間，我會建議他，應該去了解被他冒犯的朋友想要什麼、需要什麼。「您要去追究，您是否眞的了解自己到底做了什麼。那位被冒犯的朋友有沒有機會告訴您，他（她）的感覺有多糟糕？他（她）是不是需要更多時間來了解這些事情？對方有沒有要求賠償呢？如果您提出賠償，條件又合不合理呢？您覺得自己有沒有放下身段、感覺很懊悔呢？您道歉的時候，有沒有表現出任何令人不悅的態度呢？」以上這些問題，都是雙方在道歉的時候可能可以商量的地方。只有犯錯的人不願意去做到受害者能接受的最低限度，這種時候，我們才能說道歉不管用。

艾拉札·巴坎在他的《國家之罪：對過往不公義的賠償與協商之道》這本書裡說道：「道歉不表示爭端已經解決了。但對大部分的情況來說，這是邁向解決的第一步。這也是協商過程的一部分，而不是說道歉就是令人滿意的結果。在很多時候，沒有道歉、要求道歉、拒絕道歉，都是協商的前置作業，也是一段可能耗時甚長的外交角力。而這其實顯示了當事雙方都有意願，也都有需要進入協商的階段。」[38]

第十一章 道歉與原諒

原諒的層次可能與冒犯情節的嚴重程度、道歉的品質、被冒犯者本身寬容的人格特質有關。

我發現有趣的是，這幾年來著述討論原諒的書籍與報導文章這麼多，相對地，探討道歉的反而很少，顯示人們普遍寧願原諒或被原諒，而不願道歉或接受道歉。但是，這種傾向是基於對原諒過程的誤解與理想化；根據這樣的觀點，當我們獲得原諒，通常就會認爲這種經驗是對方寬厚與仁慈的結果（無論是上帝或人）；我們覺得寬恕是一種禮物，使我們解脫罪惡與羞恥的雙重壓力。再者，如果是由我們來原諒，我們便會對於自己寬恕犯錯一方的寬大行爲感到得意，因爲我們有權力原諒，而且我們仁慈地行使這項權力。此外，好像前述的好處還不夠似的，行爲心理學家如今甚至告訴我們，原諒能夠促進個人的身心健康。[1]而關於這個主題，其他嚴肅論著告訴我們的卻與這個理想化的觀點恰恰相反，他們認爲，原諒事實上極其困難。我將於本章舉例說明，許多人無論如何也無法原諒，或只有在對方進行深刻的道歉並強烈請求原諒的情況下，才願意寬恕對方。

相較之下，道歉的過程的確被認爲是艱鉅的工作，雙方都必須參與互動，而這可能相當令人感到不自在：冒犯的一方站在懇求原諒的立場，必須暴露自己脆弱的一面，並承受遭對方拒絕或報復的風險；被冒犯的一方或許會爲對方的羞愧態度感到尷尬，或不願意拋開一直以來重視的憤恨情感，甚至不願承認受到傷害。因此，從提出道歉、彼此協商，到接納道歉的整個過程，都可能對雙方造成情感傷害。如果要在看起來愉快美好的原諒，與艱難且過程往往令人不快的道歉之間選擇，誰不喜歡原諒呢？我將在這個章節證明，我們無法在道歉與原諒之間二擇一，因爲兩者的關係密不可分，環環相扣。

道歉、悔罪、原諒

雖然本書主要探討世俗的關係，但是本章我會將討論的重心轉向各種宗教傳統，因爲這是面對道歉與原諒時，帶給我們豐富心靈智慧的源頭。我們會發現宗教裡所談論的道歉，幾乎都與「悔罪」有關，而「悔罪」其實與道歉緊密相連，也經常被當做道歉的同義詞來使用。就像我在本書已經解釋過的，道歉要先承認冒犯行爲，接著表達自責，通常還要表現羞愧，並進行賠償。「悔罪」，在猶太教、基督教、伊斯蘭教當中，指的是棄絕邪惡與罪惡，回歸正道或信仰上帝，並非只是因爲某一項罪惡，而是因爲罪孽深重的生活方式。[2]這種棄暗投明的行動，可能是由於突如其來的影響，像是改變信仰，或由一連串修正路線的微小行動所推進。[3]誠懇道歉可以視爲悔罪的證明、途徑或行動。

宗教權威普遍以類似或如同第四章、第五章描述的道歉用詞來形容悔罪的過程。譬如，十二世紀的猶太學者邁蒙尼德詳細列舉了悔罪的步驟，包含懺悔、謙卑、自責、自制、賠償，這些行爲同樣可以運用在道歉。[4]當代基督教學者兼哈佛神學院教授哈維·寇克斯，提出悔罪必備的四項要素：自責（承認造成傷害並爲這種行爲誠心感到抱歉）、決心（決意不再重蹈覆轍）、賠償（採取謙和的行動來修補損失）、復原（「與人類共同體完全整合」）。[5]首先，我將證實眞誠道歉與邁蒙尼德、寇克斯論著中的悔罪密不可分，接著就會於本章交替使用這些語彙。要牢記在心的是，通常在宗教語境的脈絡中使用的是「悔罪」，在世俗語境的脈絡中使用的則是「道歉」。

原諒可以指涉三種不同的關係：雙方在人際上或社會上的原諒、他或她的個人原諒，以及上帝的寬恕，本章主要探討雙方之間的原諒。雙方間發生原諒的含意一般都是指，被冒犯者或受害者放下對於冒犯者的積怨、敵意、苦楚、憎恨、氣憤的過程。此外，原諒的人也要放棄報復、報仇、索求賠償的願望或計畫。有些作者將悲憫、寬大，甚至愛冒犯者，也包含在原諒態度的定義裡面。[6]因此，原諒不僅是認知過程，也是情感過程，而且是受害者面對犯錯的人時，心智上與心靈上發生的一種轉變。再者，原諒是一種自發的過程，誰也沒辦法勉強受害者這麼做。原諒與遺忘不同，一個人要能記得冒犯行爲，才有辦法原諒。原諒也和「赦免」不同，後者是一種可能會減輕冒犯者所受法定責罰的行政行爲。教宗若望·保祿二世原諒了試圖暗殺他的人，但他並沒有建議特赦來減輕他的刑期，因爲這應該留給當局來判斷。

原諒的層次也可以有各種情況，所以即使決定原諒的人感到精神煥然一新，能以同理、關愛、寬厚的正向情感看待對方，他們也可能同時懷有殘餘的怒氣與痛苦。原諒的層次可能與冒犯情節的嚴重程度、道歉的品質、被冒犯者本身寬容的人格特質有關。

道歉（悔罪）與原諒間的關係

我爲了清楚說明道歉與原諒之間的複雜關係，就將它們交互作用的模式區分成四類，特徵明顯，眾所周知：一、沒有道歉，仍然原諒；二、無論道歉與否，都不原諒；三、先原諒，後道歉；四、先道歉，後原諒。我想這些分類就足以涵蓋人們關於道歉與原諒的想像。有些人會明顯表現出某項分類的特徵（如：「我永遠不會原諒」或「我一向原諒」或「我只有在獲得道歉後才原諒」），而有些人視冒犯者與冒犯行爲的性質而定，在不同的情況下依據任一項分類去回應。每項分類都各自與世俗或宗教的教義與實踐有關。

一、沒有道歉，仍然原諒

我們都聽過被冒犯者沒有獲得道歉就原諒的這種情況，就算現實生活中在自己或朋友身上未曾發生過，也可能在報紙上讀過描寫這種特殊或高尙行爲的文章，而它們在互動上會有各種情況。有時候是冒犯者不願承認顯而易見的冒犯行爲，有時候是冒犯者認爲自己有權利那麼做，而所謂的「被冒犯者」也活該遭到所謂的「冒犯」。還有一些情形是，冒犯者可能已經去世了，或行蹤不明；這種互動情形在日常生活中常見的例子是，兒時遭受雙親虐待的成人在達成和解之前，父母就去世了。在這兩種情形下，受害者選擇原諒是爲了從怒氣、憤恨和積怨中解脫。另外還有一些情況是，被冒犯者藉由「原諒」來避免聽到那些太過痛苦而難以承受的道歉，或是想要躲避掉那些會迫使他們重新接受或鞏固這個其實他們不想要的關係的道歉。

在這種沒有道歉的情況下，不太可能達成和解。被冒犯者其實是在說：「我已經不恨你了，有時候甚至希望你過得好，但是我不要你回到我的生活，也不願再想到你，因爲我沒辦法信任你不會再次傷害我。」我們將這種互動模式稱爲「沒有道歉，仍然原諒」；或者他們也可能是在說：「你活著的時候把我害慘了，現在你進了墳墓，我可不會任由你繼續折磨我。我會試著記得我們之間比較美好的回憶，願你安息。」

「沒有道歉，仍然原諒」背後的涵義，比起一開始表面上看到的還要複雜。想想以下的觀點：第一，一個道德評論家可能會主張，沒有獲得道歉就輕易原諒對方的罪過，無異是在強化不道德的行爲，因爲冒犯者再怎麼惡行惡狀也不會受到制裁；第二，無論索求道歉或接受道歉，被冒犯者都想避免與冒犯者對質時，可能產生的不愉快，因此，儘管道歉對於恢復關係有其必要，或許還是寧可選擇「沒有道歉，仍然原諒」；第三，原諒了他人，卻不讓對方知道自己已經獲得原諒，這種行爲可能會被認爲是自我中心。原諒者只關心他或她自己，而這種原諒只事關一人而已。簡言之，除非冒犯者已經亡故，否則，「沒有道歉，仍然原諒」，或許只是逃避棘手處境的捷徑，卻會錯失解決許多問題的機會。

二、無論道歉與否，都不原諒

我們要如何來理解那些不顧對方道歉並堅拒原諒的人？對誠心道歉的人來說，當對方無意原諒，我們或許會感到困惑、挫敗、沮喪、被拒，甚至受辱。此時，我們應該先反省自己的道歉哪裡不夠周到，或是否帶有侮辱的意味。我們經常會看到出師不利的道歉，而道歉失敗時，我們應該自問，是否確實滿足了被冒犯者的重要需求；如果這個方法也無法解釋何以道歉失敗，那麼，我們就可以有技巧地詢問被冒犯者，爲什麼他或她還是覺得生氣或受傷，對我們的態度一點也沒變，而且我們確信自己這麼解讀他們的反應，並非無憑無據。

拒絕原諒的癥結或許不在道歉本身，而在於原諒對被冒犯者的意義。譬如，原諒可能會使被冒犯的人產生各種恐懼，他們害怕自己顯得脆弱、讓步投降、被認爲很好搞定、容易被占便宜、太輕易放過冒犯者等等。被冒犯者不願承認冒犯者有能力傷害自己，可是原諒就相當於承認對方辦得到。被冒犯者甚至還會藉由否認確實發生過的冒犯行爲，來逃避不得不原諒的窘境，他們會說：「你沒必要道歉，那沒什麼，根本就沒什麼好原諒的。」

就如同原諒使某些人感到脆弱，懷恨在心則會使某些人感到強悍，在雙方還沒達成一定的共識之前，被冒犯者都有權繼續主宰對方。或許是因爲，隨時能提醒冒犯者的缺陷令人感到快意；又或者，被冒犯者認爲冒犯者吃的苦頭還不夠，因此保留原諒的權力，直到雙方扯平爲止。另一方面，拋開宿怨並原諒對方，可能也意味著，如今這段關係已經恢復，過去所有的嫌隙與不滿全都煙消雲散了。

拒絕原諒的另一個理由可能是，被冒犯者覺得冒犯情節太過嚴重，以致不管對方再怎麼道歉都無法原諒，再怎麼賠償也不可能彌補損失，像是損害個人的名譽、造成無法挽回的身體傷害、摯愛的親友喪生等等。若是在第三方受害的情況下，被請求原諒的一方或許會覺得，他或她沒有立場或道德權力來原諒；舉例來說，蓄奴制、種族屠殺，或其他第三方受害事件，其損失之慘重，規模之龐大，使得我們相信，只有受害者本身，或是上帝，才有權力寬恕。

總結人們獲得道歉卻拒絕原諒的理由：第一，道歉未能滿足被冒犯者的需求；第二，原諒會使被冒犯者感到脆弱，而懷恨在心則會使被冒犯者覺得強悍；

第三，冒犯情節太過嚴重，以至於無法原諒，或者是原諒與否，只能交由受害者本身或上帝來決定。

三、先原諒，後道歉

道歉與原諒的第三種關係是，被冒犯者率先原諒了，或至少原諒了一部分，同時期望對方能夠跟進，表示悔罪。基督教神學家果戈理．瓊斯從宗教的角度來描述這個情況：「……我們的罪過獲得原諒，因而我們得以透過一生的悔罪與寬恕，來學習變得聖潔。」[7]換句話說，原諒犯罪者能夠促使悔罪。瓊斯還補充告誡：「……那些看起來簡直不可思議的事——所謂不可思議的事也就是說，要找到那種執迷不悟的基督徒；他們以爲不用付出任何代價，就能獲得上帝的寬恕——其實一向存在，而且繼續過分頻繁地發生。」[8]基督教神學家兼前協和神學院院長唐諾．施李福也同意以這個觀點來看待原諒與道歉的關係，他認爲原諒與和解的行爲「也同時鋪就了走上悔罪的道路，原諒、和解、悔罪如同八股交纏的繩索。獲得寬恕的一方，以悔罪、以心存感激，不用再擔心遭到報復；以同理心理解受害者蒙受的苦難，並懷抱著可能和解的希望，來呼應這份寬待」。[9]施李福提醒我們，原諒如同其他人事的轉變，是需要時間的。

如果我們將神學的命題，推論到世俗生活的普遍行爲上；那麼，一個受到冒犯的人就有機會暫且撇開怨憤與復仇，以比較積極的方式維持關係，同時仍然譴責冒犯者。而承認自己感覺受傷，又不故做同情與假裝親熱，也是可行的。這種部分原諒、或姑且原諒的做法，使被冒犯者得以要求冒犯者負起責任，同時也給後者機會道歉，並維持這樣的形勢。我稱這是「部分」原諒，是因爲對冒犯者而言，它無法將冒犯行爲的負面影響完全轉化成正面感受，這點與「完全」原諒不同。

我們在國際上與國內的群體之間，都會看到這種「先部分原諒，後道歉」的關係。德國於二戰慘烈戰敗後，受到同盟國寬待與尊重，而仁慈的部分原諒在往後幾十年內，經由德國展開意義深遠的悔罪宣言與大量賠償，終於獲得回報。在南非眞相與和解委員會中，只要政治犯願意以托出犯罪活動的實情做爲交換條件，他們的一切犯行便會受到赦免，包括大規模殺人。其中，有些政治犯接著馬上就道歉，此時有些受害者親人在得悉摯愛生前的遭遇後，隨後也原諒了他們做爲回報（見第三章）。

在家庭生活中，這類原諒最常見的例子，就是父母與青少年子女之間的關係。青少年子女正處於漫長而麻煩的叛逆期，而我也曾幾次見過這些父母感到受辱、憤怒、無助、挫敗、甚至憎恨的激烈情況；經歷過這一切後，他們會傳達某種程度的寬容、愛與原諒，這也是他們等待了幾個月、幾年所盼望的——成熟的證明。就我所熟悉的各種情況看來（包括我們家自己的例子），道歉與和解終究會發生。北方的緬因州同胞安慰了我們，他們說：「總有一天她會離開那座傻瓜山。」*通常這些青少年有了自己的孩子後（但願是再過幾年啦！），他們終於體會到當年自己加諸父母的同樣折磨，就會回過頭來展開意義深重的道歉。而他們的父母也會因爲看見孩子經歷自己忍受過的辛苦，獲得某種滿足感（應報正義），這種現象稱爲「爺爺奶奶的復仇」。

有關「先原諒，後道歉」，我要舉出三個例子來說明，而我認爲這三個例子都暗示了原諒與道歉之間，存在一種因果關係。第一個例子是一九九三年，史蒂文·庫克控告主教約瑟·伯納丁在一九七五至一九七七年間某個時候曾性侵他，而庫克當時是個才十幾歲的神學院學生，這位主教則是辛辛那提市的樞機主教。[10]庫克同時提起訴訟，對這名主教與該轄區的其他神職人員求償一千萬美金。而主教則否認這項指控，同時明確表示他覺得羞辱、委屈，而且感到非常受傷。聯邦法官駁回這項指控，庫克先生也撤銷告訴後，主教便安排與庫克見面。一開始，主教告訴庫克，說他請求會面是爲了「私下讓他知道，我對他一點也不記恨，由此結束去年冬天那件令人痛苦的事」。[11]他還說會爲庫克祈禱，祝福他身心安康。隨後庫克便爲傷害主教、令他難堪而道歉，主教覺得這個道歉「坦率而直接，深深令人感動」。[12]他交給庫克一本《聖經》與一只聖餐杯，庫克也含著眼淚收下了。後來主教表示：「我從事神職四十三年來，從未見證過如此意義深重的和解。」[13]他又告訴庫克：「……每一個家庭當中都會有彼此傷害、發怒、疏遠的時候，但是我們不能因此背離我們的家人。我們只有這麼一個家庭，所以我們必須盡一切努力來重修舊好。」[14]兩人道別前，庫克告訴主教，「他卸下了一直以來背負的重擔。他感到獲得救贖，內心平靜。」[15]

第二個例子是一名凶殺案被害人的母親，以對方悔罪爲條件，原諒了其中一名凶手。一九二二年，三名右翼恐怖分子暗殺了猶太裔德國國家外交部長瓦爾

* Some day she'll get over fool's hill.的直譯，意爲「總有一天她會明白過來」。

特．拉特瑙，外界普遍認爲反猶太主義是這起謀殺的原因。兩名恐怖分子被逮捕，並於受審前自殺。剩下的那名恐怖分子是一個名叫恩斯特．韋納．鐵賀修的男人，二十一歲，來自一個顯赫的家族。他被親戚送交當局後，接受審判，被處十五年徒刑。[16]謀殺案發生之後幾天內，拉特瑙的母親就寫了下面這封信給鐵賀修的母親：「……告訴妳的兒子，我會以他所殺害的『他』（指拉特瑙）的名字與精神，來寬恕他，正如上帝會寬恕他那樣，只要他肯在地上的法官面前完全而坦誠地懺悔、在天上的法官（指上帝）面前悔罪……願這些話語能給妳的靈魂帶來平靜。」[17]而這段話也在法庭上受到宣讀。

過了五年，鐵賀修因爲表現良好而假釋出獄，他旋即向法國外籍兵團應募從軍，於一九三四年入籍成爲法國公民，因爲幾項戰績而獲頒勛章，其中包含逮捕二十四名納粹分子。他還待在外籍兵團的時候，遇到了拉特瑙的姪子並告訴他，那封來自拉特瑙母親的信是他最珍視的寶物。據鐵賀修本人表示，因爲這封信，他在獄中開始閱讀拉特瑙的著作，假釋出獄後，又研究希伯來語並成爲猶太文化學者。接著他才認識到，納粹用謊言來爲殘暴對待猶太人的犯行藉口開脫，並了解到自己被同樣的謊話給迷惑了。他談到行刺過後的十八年來，他的內心爲了自身靈魂的罪惡痛苦掙扎。鐵賀修還告訴拉特瑙的姪子，說他是多麼欽佩拉特瑙女士，因爲她寫了那封信給他的母親，才給他帶來了希望，使他有機會爲已犯下的罪行，彌補一些傷害。一九四〇年，法國與德國休戰後，鐵賀修從外籍兵團辭職，想辦法到了馬賽，並在那裡幫助超過七百名猶太人逃亡到西班牙。[18]至此，拉特瑙女士的寬恕終於結出無價的果實。

最後一個例子則是來自維克多．雨果《悲慘世界》的一段前面章節，在這部法國經典小說中，故事的主人翁尙萬強因爲偷了一條麵包又屢次越獄，被判入獄服刑十九年後才獲釋出獄。[19]獲釋後沒多久，他經歷了一段艱苦的日子，之後便在某位主教家借宿一晚，並趕在拂曉前離開，帶走了主教的銀器。主教在家用過早餐後，三名憲兵與尙萬強出現在門口，顯然尙萬強告訴了這些執法者，說這些銀器是主教送的。而主教也爲尙萬強的辯詞作證，並告訴他，除了那些給憲兵找到的銀器，自己還想送他銀製燭臺，但他忘了帶走。隨後主教親手將燭臺交給尙萬強，並送他離開，臨走前還不忘叮嚀他：「別忘了，永遠也別忘了你向我承諾過要善用這些銀器，成爲一個正直的人……尙萬強，我的兄弟，你再也不會沉淪罪惡，而是回歸良善的懷抱。我要爲你贖回的是你的靈魂，我要將它帶離邪念與自甘墮落，並且，我將它交給上帝。」[20]這本書其後展開了尙萬強悔罪的故事，他成爲工廠主人與市長，收養了一個年幼的私生孤女，並立志幫助有需要的人，也準備好爲道德理想犧牲自己的性命。

這三個例子都說明了，原諒會發生在道歉之前，而且可能促成道歉：前神學院學生史蒂文．庫克，在收到那封原諒他不實指控主教性侵的信後，向伯納丁主教道歉了；暗殺瓦爾特．拉特瑙的恩斯特．韋納．鐵賀修，獲得拉特瑙母親附帶條件的原諒後，以解救七百名猶太人逃離納粹滅絕的方式，來作爲補償；尙萬強用一生彌補罪過，來回應主教對他竊取銀器的寬恕。

四、先道歉，後原諒

道歉與原諒的第四種關係是，原諒絕對要以道歉（悔罪）爲必要前提，這也是猶太思想的基本信條。此外，被冒犯者須將冒犯行爲告知冒犯者，如此一來，後者才有機會回應；一旦冒犯者悔罪了，就要予以原諒，猶太思想認爲這是必然的結果。許多基督教思想家也持類似的觀點，認爲悔罪是原諒的先行條件，舉例來說，於一九四五年在集中營遭納粹殺害的路德教派牧師迪特里希．潘霍華就曾據理力爭，反對「佈道家鼓吹不必要求悔罪就原諒」。[21]他稱這種原諒是「廉價的仁慈……形同爲罪行辯護卻不爲悔罪的罪人辯護」。[22]

要求先道歉、再予以原諒，在世俗社會中是很常見的事。我們怎麼能原諒背叛我們信任又沒道歉的人？當他們不認錯、不後悔、不採取某種方式補償，我們怎麼可以再信任他們？在這種情形下原諒他們，豈不就棄守了我們的道德權威？不要求對方道歉就輕易原諒，豈不是在爲他們對我們施加的惡行辯護？

如果沒有事先得到道歉，有些人就會拒絕原諒，甚至似乎是在心理上無法原諒，儘管他們也知道，某種程度的原諒能幫助自己從畢生的憤恨中解脫；儘管他們的牧師建議，他們信仰的宗教宣揚寬恕的重要性。我大膽估計，美國甚至全世界當中，對於某些冒犯行爲心懷怨恨，而且沒有獲得道歉前絕不原諒的人，占了相當大的一部分。而我將這種現象視爲人性的實相。

爲什麼我們要求對方先道歉或悔罪才願意原諒？這樣要求的根本原因是，道歉能夠滿足被冒犯者的心理需求，修補已然釀成的傷害，並治癒了無法自然痊癒的傷口。我們已經在第三章看到，道歉能恢復被冒犯者的尊嚴、確保雙方共享相同的價值系統、確認被冒犯者的安全、向被冒犯者顯示冒犯者受到懲罰等等，此外也能滿足其他幾項需求。當這些需求獲得滿足，被冒犯者則不必勉強他或她自己去原諒。原諒是自發的過程，毫不費力；被冒犯者突然就放下了怒氣、憤恨與復仇的打算，而且通常會即刻對冒犯者湧起同情與積極的感受，來回應這份一般認為這是——「道歉的禮物」。

艾瑞克．羅麥斯的《心靈勇者》[23]中，隨著道歉而來的原諒就闡明了這種自然療癒的過程。這本書描述他自己於二戰時期在桂河淪為戰俘，以及戰後試圖克服人生困境的個人經歷。這個故事顯示，儘管羅麥斯除役後努力想過正常的人生，他還是為仇恨所吞噬、為報復費盡心機，直到他獲得那個日本情報官道歉，而那正是羅麥斯認為應當為他的苦難負責的人。他們見面當時，距離羅麥斯重獲自由已經過了將近五十年，兩人也都七十多歲了。

羅麥斯是蘇格蘭人，加入英國陸軍時才二十歲，他在新加坡遭日本軍隊俘虜後，被監禁了三年。他在戰俘營時，被派去建造桂河大橋附近的鐵路。有一次，羅麥斯與其他軍官祕密製造了一臺收音機，來獲得外面世界的一些最新消息。這臺收音機後來被發現了，還被當做懲罰他們的工具，羅麥斯和其他人遭到痛毆、折磨。

接著，羅麥斯像動物一樣被裝進籠子，那是一個五英尺長、五英尺高，與兩英尺半寬的囚籠，他在裡面連著好幾天遭受毆打、酷刑、情緒虐待。他開始憎恨那些俘虜他的人，而且尤其痛恨那個情報官，他在刑求一開始就宣稱羅麥斯馬上會被弄死。但是，羅麥斯撐過了那些酷刑，而且被送去坐牢。

戰爭結束後，羅麥斯回到蘇格蘭的家鄉，卻發現母親在他服刑時已經亡故，而父親則已再婚。羅麥斯自己也結婚了，但他很快就意識到，自己變了一個人，而他的人生也因爲蒙受折磨與監禁而發生了重大的轉變。於是他封閉自己的情感，一遇到衝突就退縮在冷淡的怒氣中，發展出「陰險、搪塞、麻木」[24]的性格，就像他受俘期間所習慣的那樣。他體驗到冰冷的狂怒、無聲的敵意、情感退縮、逃避接觸，而且無法忍受親暱的逗弄。他一再做噩夢，夢見自己又被監禁還挨餓，感到呼吸困難。他的行爲令旁人困惑並受到驚嚇，也怪不得會導致他在一九八一年離婚。

在那些年期間，羅麥斯時常幻想他在折磨他的日本人身上施加報復，他特別鎖定那個情報官，想把他關進籠子，毆打他、淹死他。然後，他意識到自己想弄清楚，在被俘期間，自己身上究竟發生了什麼事，好來「爲往事建構一份無可磨滅的歷史記錄」。[25]

羅麥斯在一九八二年退休後，想弄明白怎麼回事的渴望變得更加激烈。他想了解事情來龍去脈的意志，帶領著他展開了追查行動。他寫道：「就像從破布、褪色檔案、屍骸、鏽釘子等等殘餘證物，去嘗試重建一個連貫的故事。」[26]或許他認為弄清楚這些細節，就可以幫他找回遭監禁以前的某些自我。或許他可以想辦法報復，尤其是針對那個成了他「祕密執念」的情報官。[27]他覺得某種程度的自我封閉，對於支持他在情緒上撐過去是必須的。他注意到：「如果你的過去是一堆傷痛的記憶與氣憤的恥辱，而未來也只是處心積慮要復仇；那麼，要別人幫你去勉強接受過去是不可能的。」[28]

一九八九年，羅麥斯在《時代雜誌》日本版讀到一篇關於永瀨隆的文章，正是那個他念茲在茲的情報官。羅麥斯立刻從報紙上認出永瀨隆的照片，而這篇文章敘述了永瀨隆如何悔罪，提到他如何試著彌補日本虐囚的罪行。永瀨隆為曾經服苦役的倖存亞洲人設立慈善基金會，在埋葬同盟國戰俘的墓地上放置花圈。儘管如此，羅麥斯一想到他害慘了自己一輩子，就還是想要摧毀他，他解釋：「我想要親眼見到永瀨隆痛苦的樣子，這樣我才能好好過自己的人生。」[29]

羅麥斯對於自己可以出其不意地逮住永瀨隆，感到相當亢奮，因爲他根本不曉得羅麥斯還活著。得悉永瀨隆的身分與居住地後，「我處在一個這樣強大的地位：只要我想，我就可以伸出手去碰他，眞正去傷害他。從前無論何時，我一想到他和他的同黨，就覺得軟弱無助，如今痛苦的這些年都可以就此抹消了」。[30]他取得一本永瀨隆寫的書（並翻譯成英文），裡面描述到當時沒收收音機後毒打他們的事，而永瀨隆在書中表示，自己看著羅麥斯被毆時感到多麼羞愧。他也說到自己在墓地爲七千名同盟國士兵祈禱後，覺得彷彿獲得了寬恕。如今，永瀨隆成了佛教徒，他於一九六三年在桂河大橋旁建好寺廟後，也曾回到泰國不下六十次。羅麥斯透過這名情報官的眼睛來觀看自己的故事時，不禁疑惑，永瀨隆是否眞的發自內心感到懊悔。

對於永瀨隆說他覺得受到寬恕，羅麥斯思索：「上帝或許原諒了他，但我可沒有；純粹的人類原諒完全是另一回事。」[31]因爲羅麥斯有這麼多的問題想弄個明白，於是，羅麥斯的妻子徵得丈夫允許，於一九九一年十月寫信給永瀨隆，建議他們兩人見個面。她寫道：「永瀨先生，如果您說的這位前遠東戰俘還沒原諒您，那您又怎麼會覺得受到『寬恕』？」[32]永瀨隆則回信說，這封她主張丈夫有權原諒的信「徹底把我擊垮了，使我回想起那些下三濫的不堪日子……妳的信像一把匕首，刺進了我的心窩，直插到底」。[33]永瀨隆也同意見面。

他們抵達約定的會面地點時，羅麥斯認爲，能夠在被永瀨隆看見之前先看見他，實在是太重要了；對他而言，這帶給了他力量。幾分鐘後，他們開始交談，羅麥斯主掌了情勢，並安慰永瀨隆，以防他「看起來虛弱不堪的身軀因爲情緒激動而劇烈搖晃」。[34]然後，永瀨隆開始訴說，他告訴羅麥斯，戰爭結束後的五十年來，雖然對他來說是一段漫長的煎熬，但是他從來沒有忘記羅麥斯的臉。他捧起羅麥斯的手臂，並輕輕撫摸。羅麥斯注意到永瀨隆的悲傷「遠比我的還要更激烈」。永瀨隆接著說：「我當時是大日本帝國陸軍的一員；我們對待你們同胞的方式，非常、非常殘酷……」[35]他敘述自己戰後如何開始研讀歷史，並反抗軍國主義。他們共度了幾個小時，追憶在戰俘營時的日子，包含日本人與戰俘的行爲、偷藏的東西、對酷刑的反應，以及戰後各自的生活。「他很體貼，說比起我受的苦，他的根本不算什麼；然而我很清楚，其實他也備受折磨。」[36]羅麥斯說：「要是我們能在其他情形下結識，那麼這個古怪的夥伴，就會是那種我早已交往多年、相談甚歡的老朋友。」[37]羅麥斯去永瀨隆家拜訪時，覺得自己就像

「這對好心夫婦的貴客」。[38]

「我待在日本的每一刻，」羅麥斯回憶，「都再也不覺得對永瀨隆還懷有一絲那些年來鬱積的怒氣；發現他們當中有人還在世時，亟欲血債血還的激情曾掀起狂潮，如今卻再也不曾回到我心中盪起餘波。」[39]最後，羅麥斯要求在回英國前，跟永瀨隆再見個面，就在他東京下榻的旅館房間裡。永瀨隆看起來很害怕，他的妻子也是（做爲一個讀者，我發現自己一直在納悶，羅麥斯最後到底要在什麼時候、以什麼方法謀殺永瀨隆，儘管我也能理解，他們如此溫馨的相遇，使這項行動顯得令人難以置信）。羅麥斯在旅館房間中，交給永瀨隆一封原諒信。「我在那封信裡說，戰爭已經結束了將近五十年，我歷經許多痛苦，而我知道儘管這段時間他也受了不少苦，卻仍勇敢而大膽地主張對抗軍國主義，並致力於和解。我告訴他，雖然我無法遺忘一九四三年北碧發生的一切，但我向他保證，我已經完全原諒他了。」[40]

羅麥斯在這本書的結尾寫道：「先前根本無法想像我們之間會萌生友誼，而與永瀨隆見上這一面，將他從我的仇敵，變成了親如兄弟的至交。如果我從來沒有這樣的機會，在曾經傷害過我的人當中，辨認出其中一張臉孔並得知他的名字，而且從來不曾獲悉在那張臉孔底下，同樣暗藏了一個飽受摧殘的生命；那麼，那些噩夢仍會從往昔追趕上來，糾纏我一輩子。而我也對自己證實了，如果記得過去只會鞏固仇恨，那麼光是記得，也不足以撫慰我的靈魂。」[41]

我選錄這則故事是因爲，它如此清楚闡明了道歉與原諒之間的因果關係。羅麥斯甚至在見面之前，就於陳述時反覆說明，自己期望從永瀨隆身上獲得什麼東西。而他與永瀨隆重逢的結果，滿足了他那些需求的許多層面。

第一，他需要宰制永瀨隆，滿足掌權感，藉此來消除做爲戰俘的無助感、長年來的屈辱感。羅麥斯有了先看見永瀨隆的權力，並發覺他的脆弱。他甚至有了殺死永瀨隆的權力，不過，他反而選擇運用這項權力去原諒他。

第二，羅麥斯需要確認他與永瀨隆遵循相同的基本價值，尤其是關於戰爭。羅麥斯發現永瀨隆一直以來致力於反抗軍國主義、援助當年建造鐵路的倖存者，並紀念遭受監禁與強迫勞役的受害者，使他獲得了保證，明白他與永瀨隆對這個世界抱持共同的觀點。這些行動體現了自責的心意，與賠償的實踐。

第三，羅麥斯需要與永瀨隆對話來獲得「一份無可磨滅的歷史紀錄」，這使他得以掌握關於過往的細節，從而找回自我、理解自己後來的精神痛苦、確證自己身上發生了什麼事，並爲自己所失去的進行哀悼。

第四，羅麥斯需要得悉永瀨隆已經爲自己的作爲付出足夠的代價。體認到永瀨隆已經是「飽受摧殘的生命」，還有他可能也蒙受了不亞於自己遭遇的痛苦，使得羅麥斯確定了這一點。

在他們見面之前，羅麥斯無法原諒或解脫那些壓制他的力量：屈辱、憤恨與報復。當羅麥斯的需求被道歉與「道歉的互動過程」所滿足，他就自然而然地原諒了。他不但拋開了充滿仇恨的感情，還發展出悲憫的情懷，甚至對永瀨隆懷抱著兄弟般的情感。

結語：道歉的複雜性與單純性

當我從道歉的定義開始，到道歉與原諒的關係爲止，來深思道歉的複雜性，我擔心讀者可能因此斷定道歉是吃力不討好的工作。雖然針對任何道歉事例的分析都包含了許多變數，道歉的行動通常仍是一項單純的工作，是一種出於直覺、完全自發的行爲，經常能使雙方都感到心滿意足。我在這本書付梓時，剛好有機會（而且必須）提出這樣的道歉。

我受邀去主講一堂關於道歉的講座，而這也是針對癌症治療與預防，連續四日在法國尼斯所舉辦的科學會議的一部分。我的演講是這次科學會議中唯一一堂「人文」講座，我則是會議第二天的主講人；從下午四點半至五點，指定演講時間共三十分鐘。我面對三百五十名癌症研究者發表演說，準時開始，及時結束。我的談話結束時，聽眾當中有許多人舉起手，想要發問；我轉向會議主持人徵求許可來回應提問，而他朝我點了點頭，表示同意。

熱烈的問答時間經過十五至二十分鐘後，我注意到下一個講者在第一排站了起來，這才會意過來，自己不慎占用了他原定下午五點至五點半的演講時間。我宣告提問時間結束，隨即離開講堂。

我因為自己在時間控制上太過漫不經心（羞愧感），還有對下一個講者演說可能造成的不良影響（內疚感），感到相當氣惱。結果，接下來幾天，我在飯店附近的街道上，經過那位擔任癌症科學家的講者與他的妻子時，我總是感到不太自在。我們彼此都不向對方打招呼，他看起來對我不太高興——或說我是這麼想像的。待在尼斯的最後一晚，妻子與我走進一家餐廳，隨即注意到那位科學家與他的妻子已經先入座了。造化弄人，服務生將我們安排在他們旁邊就座。我為了減輕不安，就把椅子轉過來，避免面對他們。他們還在吃的時候，我們已經用畢晚餐並離開了。就在我們走到餐廳門口時，我一時衝動，要妻子先等我一下，「有件事我必須去做。」我說。我走向那對夫婦坐的那一桌，走近那位立刻認出我的科學家。我告訴他，我當時繼續延長問答時間，卻沒能察覺自己占用了他的時間，這麼做是我不夠體貼。我還說，我希望自己當時沒有嚴重破壞了他的演說。而他露出微笑，站起身來，以兄弟般熱誠的方式伸出手，搭在我的肩膀上，並告訴我他為我的一番話感到多麼快樂（他的確也提到了，他的同事當時擔心趕不上飛往巴黎的班機）。他還說，他為自己的妻子沒來出席我的講座感到遺憾，因為她是一名退休的精神科護理師，肯定會喜愛我的演說。我覺得他的行為是真誠地表示原諒，於是我跟他說，我認為他是非常傑出的科學家。他反問我怎麼知道，我則回答說，最近在某間博物館導覽上遇見他的妻子時，她告訴我的。至此，他們夫妻倆都展露出微笑。當我回到妻子身邊時，我們三人友好地互道再見，而我的妻子臉上現在也掛著燦爛的微笑。我問她在笑什麼，因為她就算看得見我們也聽不到我們的對話。解讀我們三人的肢體語言呀，她說，那看起來就像是結局美滿的情境喜劇（接著，她形容我們的互動就像是三個要好的朋友重逢，在別離許久一段時間後意外相遇）。自然而然發生的三十秒道歉與兩分鐘談話，現在造就了四個快樂的人。妻子與我在次日早晨前往機場前，坐在那位科學家與他的妻子身邊一起享用早餐。我們四個人就他們當週旅行歐洲的計畫，專注而親切地討論起來。

理解道歉過程或許複雜，但是採取道歉行動，通常相當單純，而且極爲令人滿足。

第十二章

後記：道歉的未來展望

如同前面各章節所講述的，道歉能夠改善個人、群體、國家之間的關係。道歉能以平和又正面的方式，爲發生衝突的當事人提供釐清彼此差異的途徑，同時保住雙方的體面，或重建彼此的尊嚴。從一九九〇年代初期開始，表達歉意的舉動迅速增加，說明了人們較以往更體認到這些好處。同時，這也引申出更多值得探討的問題：首先，關於道歉（尤其是公開道歉），我們從過去幾世紀的例子裡學到了什麼？第二，在道歉成爲備受歡迎又有效的和解方式之前，人們是如何修補、重建關係的？第三，道歉的風潮會在二十一世紀持續下去嗎？若眞如此，我們又能期望些什麼？

一九九〇年代以前，幾次著名的道歉

群眾對於道歉所抱持的態度，在第二次世界大戰後很快出現轉變的徵兆。麥可．韓德森在《爲何原諒：爲衝突中的世界帶來希望的故事》這本書裡，[1]闡述了戰爭的結束與戰爭衍生出的道歉行爲，這兩者在時間上的關聯，還有在二戰時，敵對的陣營是如何嘗試和解的。在這些彼此求和的故事裡，最重要的應該就是法國與德國的了，他們在二戰前已經打過三次仗，就連在點綴其間的太平時期也是死對頭。艾拉札．巴坎在《國家之罪：對過往不公義的賠償與協商之道》這本書裡，[2]更從德國對過往敵人提供的戰敗賠款說起，進一步編年分析了二戰後數則賠償案例。

在二戰之後與一九九〇年代之前，有三次道歉特別值得注意，因爲它們的表達方式不論含蓄或明晰，都是首開先例，觸及的層面也十分廣泛。它們多少也都是二戰帶來的後果。

第一例，是教宗若望二十三世決定，把對猶太人的所有負面評論，自羅馬天主教的禮拜儀式文典中刪除。[3]在這次表示歉意的舉動之後，他又發起了名爲〈我們的時代〉的「教會對非基督宗教態度宣言」，這是第二次梵諦岡大公會議的成果。這篇文件於一九六五年，在繼任的教宗保祿六世手中完稿並公開發表。[4]〈我們的時代〉聲明：「不應視猶太人爲天主所擯棄及斥責，好似由《聖經》所得結論似的……」此外，教會「痛斥一切仇恨、迫害，以及在任何時代和由任何人所發動的反猶太人民的措施」。[5]

麥可．菲耶爾在《天主教教會與大屠殺：一九三〇至一九六五》一書中評論道：「在新教宗若望二十三世的領導下，再加上眾人對大屠殺餘悸猶存，天主教教會反轉了他們有兩千年歷史的反猶太傳統。」[6]對於伊斯蘭世界，這篇文件也表示：「天主教會也尊重穆斯林……在時代的過程中，基督徒與穆斯林曾經發生爭端與仇恨，本屆神聖會議籲請大家……誠意實行互相諒解，共同衛護及促進人類的社會正義、道德秩序、和平與自由。」[7]〈我們的時代〉繼續就天主教教會與所有文明社會的關係表示：「凡在人與人間或民族與民族間，對於人格尊嚴及其權利引起歧視的任何主張與實例，都是毫無依據的……教會對於人類因種族、膚色、生活方式或宗教的不同而發生的任何歧視與虐待……均予以譴責。」[8]人們普遍認爲，天主教教會透過〈我們的時代〉道歉了，並且在其中很含蓄地承認了教會身爲加害人的角色。同時，他們又很明確地表示，未來將致力和其他宗教建立關係，做爲賠償之道。[9]

第二個道歉的例子是以演說形式進行的。這次道歉可謂全球知名，這是在一九八五年，西德總統理查德．馮．魏茲澤克在德國眾議院發表的演說，主題是德國在戰時的犯行。[10]他的演說之所以引人注目，是因爲他透過這次機會全面承認了德國在二戰時的過失，同時勸戒人民要「直視眞相」[11]、視緬懷這些往事爲道德義務。這次演說因爲在它發表三天後進行的比特堡紀念儀式，而顯現出更深刻的意義。美國隆納・雷根總統出席了這次頗受爭議的紀念儀式，向二戰期間陣亡的納粹武裝親衛隊致意。《紐約時報》的安東尼・路易士稱馮・魏茲澤克的演說是「我們的時代最偉大的演講之一」。[12] 傑佛瑞・赫孚著有《分裂的記憶：兩個德國、一段納粹歷史》，他認爲這是自一九五二年以來，「在德國政治舞臺上，關於納粹時代的罪行最重要的一次演說」。[13]

最後一例要談的是美國政府。在經過多年辯論與協商之後，美國政府於一九八八年，向二戰期間遭拘留的日裔美籍公民正式道歉（外加金錢賠償）。[14] 巴坎認爲，這個結果「對賠償案與爲歷史冤案伸張正義的其他個案來說，是個典範」。[15]

而政府會有這個決定，部分是因爲美國國會認爲「國家的道德義務十分重要，即便和政治考量相衝突時亦然」。[16] 從這裡也看得出來，就算是打了勝仗的人，也有責任爲自己的錯誤道歉。對於這類針對特定種族來侵犯他們公民自由的行爲，美國的回應也爲犯了類似錯誤的人立下楷模。

要我來定高下的話，我認爲在第二世界大戰結束以前，二十世紀還沒有過哪次道歉能跟這三次戰後的道歉相比。除此之外，唯有美國總統林肯的道歉令人難忘，這也就是他發表的第二任就職演說。[17]這篇全長七百零三字的演說，是爲了美國的蓄奴制度來道歉的，現在也銘刻在華盛頓特區的林肯紀念中心的北面牆上。我相信這次演說會變得愈來愈重要，因爲在美國和全世界的歷史上，很少有哪篇聲明這麼深刻又勇敢。有些人可能會認爲，葛蘭特總統最後一次對國會發表的演說，也算是一篇道歉聲明。但我認爲葛蘭特其實是在申辯，是在合理化他的所作所爲，爲自己找解釋。[18]

就我所知，還沒有哪個國家的文學或歷史學，有在好好研究道歉這門學問的（一九七〇年代，學術界的各社會學領域、社會心理學、心理語言學，開始對研究道歉有了興趣，[19]而有關當代各種道歉事例的著作，還有教人「如何道歉」的書，直到一九九〇年代才出現了寥寥數本）。[20]學習歐洲中世紀歷史的學生，可能很熟悉以下這兩次有名的道歉。一〇七七年，神聖羅馬帝國的皇帝亨利四世來到義大利的卡諾莎城堡，他赤腳在雪地裡等了三天，好向教宗額我略七世賠罪，希望教宗不要把他逐出教會。第二個中世紀有名的道歉，來自英格蘭國王亨利二世，起因是他在一一七〇年煽動旁人謀殺了坎特伯雷大主教托馬士・貝克特。四年後，他用苦行來贖罪，除了一心表示懺悔，還赤腳走到坎特伯雷一個廣場上，讓八十個僧侶用樺樹條鞭打他。許多歷史學家認爲，這兩次道歉都是出於當事人的政治算計，因爲這兩個人都是和教會起了衝突的國王。歷史上另一種用來處理羞辱和道歉的手段，就是「決鬥」，它的起源可以追溯至中世紀。要是有人侮辱了別人、害人名譽掃地的話，決鬥就能派上用場來解決紛爭。如果冒犯人的一方道歉的話，這場決鬥就可以停止，受害者的名譽也能因此得到恢復。我在這裡也匯集了不少著名的道歉語錄，大都來自十九或二十世紀，而這些人對道歉的評價都不高：

「永不道歉，是有益人生的守則。君子不會想要他人道歉，小人則趁人道歉之危圖利。」（伍德豪斯爵士，一八八一——一九七五，作家）

「道歉的作用恰如螳臂擋車。」（班傑明·迪斯雷利，一八〇四——一八八一，英國首相）

「講理之人從不道歉。」（拉爾夫·愛默生，一八〇三——一八八二，詩人）

「我不費神爲自己辯解……人生基本法則即是絕不道歉。」（華特・惠特曼，一八一九——一八九二，詩人）

「永不遺憾、永不辯解、永不道歉。」（班傑明・喬維特，一八一七——一八九三，牛津大學學者）

「永不反駁、永不辯解、永不道歉。」（費舍爾男爵，一八四一——一九二〇，英國海軍大臣）

「人的短處第一次給朋友查覺，十有八九，是在自己道歉的時候。」（奧利弗・溫德爾・霍姆斯，一八四一——一九三五，美國最高法院大法官）

值得注意的是，在這個英美名人榜上，可不是缺了點什麼嗎？這裡面沒有女人、沒有少數族群，也沒有所謂「出身卑微」的人。或許這些人的缺席，足堪佐證那句老生常談：「歷史是由贏家來註寫的。」這也反應出他們在歷史上是如何遭到社會貶低、處於不利的地位（關於這些人，也只有「有利可圖」的趣聞軼事或文件才會得到保存）。或許這些沒發言的人，既無管道、也沒有機會來訴說他們對道歉的價值（或道歉所沒有的價值）有什麼樣的想法。無論是出於什麼緣故，過去有權有勢的人，顯然對道歉這回事評價不高，因此也不難想像，他們自己有多不情願向人道歉了。

道歉和宗教／道歉和法律的關係

要是我們假設，今日不論在私人或公共領域裡，道歉所扮演的角色都比二戰前的任何時候來得重要，那麼問題就來了：在從前那些日子裡，要是有人被冒犯了，又該怎麼補償他們呢？我認為，這可以透過兩種永不過時的體制找到可靠的解答，也就是宗教與法律。

為了使討論聚焦，我們得把宗教的範圍限制在一神信仰上，像是猶太教、基督教、伊斯蘭教。從這些宗教都可以看到，懺悔是其信仰的基石。雖然這三種宗教提到懺悔時，都會用同一種大略的說法，也就是懺悔是離開罪、轉向神，不過在有人冒犯別人的時候，懺悔也可以用來恢復遭到破壞的關係。宗教學者評析懺悔時該做的種種舉措，事實上和社會科學家所描述的道歉的過程是一樣的。

我們做錯事而觸怒神或冒犯別人的時候，懺悔可以做為一種矯正的方式。懺悔在此處的重要性，在猶太教經典《塔木德》（一部成書於西元三世紀到六世紀之間的文獻）裡，就有很重要的說明。《塔木德》宣稱，神甚至在創造人類之前，就已經創造了懺悔。[21]我想從這段話看得出來，寫下這個觀點的賢人，深刻體察到了人類有多麼容易犯錯，還有我們因此有多需要宗教的引導，來修復這些過犯。爲了維繫一個公正、讓人得以安居的社會，懺悔（或是在俗世裡與它近似的「道歉」）顯得如此重要，使得全能又廣大無邊的上帝要在創造人類之前，先把懺悔給備下了。

另一個隨著數世紀的時間不斷演進的制度，也是用來處理人類衝突的，就是法律。如果我們拿美國的司法系統來看，做爲一個執法和樹立判決先例的組織，我們很容易就能從中看到，法律就某些方面來說，其結構、功能都與道歉無異。譬如，對法律和道歉來說，受害人（也就是說，在進行法律審判時，指的就是州政府或聯邦政府這一方）都在尋求補救之道。兩者的不同之處在於，法律會強制那些證實有罪的嫌犯去補償被害人，道歉則是自願的，除非這個道歉也是出於法院要求。我們可以從這個差別看得出來，透過司法途徑只會讓當事其中一方感到滿意，但是在道歉的時候，卻有可能讓雙方都心滿意足。

事實上，我認爲許多法律程序，都可以視爲經過形式化或儀式化的替代品，用來取代道歉。因爲它們都包含了過失、解釋、自責、補償、溝通這些因素。比方說，在美國的刑事訴訟裡，以「控辯交易」（plea bargaining）之名所進行的認罪與相關協商事宜，就有可能在審判開始前進行，甚至因此就不需要開庭審判了。同樣地，在民事訴訟裡，在審判前進行協商，也可能就此解決整件案子。如果被告願意合作，提供對被害人或執法當局來說，可能有益處的消息（也就是「承認過失」），就可以減輕罪行（過失）。舉例來說，遭謀殺身亡的被害人，他們的家屬可能會想知道心愛的家人是怎麼死的、屍首又在哪裡。嫌犯的解釋可以左右罪名（責任）的輕重程度，因爲法官和陪審團可以就這些罪行是事先預謀，或是爭吵後一時疏忽的不幸結果，來做出他們的決定。透過「被害人影響陳述」，被害人有機會來訴說自己的生活如何受到罪行影響，影響範圍包括了犯罪的當下和未來的任何時候（相當於道歉時，讓被冒犯的人解釋，那些唐突之舉對他們來說有什麼意思）。就算一件刑案的審查過程到了宣判階段，判案結果所取決的變數，也和衡量道歉是否有效的變數是一樣的：嫌犯是否表現出悔意；如果罪犯得到假釋，是否還會對被害人與社會帶來危險；司法體系替被害人懲凶的重要程度……等等。

作者觀察：當今社會對道歉的關注

從過往看到今日的道歉，我們從本書第一章已經得知，近十年來，報章上關於道歉的消息幾乎增加了兩倍之多。在這段時間裡，我個人對這個主題的興趣也愈來愈深厚。來聽我演講的聽眾，各有各的特質與反應。透過他們，我得以對道歉的重要性加以分析。有這麼多不同的人有興趣來了解什麼是道歉，他們的興趣又是如此廣泛而強烈，這都令我十分動容。我的聽眾有律師與法學院學生；過去十年來，他們那一行的專業期刊刊載了愈來愈多關於道歉的文章。警校長官也把學生送來聽講，因爲他們希望學生能掌握道歉的社交技巧，好成爲更有力的執法人員。許多有信仰的聽眾想要學習跟道歉有關的知識，尤其是羅馬天主教徒，因爲這和他們對懺悔與原諒的關切是相輔相成的。成群結隊的高中生、主日學學生也被老師帶來聽演講，因爲這些老師期望，了解道歉的意義，或許可以促使學生在與人交往時表現得更有禮。許多退休人士也是我的聽眾，這些人年高德劭，來聽講的目的是爲了化解舊怨、和親朋好友重修舊好。還有那些醫師，他們曾因爲醫療疏失而傷害了病人；他們爲了要不要道歉、該如何道歉，而苦苦掙扎。最後，我也曾前往瑞士寇斯，在來自六十國的五百名聽眾前演講。我們齊聚一堂，是爲了替各國國內外的戰爭尋求解決之道。[22]這群聽眾看來近似絕望，同時又有堅定的決心，要爲他們飽受戰爭摧殘的國家苦尋復原之路。在面對過這麼多不同的聽眾之後，只有更加強了我的信念，也就是對道歉愈來愈深刻的關注是無遠弗屆的，不論是來自任何一個國家、職業、年齡、性別、宗教。

對道歉未來展望的推測

爲了推演道歉在未來可能的走向，我要重新探討一下，近年來讓道歉蔚爲風潮的社會和科技因素。之前已經談過，二戰及大規模毀滅性武器折損了數目驚人的性命，而世人對此又有怎樣的反應。因爲這個緣故，恐懼籠罩著我們，不論是國安系統發布各級警報的時候，或是在太平無事的日子裡。戰爭不再像是第一次世界大戰前那樣，在許多人眼裡有如一場偉大的冒險。另一個重要的社會發展結果，就是國家、公司、個人之間，建立起一種新的、互相依賴的關係。爲了共享的經濟福祉，也爲了攜手維護這個面臨人口快速成長、氣候暖化、汙染問題的地球，我們都需要彼此。我們也能看到，爲了好好管理一個國家，或是在商業、大學、教會、醫師診間裡取得成功，另一種互信互賴的關係正在成形。想要穩固這種關係，我們必須擺脫僵化的「上對下」權威體制，因爲在這種體制裡，沒有人會爲了任何理由向彼此道歉、規矩不能變通，領導人物也要別人相信他們永遠是對的。但是在我們這種互相信賴的新關係裡，有投票權的人想要什麼、客戶想要什麼、員工想要什麼、學生想要什麼、教友想要什麼、病患想要什麼……這些事情比以往來得更爲重要。說到經濟體系和道德正義，少數族群和女性的需求也很重要。網路、手機、大眾媒體把這個星球上的人群都連結在一起了，這使得許多過失一發生，很快就會攤在世界各地的人眼前。最後，有鑑於女性在社會裡的權力和影響與日俱增，而她們（相對於男性）更懂得處理和道歉有關的事，也更擅於道歉。我們可以因此而預期，在大部分生活情境裡，許多尋常的對話方式會有所轉變。

所有這些進展——國際戰爭危機、脆弱的星球、地球村的成形、愈來愈多的地球公民要求平等待遇、人與人緊密的連結——都使得人類的交流達到前所未有的程度，但更多的紛爭也伴隨而來。詭譎多變的局勢促使我們打起精神，把精力集中起來尋求解決紛爭之道。這些解決紛爭之道，不只要能平息伴隨著紛爭而來、無可避免的怨恨，同時也要承認這些怨恨的存在、對其加以回應。如同本書所述，我想道歉可以在我們做這些努力的時候，成爲有力的工具。而這是好事。

不過，這個審慎樂觀的想法有個很大的難處：國家或是群體蒙羞的時候，是沒辦法和別人建立有來有往的平等關係的。要這些人低頭認錯、感同身受地去了解別人的困境，還要他們行事寬容大方，這是在爲難人家。他們全神貫注於爭取尊嚴或保住顏面，還要保全心理認同感和自我意識，還要顧及生理是否健全呢。這些人因爲遭受羞辱而怒火中燒的時候，一心想的都是報復，除非對手不再逼迫他們失去人性，還有當他們的尊嚴得以恢復的時候，才有辦法用另一種眼光來看待這個世界。這些蒙羞的人，在當今世上多不勝數：那些爲了重拾群體或國家榮耀而捨命的恐怖分子、伊拉克人、車臣人、巴勒斯坦人與以色列人、天主教徒與北愛爾蘭新教徒，還有各國都有的、那些身心匱乏的人。以上這些群體和國家，都經歷了長期的壓制和羞辱。在這個地球村建立起來的緊密連結，只有更增添他們的屈辱感，因爲那些別人擁有、他們卻失喪的東西，現在都能透過傳播媒體看得一清二楚了。精神科醫師羅伯特．傑．立夫頓就指出，美國現在是個飽受屈辱的國家，因爲在九一一的世貿中心與國防部攻擊事件之後，這個國家的脆弱給暴露在世人面前了。[23]處在這樣的心理狀態，會使一個人或國家透過恐懼和憤怒的眼光，來詮釋外面的世界。這可能會削弱了他們的判斷力，也削弱了他們承認過失並加以改正的能力。

我認爲，在我們必須了解並加以應對的重要情緒裡，恥辱感也算是其一。恥辱不論是對自己和別人，或是在個人和國家的層面來說都很重要。我這個想法，特別是涉及國際事務的時候，得到很多人的文筆支持。像是立夫頓、潔西卡．史特恩、湯馬斯．佛里曼，甚至還有西元前五世紀的歷史學家修昔底德。[24]沒有善加應對恥辱感，引發了怨恨，還有家人相殘（像是該隱與亞伯）、國家對戰（例如法國與德國）。[25]

要是有些國家或一國內部的重要族群，有能力引發大規模破壞，那麼這些群體彼此羞辱所帶來的影響，就更不可小覷了。昌盛繁榮的民主國家應該要放下自負，謙卑地去協助處境艱難的國家和群體恢復尊嚴。唯有如此，這些國家和群體才有可能進行道歉與和解的對話。

結語

道歉不只是承認自己犯了錯，又露出懊悔的樣子而已。這是犯錯的人爲了改變自己的行爲舉止，必須不斷去實踐的承諾。想要化解衝突，除了爭論誰更大、誰又更出色，道歉是另一種別具意義的方式。在宗教與司法體系裡，道歉也轉化爲其他形式而融入其中，成爲強大又正面的解決紛爭之道。人類在這個星球上的共存方式正在劇烈轉變，而道歉做爲修復社會關係的方法，也益發重要。在過去，個人、群體、國家道歉的時候，這個舉動常被視爲軟弱無能，從來沒有像今天這樣，讓人覺得這是堅強的表現。想要好好道一個歉，當事雙方都要具備誠實、寬大、謙卑、奉獻的決心，還要鼓起勇氣才行。

團體討論指引

- 對道歉的功效來說，道歉的人的「眞誠」扮演了什麼樣的角色？
- 一個國家的公民，爲了該國在他們出生前犯的錯誤道歉，這麼做有意義嗎？
- 美國政府應該爲了蓄奴制向非裔美國人道歉嗎？如果應該的話，爲什麼政府還沒道歉？
- 爲什麼有這麼多的道歉看起來很不合宜，甚至令人反感？
- 道歉跟原諒有什麼關聯？
- 請指出道歉和下列對象相關的地方：執法單位、宗教機構、律師、醫生、生病或臨終的人。
- 請選取一則媒體去年報導過的道歉新聞，並討論當事人道歉的動機是什麼，以及這次道歉是否發揮了作用。

● 請討論在您的個人生活中，一次別人向您道歉的經驗，還有您覺得它是失敗或是成功的原因。

● 請區分日常生活中的道歉、宗教行爲裡的懺悔、法律學上的道歉，這三者有何不同。

註釋

第一章　日益重要的道歉

1 住在麻薩諸塞州伍斯特郡的曼紐・札克斯寄給作者的私人信件。他在聽過我的演講後，過了幾個月來自我介紹。他告訴我他的故事後，同意將這封寄給青少年時代朋友的信，以及碰面後他的記錄，納入這本書中。後來他再度寫信給我，描述自己得知朋友死訊的反應，那大約是他們碰面過後十八個月的事。他慷慨允許我使用第一章中所描述到的所有相關寫作材料。

2 琳達・葛林豪絲（Linda Greenhouse），〈德州男色法案違憲－嚴厲異議〉（Texas Sodomy Law Held Unconstitutional-Scathing Dissent），載於《紐約時報》，二〇〇三年六月二十七日。

3 尼可拉斯・塔沃齊思（Nicholas Tavuchis），《告罪書》（Mea Culpa: A Sociology ofApology and Reconciliation）。

4 同上，頁四。

5 同上，頁五。

6 〈現在該誰道歉?上個月人人都爲昔日慘事道歉〉（Who's Sorry Now? Last Month Everybody Apologized for Past Horrors），載於《時代雜誌》，一九九三年九月十三日。

7 我用來計算「道歉故事」的標準是，標題、首段、搜索詞含有道歉（apology）或致歉（apologize）者。我選用《紐約時報》與《華盛頓郵報》是因爲它們在國內與國際的影響地位，而且我覺得它們比較可能登載主要的國內與國際新聞。不過，美國主要城市的其他報紙刊登有關道歉報導的頻率，還是有很大差異。

8 《歡樂單身派對》（Seinfeld）第九季第九集，〈道歉〉。情節相關部分爲喬治（George）嘗試要求曾經的朋友傑森（Jason）道歉，因爲悔過賠罪是傑森參加的匿名戒酒會（Alcoholics Anonymous, AA）課程的一部分。喬治回想起傑森曾在某個場合侮辱過他，於是堅信他應該道歉。然而，看樣子傑森向每個人都道歉了（包括傑瑞〔Jerry〕），卻獨獨不向喬治道歉。事實上，傑森藉由拒絕道歉來挖苦喬治，讓他像個可笑的傻瓜一樣，反而令他再度蒙受侮辱。喬治認爲現在他當然該得到兩個道歉，於是跑去找傑森的戒酒會主辦人抱怨。主辦人仔細聽完，便要喬治參加另一個專爲難以控制怒氣的人而設的康復小組。後來，傑森提出的道歉仍無法令喬治滿意，而喬治不停抱怨也令傑森抓狂，害傑森丟了工作。

9 貝弗莉・恩格爾（Beverly Engel），《道歉的力量：改善你與他人關係的治癒性步驟》（The Power of Apology: Healing Steps to Transform All Your Relationships）。

10 肯・布蘭查（Ken Blanchard）與瑪格麗特・麥可布萊德（Margaret McBride），《一分鐘道歉：化危機爲轉機，把扣分變加分！》（The One Minute Apology: A Powerful Way to Make Things Better）。

11 見強納森・柯恩（Jonathan R. Cohen），〈建議客戶道歉〉（Advising Clients to Apologize）；以及彼特・瑞姆（Peter H. Rehm）與德尼絲比第（Denise R. Beatty），〈道歉的法律後果〉（Legal Consequences ofApologizing），載於《解決爭議期刊》（Journal of Dispute Resolution, no.1 (1996): 115）。

12 安第希・羅貝茲尼耶克斯（Andis Robeznieks），〈道歉的力量：病患珍視開放的溝通〉（The power of an apology: Patients appreciate open communication），載於《美國醫療新聞》，二〇〇三年七月二十八日。

13 伊莉莎白・羅森塔爾（Elizabeth Rosenthal），〈天津日報：這家中國公司爲了收取費用願意爲了任何人乞求原諒〉（Tianjin Journal; For a Fee, this Chinese Firm Will Beg Pardon for Anyone），載於《紐約時報》，二〇〇一年一月三日。

14 〈日本與南韓領導人簽署「新夥伴關係」協定〉（Japanese, South Korean leaders sign “new partnership” accord），載於《愛國者紀事報》，一九九八年十月八日。

15 卡爾・梅耶（Karl E. Meyer），〈你還能有多抱歉？非常抱歉〉（Just How Sorry Can You Get? Pretty Sorry），載於《紐約時報》，一九九七年十月二十九日。

16 邁可・韓德森（Michael Henderson），〈和解的一年〉（A Year of Reconciliation），載於《基督教科學箴言報》（Christian Science Monitor），一九九八年十二月二十二日。

17 藍斯·莫羅（Lance Morrow），〈道歉夠了嗎？·教宗大規模道歉並非苛責而且意義深遠〉（Is It Enough to Be Sorry? The meaning of the Pope's cosmic apology is deeper than the caviling），載於《時代雜誌》，二〇〇〇年三月二十七日。

18 教宗若望·保祿二世（Pope John Paul II），《第三個千年將臨之際》（Tertio Millennio Adveniente），一九九四年十一月十日。

19 哈維·雅拉頓（Harvey Araton），〈尤基與老闆完成補賽〉（Yogi and the Boss Complete Makeup Game），載於《紐約時報》，一九九九年一月六日。

20 馬歇爾·麥克魯漢（Marshall McLuhan）與昆汀·菲奧里（Quentin Fiore），載於《媒體即訊息》（The Medium Is the Massage），並由瑞米·艾傑爾（Jerome Agel）整理，頁六一。

21 羅伯·賴特（Robert Wright），《非零和時代：人類命運的邏輯》（Nonzero: The Logic of Human Destiny）。

22 羅伯·賴特，〈兩年之後，千年之前〉（Two Years Later, a Thousand Years Ago），載於《紐約時報》，二〇〇三年九月十一日。

23 克雷格·史密斯（Craig S. Smith），〈中國對起初否認校園爆炸案說詞讓步〉（China Backs Away from Initial Denial in School Explosion），載於《紐約時報》，二〇〇一年三月十六日。

24 彼得·海斯勒（Peter Hessler），〈中國領導人鬆口認錯〉（China Leader Hints of Errors），載於《波士頓環球報》，二〇〇一年三月十六日。

25 〈眾議員轉寄白人優越論的電子郵件〉（Lawmaker forwards supremacist e-mail），載於《密爾瓦基哨兵報》（Milwaukee Journal Sentinel），二〇〇一年八月二十三日。

26 同上。

27 〈眾議員爲引起爭議的電子郵件道歉〉（Legislator Apologizes for Controversial E-mail），載於《謝爾比星報》（Shelby Star），二〇〇一年八月二十三日。

28 伊萊沙·巴杭（Elazar Barkan），《國家的罪過：賠償與轉型正義》（The Guilt of Nations: Restitution and

Negotiating Historical Injustices），頁xvi。

29 同上，頁xxix。

30 亞倫．拉扎爾（Aaron Lazare），《家庭領養：三個種族，八個孩子》（A Families Adoption of Eight Children of Three Races）未出版手稿。《早安美國》（Good Morning America）也曾提到這個家庭故事。

31 亞倫．拉扎爾，〈醫療處遇中的羞恥與羞辱〉（Shame and Humiliation in the Medical Encounter），載於《內科學紀要》（Archive of Internal Medicine），頁一六五三至五八。

32 〈良好的道歉具備什麼條件〉（What makes for a good apology）的摘要，載於《改變》（For A Change）期刊。

第二章　道歉的矛盾之處

1 二〇〇三年十一月九日，作者與曼紐．札克斯之間的私人通信。

2 塔沃齊思，《告罪書》（Mea Culpa），頁三。

3 同上，頁四。

4 請見高夫曼（Erving Goffman），《公共場合的關係：公共秩序的微型研究》（Relations in Public:Microstudies of the Public Order），頁一一三；艾利特．歐斯坦（Elite Olshtain），〈跨語言談道歉〉（Apologies across Languages），載於蕭莎娜．布倫-庫卡、茱莉安．豪斯、加布里耶．卡斯伯（Shoshana Blum-Kulka, Juliane House, and Gabriele Kasper）主編，《跨文化語用學：請求與道歉》（Cross-Cultural Pragmatics: Requests and Apologies），頁一五七。

5 牛津英文詞典（Oxford English Dictionary）第二版，「apology」詞條。

6 莎朗．道尼（Sharon D. Downey），〈申辯的修辭體裁演進〉（The Evolution of the Rhetorical Genre of Apologia），載於《西方溝通期刊》五十七期（Western Journal of Communication 57），頁四二至六四。

7 彼德．高梅思（Peter Gomes），《一本好書：用理性與感性讀聖經》（The Good Book: Reading the Bible with Mind and Heart），頁X。

8 同上。

9 社論，派翠克・普賽爾（Patrick J. Purcell），〈道歉啓事〉（An Apology to Readers），刊載於《波士頓前鋒報》，一九九八年十二月八日。

10 黛伯拉・坦南（Deborah Tannen），〈悔過導正過失〉（Contrite Makes Right），載於《文明》（Civilization），一九九九年四／五月號，頁六九。

11 黛伯拉・坦南，〈辦公室男女對話〉（Talking from 9-5: How Women's and Men's Conversational Styles Affect Who Gets Heard, Who Gets Credit, and What Gets Done at Work），頁四七。

12 珍奈特・荷姆斯（Janet Holmes），〈道歉與性別差異：溝通能力的面向之一〉（Sex Differences and Apologies: One Aspect of Communicative Competence），載於《應用語言學期刊》，一九八九年第十期第二輯（Applied Linguistics 10, no.2），頁一九四。

13 珍・拜比（Jane Bybee），〈在青少年時期浮現的內疚感性別差異〉（The Emergence of Gender Differences in Guilt during Adolescence），載於珍・拜比主編，《內疚感與兒童》（Guilt and Children），頁一一三至頁一一二。

14 卡蘿・吉利根（Carol Gilligan），〈不同的語音：心理學理論與女性的發展〉（In a Different Voice:Psychological Theory and Women's Development），頁一七三。

15 依蓮・蕭華特（Elaine Showalter），〈文藝的獸性〉（Literary Brutes），載於《文明》，一九九九年四／五月號，頁七一。

16 同上，頁七二。

17 我妻洋（Hiroshi Wagatsuma）、亞瑟・羅賽特（Arthur Rosett），〈道歉的言外之意：日本與美國的法律與文化〉（The Implications of Apology: Law and Culture in Japan and the United States），載於《法律與社會評論》（Law & Society Review）第二十期第四輯（一九八六年），頁四六五。

18 杉本なおみ（Naomi Sugimoto）主編，《日式道歉的跨學門研究》（Japanese Apology across Disciplines）。

19 紀思道（Nicholas D. Kristof），〈爲何一個道歉成性的國家破例不低頭?〉（Why a Nation of Apologizers Makes One Large Exception），載於《紐約時報》，一九九五年六月十二日。

20 大衛・麥卡勒（David McCullough），《杜魯門》（Truman），頁五四三。

21 同上。

22 詹姆斯・卡羅爾（James Carroll），《君士坦丁之劍：教會與猶太人》（Constantine's Sword: the Church and the Jews），頁六〇〇。

23 塔沃齊思，《告罪書》，頁四八。想要一探公開道歉的深入綜合討論，以及它與個人間私下進行的道歉有何不同之處，我推薦本書的第四五至一一七頁。

第三章　道歉的療癒力量

1 唐諾・克萊因（Donald C. Klein），〈羞辱動力學：從新的觀點看待預防之道，第一部分〉（The Humiliation Dynamic: Viewing the Task of Prevention from a New Perspective. Part I），載於《初級預防學報》（The Journal of Primary Prevention），一九九一年第十二期第二輯，頁八七至一二三。

2 古德斯比（D.J. Goodspeed），《德國戰爭：1914-1915》（The German Wars: 1914-1915），頁一一六。

3 托馬斯・謝夫（Thomas J. Scheff），《嗜血復仇：激情、民族主義、戰爭》（Bloody Revenge: Emotions, Nationalism, and War），頁一〇八。

4 唐納德・卡根（Donald Kagan），《戰爭的起源與和平的維持》（On the Origins of War and the Preservation of Peace），頁八。

5 湯瑪斯・佛里曼（Thomas L. Friedman）編輯，〈羞辱〉（The Humiliation Factor），載於《紐約時報》，二〇〇三年十一月九日。

6 羅伊・布爾克（Roy L. Brooks），《道歉不夠的時候》（When Sorry Isn't Enough）中的〈道歉的時代〉（The Age of Apology），頁七。

7 九一一遭逮捕飛行員對美提起訴訟（Pilot Sues U.S. Over 9/11 Arrest），BBC新聞，二〇〇三年九月十六日。

8 艾莉森．米切爾（Alison Mitchell），〈柯林頓對於「明顯種族歧視」的美國研究表達遺憾〉（Clinton Regrets 'Clearly Racist' U.S. Study），載於《紐約時報》，一九九七年五月十七日。

9 凱文．強森（Kevin Johnson），〈麥克維唯一遺憾的是政府大樓未被完全夷平〉（McVeigh's Only Regret Is That Building Wasn't Leveled），載於《今日美國報》，二〇〇一年三月二十九日。

10 〈日本制止國會議員有關強姦犯的「男子氣概說」〉（Japan Balks at MP's Virile Rapists' Remark），載於《政治家報》（The Statesman [India]），二〇〇三年六月二十九日。

11 〈自民黨譴責太田稱輪姦犯「精力旺盛」〉（LDP Reprimands Ota for Calling Gang Rapists 'Virile'），載於《日本經濟網》（Japan Economic Newswire），二〇〇三年六月二十七日。

12 〈日本資深眾議員為容忍集體強姦言論道歉〉（Senior Japanese Lawmaker Apologizes for Remark Tolerating Gang Rape），載於《法新社》，二〇〇三年六月二十七日。

13 〈自民黨政治人物稱頌輪姦犯〉（LDP Politician Lauds Gang Rapists），載於《合眾國際社》，二〇〇三年六月二十七日。

14 〈日本：強姦言論引發眾怒〉（Japan: Outrage Over Rape Remark），載於《紐約時報》，二〇〇三年六月二十八日。

15 〈自民黨政治人物稱頌輪姦犯〉（LDP Politician Lauds Gang Rapists），載於《合眾國際社》，二〇〇三年六月二十七日。

16 〈日本制止國會議員有關強姦犯的「男子氣概說」〉（Japan Balks at MP'S 'Virile Rapists' Remark），載於《政治家報》。，二〇〇三年六月二十九日

17 〈日本社論摘錄〉（Japanese Editorial Excerpts），載於《日本經濟網》，二〇〇三年六月二十九日。

18 〈太田稱頌輪姦遭譴責〉（Ota's Praise for Gang Rape Condemned），載於《日本時報》（Japan Times），二〇〇三年六月二十八日。

19 〈專欄作家批評基德妻子遭停職〉（Globe Suspends Columnist for Comment on Kidd's Wife），載於《波士頓環球報》，二〇〇三年五月七日。

20 同上。

21 金・貝克（Jim Baker），〈別亂開玩笑：作家批評籃網球星妻子遭環球報懲處〉（No Kidding; Globe Slaps Writer Over Comments on Nets Star's Wife），載於《波士頓前鋒報》，二〇〇三年五月七日。

22 露易莎・內斯彼特（Louisa Nesbitt），《聯合新聞社》，〈教會性侵受害者獲高等法院道歉〉（Church Sex Abuse Victim Wins High Court Apology），美聯社，二〇〇三年四月九日。

23 伊梵・達理（Yvonne Daley），〈未能遏止性侵佛蒙特當局賠償兩姊妹一百萬美元〉（Vermont to Pay Two Sisters $1M for Its Failure to Halt Rapes），載於《波士頓環球報》，一九九七年五月八日。

24 同上。

25 馬可・辛格拉斯（Mark Singelais），〈麻州大學對於錢尼所受懲戒表示認可〉（UMASS Accepts Chaney Discipline），載於《波士頓環球報》，一九九四年二月十八日。

26 史蒂文・荷姆斯（Steven A. Holmes），〈白人優越主義者同意公開道歉〉（White Supremacist Agrees to Make a Public Apology），載於《紐約時報》，二〇〇〇年五月十二日。

27 同上。

28 卡羅・德斯特（Carlo D'Este），《戰爭天才巴頓》（Patton: A Genius for War），頁五二一至五二六。

29 約翰・艾森豪（John S. D. Eisenhower），《艾克上將：私藏回憶錄》（General Ike: A Personal Reminiscence），頁五六。

30 布魯克斯（Brooks），《道歉不夠的時候》（When Sorry Isn't Enough）的〈道歉的時代〉（The Age of Apology），頁八至九。

31 麥可・史貝科特（Michael Specter），〈拉脫維亞，瑞士悔過的第一份代價，四百萬美元〉（In Latvia, the First Token of Swiss Remorse; $400），載於《紐約時報》，一九九七年十一月十九日。

32 瑪莎・米諾（Martha Minow），《報復與寬恕之間》（Between Vengeance and Forgiveness）的〈真相委員會〉（Truth Commissions），頁六八。並參閱柏根特爾（Buergenthal），《聯合國薩爾瓦多真相調查委員會》（United Nations Truth Commission for El Salavador），頁二九二及三二一。

33 普姆拉・果波多・馬迪基澤拉（Pumla Gobodo-Madikizela），《那夜，一個人類生命消逝：關於寬恕的南非故事》（A Human Being Died That Night: A South African Story of Forgiveness），頁一三〇。

34 付費廣告，〈向聯合國防止及懲治殘害人群罪公約五十週年致敬〉（To Honor the 50th Anniversary of the U.N. Genocide Convention），載於《紐約時報》，一九九八年三月二十四日。

35 亞藍・萊汀（Alan Riding），〈死亡列車：猶太人求償一歐元，要求法國承諾道歉〉（Rail Ride to Death:Jew Seeks One Euro, Wants French Firm to Express Remorse），載於《蒙特婁憲報》（The Gazette [Montreal Quebec]），二〇〇三年三月二十一日。

36 亞藍・萊汀（Alan Riding），〈納粹車廂冤魂如今糾纏法國國鐵〉（Nazis' Human Cargo Now Haunts French Railway），載於《紐約時報》，二〇〇三年三月二十日。

37 丹尼爾・華琴（Daniel Wakin），〈質問加害者錄音記錄：命令神父與主教懺悔的沉痛嗓音〉（Confronting His Abuser, on Tape: Voice of Anguish Demands Remorse of Priest and Bishop），載於《紐約時報》，二〇〇三年二月二十三日。

38 同上。

39 同上。

40 同上。

第四章　認錯

1 蓋瑞・威爾斯（Garry Wills），《林肯在蓋茲堡：再造美國的演說》（Lincoln at Gettysburg: The Words that Remade America），頁一七七。

2 布魯克斯，《道歉的時代》（The Age of Apology），頁七。
3 林肯第二任總統就職演說，發表於一八六五年三月四日。
4 同上。
5 同上。
6 同上。
7 同上。
8 西德總統理查德・馮・魏茲澤克（Richard von Weizsacker）的演說，在二戰於歐洲戰場終戰暨納粹暴政終結四十週年的紀念會上，於一九八五年五月八日在德國眾議院發表。
9 同上。
10 同上。
11 同上。
12 同上。
13 凱文・高沃（Kevin Gover）時任美國內政部轄下的印第安人事務局助理祕書，他在二〇〇〇年九月八號，印第安人事務局創立一百七十五週年慶時，所發表的演說。
14 同上。
15 同上。
16 同上。
17 同上。
18 同上。
19 同上。
20 同上。
21 同上。

22 同上。

23 艾倫・桑戴克・萊斯（Allen Thorndike Rice），〈菲德列克・道格拉斯〉（Frederick Douglass），載於《追憶亞伯拉罕・林肯》（Reminiscences of Abraham Lincoln），頁一九二、一九三。

24 雷諾・懷特二世（Ronald C. White, Jr.），《林肯最出色的演說：第二任總統就職演說》（Lincoln's Greatest Speech: The Second Inaugural）頁一九七。

25 林肯第二任總統就職演說，發表於一八六五年三月四日。

26 彼得・尼可拉斯（Peter Nicholas）、卡拉・霍爾（Carla Hall）、麥可・芬尼根（Michael Finnegan）合撰，〈罷免公投：史瓦辛格告訴貝克斯，他「行爲不周」〉（The Recall Campaign: Schwarzenegger Tells Backers He 'Behaved Badly'），載於《洛杉磯時報》，二〇〇三年十月三日。

27 卡蘿・寇斯泰羅（Carol Costello），〈史瓦辛格針對時代雜誌文章發表回應〉（Schwarzenegger Speaks Out on 'Times、Article'），於《CNN即時新聞》（Cable Nes Network, CNN Live）播出，二〇〇三年十月二日。

28 瑞尼・山切斯（Rene Sanchez）、威廉・布斯（William Booth）合撰，〈來自史瓦辛格的道歉。州長候選人表示，他對自己向女性做出的舉動感到「非常抱歉」〉（From Schwarzenegger, an Apology; Candidate Says He Is 'Deeply Sorry' for his Behavior toward Women），載於《華盛頓郵報》，二〇〇三年十月三日。

29 里查德・霍夫（Richard Huff）、比爾・哈欽森（Bill Hutchinson）合撰，〈珍娜爲超級盃失誤道歉，聯邦通信委員會對中場演出鬧劇展開調查〉（Janet's Sorry for Super Trip, FCC Kicks Off Probe into Halftime Stunt），載於《每日新聞》，二〇〇四年二月三日。

30 茱莉・陳（Julie Chen），〈珍娜・傑克森再次爲超級盃中場脫軌演出道歉〉（Janet Jackson Issues Another Apology for Halftime Flap），於《CBS早間秀》（The Early Show-CBS）播出，二〇〇四年二月四日。

31 珠兒・麥肯錫（Drew Mackenzie），〈老兄，拉另一邊吧；珍娜露胸，賈斯汀聲稱遭到設計〉（Pull the Other one Mate; Janet Boob: I was Duped Says Justin），載於英國《每日星聞》（Daily Star），二〇〇四年二月五日。

32 薛比・弗特（Shelby Foote），《南北戰爭說書：從弗雷德里克斯堡到墨里迪安》（The Civil War, A Narrative:

Fredericksburg to Meridian），頁五六八。

33 尤里西斯・葛蘭特總統（Ulysses S. Grant），第八次年度國會演講，發表於一八七六年十二月五日。

34 同上。

35 同上。

36 麥克・包威爾（Michael Powell），〈教會危機：艾根聲援遭控性侵神父，並表示神職人員非他職責所在〉（Crisis in the Church: Egan Supported Priest Accused of Sexual Abuse, Said Cleric Was not his Responsibility），載於《波士頓環球報》，二〇〇二年五月十一日。

37 克萊德・哈伯曼（Clyde Haberman），〈當沉默有如同意〉（When Silence Can Seem Like Consent），載於《紐約時報》，二〇〇二年四月二十三日。

38 出自美國總統理查・尼克森（Richard M. Nixon）的辭職演說，一九七四年八月八日。

39 塔沃齊思，《告罪書》，頁五四至五八。

40 出處同上。塔沃齊思於頁五七指出，尼克森與訪問者法蘭克・坎農（Frank Gannon）對談時表示：「沒有什麼比辭去美國總統職位，更能表示你的歉意和遺憾了。這個行動已經說明了一切。我也無意再多做評論。」

41 葛瑞登・瓊斯（Grayden Jones），〈價值千字的一封信〉（One Letter Was Worth 1,000 Words），載於《發言人評論》，一九九九年三月十三日。

42 同上。

43 同上。

44 大衛・桑傑（David E. Sanger），〈瑞士駐美大使於大屠殺爭議報告曝光後辭職〉（Swiss Envoy to U.S.Resigns after His Report on Holocaust Dispute Is Disclosed），載於《紐約時報》，一九九七年一月二十八日。

45 保羅・紐伯瑞（Paul Newberry），美聯社，〈鄒勒爲他的老虎伍茲「笑話」道歉〉（Zoeller Apologizes for his Tiger 'Joke'），載於《波士頓前鋒報》，一九九七年四月二十二日。經美聯社同意在此引用。

46 同上。

47 美聯社，〈伍茲接受鄒勒道歉〉（Woods Accepts Zoeller's Apology），刊載於《波士頓環球報》，一九九七年四月二十五日。經美聯社同意在此引用。

48 同上。

49 美聯社，〈加拿大航空因駕駛短缺削減更多航班〉（Air Canada Cuts more Flights Due to Pilot Shortage），載於《紐約時報》，二〇〇〇年七月三十一日。

50 美聯社，〈陸軍軍官遭數十位女性控訴不實求婚〉（Dozens Accuse Army Officer of Proposing），載於《華盛頓三城前鋒報》（Tri-City Herald），二〇〇三年六月十四日。

51 同上。

52 歐尼爾（P. O'Neill），都柏林愛爾蘭共和軍廣宣部。根據有線電視新聞網報導，這是愛爾蘭共和軍於二〇〇二年發表的公開聲明，爲了紀念他們在貝爾法斯特進行的一項軍事行動三十週年。該行動造成九人死亡與更多人受傷。

53 美聯社，〈孟岱爾參加「一九四五年東京大突襲」死者紀念儀式〉（Mondale Joins Rites for Dead in '45 Tokyo Raid'），載於《波士頓環球報》，一九九五年三月十一日。

54 艾蓮・西奧利諾（Elaine Sciolino），〈潛艇指揮官向受難者家屬表示遺憾〉（Sub's Commander Expresses Regret to Victims' Families），載於《紐約時報》，二〇〇一年二月二十六日。

55 〈潛艇艦長激起公憤〉（Sub Captain Raises Anger），載於《紐西蘭前鋒報》（New Zealand Herald），二〇〇一年二月二十七日。

56 迪恩・楊（Dean Young）、史丹・德雷克（Stan Drake）合著，《白朗黛》（Blondie）。經國王視覺傳播公司授權在此引用。http://www.kingfeatures.com/reprint/index.htm。

57 大衛・巴斯托（David Barstow），〈爲圖避免終身監禁，警官承認虐囚〉（Hoping to Escape Life Term, Officer Admits Man's Torture），載於《紐約時報》，一九九九年五月二十六日。

58 同上。

59 同上。

60 羅伯特・麥克納馬拉（Robert S. McNamara），《反思》（In Retrospect）。

61 保羅・漢翠克森（Paul Hendrickson），《生者與逝者》（The Living and the Dead），頁三七六。

62 社論，〈麥克納馬拉的戰爭〉（Mr. McNamara's War），載於《紐約時報》，一九九五年四月十二日。

63 麥克納馬拉，《反思》，〈前言〉，頁xx。

64 同上，頁三二一。

65 漢翠克森，《生者與逝者》，頁三六一。根據漢翠克森所述，此處是摘錄自大衛・浩伯斯坦（David Halberstam）於一九七九年六月十日寫給《紐約時報》編輯的一封信。

第五章　自責、解釋與賠償

1 湯瑪斯・沫爾（Thomas Moore），《心理治療與內疚的個案》（Psychotherapy and the Remorseful Patient）中的〈悔恨：靈魂的原始騷動〉（Re-Morse: An Initiatory Disturbance of the Soul），由馬克・希登（E. Mark Stern）編輯，頁八三至九三。

2 大衛・韋伯（David Weber），〈外科醫師兇手遭判刑：卡特爾須入獄服刑至少五年〉（Killer Surgeon Sentenced: Kartell Gets Minimum 5 Years in Jail），載於《波士頓前鋒報》，二〇〇〇年七月二十日。

3 戴克拉克（F.W. de Klerk），南非總統戴克拉克為了執政的國民黨啓用新宣傳口號，於南非舉行的新聞記者會上發言。

4 同上。

5 同上。

6 凱文・高沃，二〇〇〇年九月八日。

7 同上。

8 莫瑞・查斯（Murray Chass），〈棒球新聞摘要：皮耶薩挨頭部觸身球，邦茲挺克萊門斯〉（Baseball Roundup;

Bonds Defends Clemens after Piazza Beanball），載於《紐約時報》，二〇〇〇年七月十一日。

9 〈弒夫婦判刑二十年〉（20 Years for Woman in Husband's Killing），載於《紐約時報》，一九九五年五月三十一日。

10 亞當‧諾希特（Adam Nossiter），〈四起毆打案嫌犯供稱並無悔意〉（Lack of Regret in Confessions by the Suspect in 4 Beatings），載於《紐約時報》，一九九六年七月十七日。

11 美聯社，〈遭判刑，男性侵犯諉過受害者〉（Man Sentenced for Sex Assault Blames Victim），載於《班戈每日新聞》，二〇〇〇年八月十九至二十日。

12 同上。

13 卡羅琳‧湯普遜（Carolyn Thompson），《麥克維犯後無悔意》（No Remorse From McVeigh），載於《波士頓先驅報》，二〇〇一年三月二十九日。

14 同上。

15 雷克斯‧胡普可（Rex W. Huppke），美聯社，〈麥克維奧克拉荷馬城爆炸案判死：了無悔意受死〉（McVeigh Executed for Oklahoma City Bombing; Dies with No Trace of Remorse），二〇〇一年六月十一日。

16 托尼‧切卡（Tony Czucka），美聯社，〈殺害移民審判於德國開庭〉（Immigrant Slaying Trial Opens in Germany），載於《波士頓環球報》，二〇〇一年八月二十三日。

17 同上。

18 同上。

19 美聯社，〈男子坦承射傷同父異母弟〉（Man Admits Shooting Half-Brother），載於《緬因週日電訊報》（Maine Sunday Telegram），一九九四年七月三十一日。

20 同上。

21 同上。

22 蘇格‧理海（Scot Lehigh），〈大規模殺人犯蒙受最後的侮辱〉（A Massive Murderer's Final Insult），載於《波

士頓環球報》，二〇〇二年四月二十六日。

23 同上。

24 塞繆爾・休厄爾（Samuel Sewall），《塞繆爾・休厄爾的日記與人生》（The Diary and Life of Samuel Sewall），梅爾文・矢澤（Melvin Yazawa）編輯，頁二。

25 同上。

26 雷德（T. R. Reid），〈日本因羞恥爲一九四一年十二月七日道歉〉（Japan's Shame Brings Apology for Dec. 7, 1941），載於《波士頓環球報》，一九九四年十一月二十二日。

27 大衛・布魯克斯（David Brooks）編輯，〈強檔蒙妮卡〉（Prime-Time Monica），載於《紐約時報》，一九九九年三月五日。

28 艾倫・古德曼（Ellen Goodman），〈快道歉，蒙妮卡〉（Say You're Sorry, Monica），載於《波士頓環球報》。

29 派崔克・荷禮（Patrick Healy）與瓦爾特・洛賓森（Walter V. Robinson），〈教授爲謊言致歉〉（Professor Apologizes for Fabrications），載於《波士頓環球報》，二〇〇一年六月十九日。

30 瑟賓娜・塔芬妮絲（Sabrina Tavernise）採訪索菲亞・奇許考夫斯基（Sophia Kishkovsky），〈痛失至親，憤怒與哀傷〉（For the Families, Anger Mixes with Mourning），載於《紐約時報》，二〇〇〇年八月十八日。

31 同上。

32 茱迪絲・賈恩（Judith Gaines），〈法蘭克認爲侮蔑字眼惹惱全國〉（Frank Sees Nation 'Upset' by Slur），載於《星期日波士頓環球報》，一九九五年一月二十九日。

33 吉爾・札克曼（Jill Zuckman），〈共和黨領袖使用侮蔑字眼談論法蘭克〉（GOP Leader Uses Slur to Refer to Frank），載於《波士頓環球報》，一九九五年一月二十八日。

34 同上。

35 社論，〈國會掀起仇恨言論〉（Hate Speech Comes to Congress），載於《紐約時報》，一九九五年一月二十九日。

36 同上。

37 〈撞傷作家駕駛欲私下致歉〉（Driver Who Hit Writer Wants to Apologize Personally），載於《時代聯合報》（紐約奧爾巴尼），一九九九年九月三日。

38 克里斯・班佛德（Kris Banvard），〈王子與道歉〉（The Prince and the Apology），載於《哥倫布電訊報》（Columbus Dispatch），二〇〇二年七月一日。

39 瑟蓮娜・羅柏茨（Selena Roberts），〈燈光、相機、道歉：史普利威爾登場〉（Lights, Camera, Apology: Sprewell Takes the Stage），載於《紐約時報》，一九九九年一月二十三日。

40 同上。

41 美聯社，〈蒙大拿州參議員為侮辱阿拉伯人道歉〉（Montana Senator Apologizes for Description of Arabs），CNN新聞網，一九九九年三月十二日。

42 同上。

43 傑姆斯・史登戈德（James Sterngold），〈水手殺害同性戀船員判終生監禁〉（Sailor Gets Life for Killing Gay Shipmate），載於《紐約時報》一九九三年五月二十七日。

44 作者於一九九五年間的私人談話。

45 作者於一九七九年間的私人談話。

46 路透社，〈偷車賊寄信致歉〉（Car Thief Sends Apologies），一九九八年五月二十七日。

47 馬克・費雪（Marc Fisher），〈格拉斯光說不練，行動「勝於」言語〉（Glass's Actions Shout Volumes, Words Whisper），載於《華盛頓郵報》，二〇〇三年十一月十一日。

48 同上。

49 鄔夏・李・瑪考法琳（Usha Lee McFarling），〈菸草戰爭，說客變節：前議員對抗癌症、菸草工業〉（Tobacco War, Lobbyist Switches Allegiance; Ex-lawmaker Fights Cancer, Industry），載於《波士頓環球報》，一九九五年三月六日。

50 荷馬（Homer），《伊里亞德》（The Iliad），羅勃特・費茲傑羅翻譯，頁二〇七至二〇八。
51 同上。
52 同上。
53 同上。
54 同上，頁二一一。
55 同上，頁二一五。
56 美聯社，〈道奇向女同志情侶道歉〉（Dodgers Apologize to Lesbian Couple），載於《紐約時報》，二〇〇〇年八月二十三日。
57 同上。
58 作者於一九九七年間的私人談話。
59 艾利克・康維（Eric Convey），〈金錢無法寬慰性侵受害者〉（Payout Is No Relief for Abuse Victims），載於《波士頓週日前鋒報》，二〇〇三年十二月二十一日。
60 林肯第二次總統就職演說。

第六章　人們為什麼要道歉？

1 馬丁・霍夫曼（Martin L. Hoffman），〈以同理心爲本的內疚感面面觀〉（Varieties of Empathy-Based Guilt），發表於珍・拜比主編，《內疚感與兒童》（Guilt and Children），頁九一至頁一〇九。
2 同上。
3 茱恩・普萊思・唐尼（June Price Tangney）、寇特・費雪（Kurt W. Fischer）合著，《不自在的情緒：羞愧、內疚、尷尬與驕傲的心理學研究》（Self-Conscious Emotions: The Psychology of Shame, Guilt, Embarrassment and Pride）。
4 這是一則由朋友大方提供的個人故事，記錄於二〇〇三年十一月二十五日。

5 弗特，《南北戰爭說書》，頁五六七。

6 同上，頁五六八。

7 同上。

8 同上，頁五六九。

9 同上。

10 同上，頁五六八。

11 來自一九九五年，作者與對方的私人談話。

12 這是在某次演說後，由與會的某位聽眾大方提供的個人故事。

13 約翰・卡莫迪（John Carmody），〈布林克利臨別對柯林頓開砲，評論播出後專訪可能泡湯〉（Brinkley's Parting Shots at Clinton; On-Air Remarks May Jeopardize Interview），載於《華盛頓郵報》，一九九六年十一月七日。

14 同上。

15 大衛・鮑德（David Bauder），〈布林克利道歉，生涯感傷謝幕〉（Brinkley Bows out with Apology, Little Sentiment），美聯社，一九九六年十一月十日。

16 〈布林克利道歉，柯林頓大方接受〉（Brinkley Apologizes, Clinton Accepts），於《布林克利週報》播出，一九九六年十一月十日。

17 合眾國際社，〈柯林頓接受布林克利道歉〉（Clinton Accepts Brinkley Apology），一九九六年十一月十日。

18 這是一則由朋友大方提供的個人故事，記錄於二〇〇三年十一月十八日。

19 同上。

20 這是一則由朋友大方提供的個人故事，記錄於一九九七年。

21 瑞克・布萊格（Rick Bragg），〈嬰兒的小墳墓讓鎮民大怒〉（Just a Grave for a Baby, but Anguish for a Town），載於《紐約時報》，一九九六年三月三十一日。

22 同上。

23 同上。

24 同上。

25 同上。

26 古斯塔夫・尼布爾（Gustave Niebuhr），〈法威爾為「上帝發怒允攻論」道歉〉（Falwell Apologies for Saying an Angry God Allowed Attacks），載於《紐約時報》，二〇〇一年九月十八日。

27 傑瑞・法威爾牧師新聞部發表的新聞稿，二〇〇一年九月十七日。原稿可見於 http://www.falwell.com或是http://www.justice-respect.org/bkg/falwell_statement_2001.html。

28 同上。

29 同上。

30 同上。

31 林肯第二任總統就職演說，發表於一八六五年三月四日。

32 艾倫・古德曼（Ellen Goodman），〈道歉？不接受！〉（Apology Not Accepted），載於《波士頓環球報》，亦見於《水牛城新聞報》（Buffalo News），二〇〇一年九月二十一日。

33 朗・波赫士（Ron Borges），〈泰森為咬耳道歉，請求再次出賽機會〉（Tyson Apologizes for Biting; Asks for Chance to Box Again），載於《波士頓環球報》，一九九七年七月一日。

34 提姆・葛拉翰（Tim Graham），〈泰森道歉，前任拳王考慮提出賠償〉（Tyson Apologizes, Ex-Champ Chews to Make Amends），載於《波士頓環球報》，一九九七年七月一日。

35 朗・波赫士，〈泰森為咬耳道歉，請求再次出賽打拳機會〉，載於《波士頓環球報》，一九九七年七月一日。

36 同上。

37 同上。以及美聯社新聞，〈泰森懊悔不已，聲稱自己只是反擊〉（Contrite Tyson Says He Snapped），載於《麻州伍斯特電信與新聞報》（Telegram & Gazette [Worcester, MA]），一九九七年七月一日。

38 查理．肯尼（Charlie Kenny）、芭芭拉．肯尼（Barbara Kenny）、肯．佛勒（Ken Fowler），〈破除貝比魯斯魔咒〉（Breaking the Curse of the Babe），給編輯的信，載於《波士頓環球報》，一九九五年十月四日。
39 同上。
40 美聯社， 山米索尼．帕瑞提（Samisoni Pareti），〈食人族後代向一八六七年死者道歉〉（Cannibals' Descendants Offer Apology in 1867 Death），載於《波士頓環球報》，二〇〇三年十一月十四日。
41 同上。

第八章　道歉的時機

1 麥可．克拉尼奇（Michael Kranish），〈湯普森向柯林頓道歉〉（Thompson Apologizes to Clinton），載於《波士頓環球報》，一九九七年十月九日。
2 出自一九九九年，與作者的私人談話。
3 羅貝茲尼克斯（Robezniecks），《道歉的力量》（The Power of an Apology）。
4 凱瑟琳．希雷（Katharine Q. Seelye），〈中國終於允准柯林頓透過電話道歉〉（Chinese Finally Allow Clinton Time for a Telephone Apology），載於《紐約時報》，一九九九年五月十五日。

第九章　遲來的道歉

1 彼特．裴（Peter Pae），〈牧師漫長的內心交戰終於結束；燒夷彈轟炸經過數十年，美國指揮官與越南女士和解〉（At Long Last, a Conflict Ends for Minister; Decades after Napalm Bombing, U.S. Commander, Vietnamese Woman Make Their Peace），《華盛頓郵報》（約翰．普拉莫的報導起初於宗教性雜誌刊出後，引起了一些爭議。因爲他明知自己事實上不曾「下令」空襲，這樣看來，他似乎是在代表美國軍隊表示懊悔並負責，但他只不過是他們的一分子）。
2 安．潔倫（Anne Gearan），美聯社，〈一張令人難忘的越南照片「原諒」：拋下燒夷彈灼傷金福的飛行員尋得救贖〉（A Haunting Picture of Vietnam: Forgiven: Pilot Whose Napalm Burned Kim Phuc FindsRedemption），載於《渥太華公民報》，一九九七年四月十三日。

3 鄭靄齡（Denise Chong），《相片裡的女孩：金福，攝影與越戰的故事》（The Girl in the Picture: The Story of Kim Phuc, the Photograph, and the Vicnam War），頁三六一。

4 同上，頁三六〇。

5 潔倫（Gearan），《一張令人難忘的越南照片》（A Haunting Picture of Vietnam）。

6 同上。

7 艾瑞克・羅麥斯（Eric Lomax），《心靈勇者：前戰俘沉痛告白，戰爭的殘酷與寬恕》（The Railway Man: A POW's Searing Account of War, Brutality and Forgiveness）。

8 雷歐納德・葛林（Leonard Greene），〈攻擊者的懺悔喚醒種族衝突遺忘已久的記憶〉（Attacker's Confession Stirs Long-Forgotten Memories of Racial Strife），載於《波士頓前鋒報》，一九九四年三月十八日。

9 同上。

10 同上。

11 同上。

12 匿名戒酒會（Alcoholics Anonymous），《十二個步驟與十二個傳統》（Twelve Steps and Twelve Traditions），頁七七。

13 同上。

14 同上。

15 同上，頁八三。

16 喬治・馬爾（George F. Mahl），〈關於偏差行爲的個人遭遇〉（A Personal Encounter with Scientific Deviance）（編輯），載於《美國心理學家》，頁八八二至八八三，已取得授權複印。

17 同上。

18 同上。

19 同上。

20 同上。

21 哈維·阿拉頓（Harvey Araton），〈尤基與老闆完成補賽〉（Yogi and the Boss Complete Makeup Game），載於《紐約時報》。

22 同上。

23 同上。

24 同上。

25 李察·桑多米爾（Richard Sandomir），〈不猶疑，不吝嗇：阿里向佛雷澤伸手和好〉（No Floating, No Stinging: Ali Extends Hand to Frazier），載於《紐約時報》。

26 同上。

27 同上。

28 同上。

29 美聯社，〈阿里為詈罵佛雷澤道歉〉（Ali Apologizes for Frazier Remarks），載於《時代聯合報》，二〇〇一年三月十六日。

30 報業聯合通訊社，〈竊旗幟歷經四十九年歸還〉（Stolen Flag Returned After 49 Years），一九九四年二月二日。

31 同上。

32 同上。

33 葛培理牧師（Reverend Billy Graham），於一九七二年在總統辦公室，與理查·尼克森（Richard M. Nixon）的對話錄音，由國家檔案館於二〇〇二年公開，可於國家檔案館暨文書管理局（National Archives and Records Administration）的尼克森總統資料庫（Nixon Presidential Materials Staff）取得。大衛·菲爾史東（David Firestone）報導，〈葛培理就一九七二年批評猶太人言論回應外界餘怒〉（Billy Graham Responds to Lingering

Anger over 1972 Remarks on Jews），載於《紐約時報》，二〇〇二年三月十七日。

34 葛培理透過其公關公司「德州達拉斯A・萊瑞・羅斯公關公司」（A. Larry Ross Communications, Dallas, Texas），於二〇〇二年三月一日發表聲明。

35 美聯社，〈羅曼史小說家坦承抄襲〉（Romance Novelist Admits Plagerism），《聖路易郵訊報》（St. Louis Post Dispatch）。已向美聯社取得授權複印。

36 〈更多瑞士的祕密〉（More Swiss Secrets），載於《情報雜誌》（Intelligencer Journal），一九九七年七月二十六日。

37 丹・卡特（Dan T. Carter），〈憤怒的手腕：喬治・華萊士、新保守主義的起源、美國政治的質變〉（The Politics of Rage: George Wallace, the Origins of the New Conservatism, and the Transformation of American Politics），頁四一五。

38 同上。

39 同上。

40 同上。

41 霍華德・庫爾茲（Howard Kurtz），〈作家稱其書作汙衊安妮塔・希爾〉（Author Says He Lied in Book on Anita Hill），載於《華盛頓郵報》，二〇〇一年六月二十七日。

42 同上。

43 羅伯特・西格爾（Robert Siegel）與諾雅・亞當斯（Noah Adams）主持，記者妮娜・托騰伯格（Nina Totenberg）做爲來賓，《新聞面面觀》（All Things Considered），話題—大衛・布羅克（David Brock）將出版的新書《被權利矇蔽》（Blinded by the Right），二〇〇一年七月二日。

44 同上。

45 作者於二〇〇三年間的私人談話。

46 馬汀・諾蘭（Martin F. Nolan），〈向傑拉德・福特致歉〉（An Apology to Gerald Ford），載於《波士頓環球

報》，一九九六年十二月十八日。

47 李察德・李福斯（Richard Reeves），〈對不起，總統先生〉（I'm Sorry, Mr. President），載於《美國傳統》（American Heritage），頁五二至五五。

48 同上。

49 同上。

50 路伊基・阿加托里（Luigi Accattoli），〈當一位教宗請求寬恕：若望・保祿二世的懺悔〉（When a Pope Asks Forgiveness: The Mea Culpas of John Paul II），喬丹・奧曼（Jordan Aumann）翻譯。

51 同上，頁六九。

52 同上。

53 同上。

54 艾利森・米雪兒（Alison Mitchell），〈柯林頓為「顯然種族歧視的」美國研究表示遺憾〉（Clinton Regrets 'Clearly Racist' U.S. Study），載於《紐約時報》，一九九七年五月十七日。

55 塔斯克吉梅毒研究遺產委員會（Tuskegee Syphilis Study Legacy Committee）最終報告的文獻，可於http://hsc.virginia.edu/hs-library/historical/apology/report.html取得，一九九六年五月十二日。

56 一九九七年，五月十六日，塔斯克吉梅毒研究倖存者與塔斯克吉梅毒研究遺產委員會成員，齊聚白宮，見證總統代表美國政府致歉。威廉・傑佛森（William Jefferson）的評論，可於國家檔案館網站http://clinton4.nara.gov/textonly/new/remarks/Fri/19970516-898.html取得。

57 有關阿道夫・希特勒（Adolf Hitler）的陳述是學術研討的主題。凱霍克・巴達奇揚（Kevork B.Bardakjian）在其書《希特勒與亞美尼亞種族大屠殺》（Hitler and the Armenian Genocide）中，將這份於柏林交給路易・羅荷納（Louis P. Lochner）的德國文件，在書中引用英譯版本來呈現；該版本最初發表於羅荷納的《德國怎麼了？》（What about Germany?），頁一至四。他指出這份文件隨後在紐倫堡審判（Nuremburg Tribunal）上提出，並登記為L-3或證物USA-28。德國原版請見「一九一八年至一九四五年，德國外交政治檔案，輯D，卷VII」（Akten

zur Deutschen Auswartigen Politik 1918-1945, Serie D, BandVII），頁一七一至一七二。詳細分析紐倫堡審判紀錄，並指出這段陳述被誤為希特勒言論者，請見希斯·勞瑞（Heath W. Lowry），《關於亞美尼亞：美國國會與阿道夫·希特勒》（The U.S. Congress and Adolf Hitler on the Armenians）。

58 彼得·巴拉奇恩（Peter Balakian），《底格里斯河正燃燒：亞美尼亞種族大屠殺與美國反應》（The Burning Tigris: The Armenian Genocide and America's Response），頁xix.。

59 〈為澳洲土著抱憾但未道歉〉（Regret but No Apology for Aborigines），BBC新聞網，一九九九年八月二十五日。

60 同上。

61 〈教會對非基督宗教態度宣言〉（Declaration on the Relation of the Church to Non-Christian Religious），〈我們的時代〉（Nostra Aetate），一九六五年十月二十八日。

62 同上。

63 一九九八年，三月十六日，在一場新聞記者會上，宗座梵蒂岡城國委員會暨促進與猶太人宗教關係（Holy See's Commission for Religious Relations with the Jews）主席兼樞機主教葛錫迪（Cassidy），現身發表文件〈我們記得：反省納粹大屠殺〉（We Remember: A Reflection on the Shoah.）。現場與會者包括委員會副主席皮埃爾·杜普利主教（Bishop Pierre Duprey）與委員會書記官雷密·霍克曼神父（Father Remi Hoeckmann, O.P.）。在教宗若望·保祿二世於一九九八年三月十二日給樞機主教葛錫迪的信中，他寫道：「我熱烈盼望，促進與猶太人宗教關係委員會在你領導下所撰寫的文件〈我們記得：反省納粹大屠殺〉，能夠確實治癒昔日因為誤解與不公所造成的傷痕。」。

64 〈大倒退？對話未能避免天主教—猶太人關係因天主教於大屠殺的史事與符號而破裂〉（A Great Leap backwards? Dialogue has not prevented a slide in Catholic-Jewish relations over Catholicism's narrative and symbolization of the Shoah），世界猶太人大會（World Jewish Congress），載於《政治郵訊報》（Policy Dispatches），可於http://www.wjc.org.il/publications/policy_dispatches/pub_dis36.html取得。

65 〈基督徒與猶太人的關係展開革新〉（Towards Renovation of the Relationship of Christians and Jews），萊茵蘭福音教會的宗教會議（Synod of the Evangelical Church of the Rhineland（FRG）），http://www.bc.edu/research/cjl/meta-elements/texts/documents/protestant/EvChFRG1980.htm。

66 見布爾克（Brooks），《道歉的時代》（The Age of Apology），頁三九九至三九四；與艾瑞克・山本（Eric K. Yamamoto），《種族間正義：後民權時代美國的衝突與和解》（Interracial Justice: Conflict andReconciliation in Post-Civil Rights America）。

第十章　道歉是種協商

1 亞倫・拉扎爾，〈論會談作為一種臨床協商〉（The Interview as a Clinical Negotiation），載於邁克・利浦金（Mack Lipkin）、山繆・普特南（Samuel M. Putnam）、亞倫・拉札爾主編，《醫學會談：臨床照護、教育與研究》（The Medical Interview: Clinical Care, Education, and Research），頁六十至六二。

2 亞倫・拉扎爾，〈臨床醫師—病人關係（二）：衝突與溝通〉（Clinician/Patient Relations II: Conflict and Negotiation），收錄於《精神科門診：診斷與治療》（Outpatient Psychiatry: Diagnosis and Treatment），頁一三七至一五二。

3 與作者的私人談話，於二〇〇三年五月二十七日。

4 〈辛普森案法官引檢察官發言並斥責，又寬容以對〉（Judge Cites Prosecutor, Then Relents in O. J. Case），載於《聖路易郵電報》，一九九五年二月二十四日。

5 同上。

6 史考特・華鐸、肯・亞伯拉罕（Ken Abraham）合著，《正確之事》（The Right Thing）。

7 道格・史楚克（Doug Struck），〈日本受害人家屬要求艦長親自道歉〉（In Japan, Victims' Families Expect aPersonal Apology），載於《華盛頓郵報》，二〇〇一年二月二十七日。

8 華鐸海軍生涯面臨終結，〈願赴日本向家屬道歉〉（Waddle, Facing End of Navy Career, Wants to Apologize to

Families in Japan），載於《星條旗》（The Stars and Stripes），二〇〇一年四月二十一日，可見於http://www.estripes.com/article.asp?section=104&article=1676&archive=true。

9 出自華鐸中校的民事律師查爾斯・季庭斯（Charles W. Gittins）發表的信件，可見於〈潛艇艦長向日本人發出道歉信〉（Skipper of Sub Sends Regrets to Japanese），載於《聖彼得堡時報》（St. Petersburg Times），二〇〇一年二月二十六日。

10 史楚克，〈日本受害人家屬要求艦長親自道歉〉。

11 約翰・基夫納（John Kifner），〈潛艦中校遭申斥並將辭職〉（Captain of Sub is Reprimanded and Will Quit），載於《紐約時報》，二〇〇一年四月二十四日。

12 同上。

13 伊蓮・秀黎諾（Elaine Sciolino），〈潛艇中校向受難者家屬更直接表示歉意〉（Sub Commander Apologizes More Directly to Families），載於《紐約時報》，二〇〇一年三月一日。

14 〈前海軍艦長爲撞船事件日方罹難者含淚禱告〉（Tearful Ex-US Navy Skipper Prays for Japanese Collision Victims），載於《太空通訊》（Spacewire），二〇〇二年十二月十五日。

15 萊恩・卡瓦伊拉尼（Ryan Kawailani），〈華鐸再談潛艇事故，抨擊美國海軍〉（Waddle Revisits Sub Accident, Slams Navy），載於《夏威夷新聞網》（Hawaiinews.com），二〇〇三年一月二十四日。

16 美聯社，保羅・亞力山大（Paul Alexander），〈朝鮮釋放直升機駕駛員巴比・霍爾〉（Helicopter Pilot Bobby Hall Released by North Korea），美聯社於韓國首爾，一九九四年十二月三十日。

17 美聯社，保羅・亞力山大，〈朝鮮對釋放機員俘虜發表聲明〉（North Korea Releases Statement from Captive Pilot），美聯社於韓國首爾，一九九四年十二月二十九日。

18 〈與中國撞機事件〉（Collision With China），載於《紐約時報》，二〇〇一年四月十二日。

19 美國大使普理赫致中國外交部長唐家璇的信件，由白宮新聞祕書處公開，二〇〇一年四月十一日，詳見http://www.pbs.org/newshour/bb/asia/china/plane/letter_4-11.html。

20 海倫·甘迺迪（Helen Kennedy），〈危機落幕：中國釋放美國佬，美國兩次表示「非常抱歉」〉（Crises Ends as China Frees Yanks, U.S. Says It's 'Very Sorry' -- Twice），載於《紐約每日新聞》，二〇〇一年四月十二日。

21 同上。

22 諾曼·費里斯（Norman B. Ferris），〈川特號事件：一次外交危機〉（The Trent Affair: A Diplomatic Crisis），頁十八。

23 高登·華倫（Gordon H. Warren），〈不滿的泉源：川特號事件與公海自由〉（Fountain of Discontent: The Trent Affair and Freedom of the Seas），頁一〇四。

24 同上，頁一〇五。

25 費里斯，《川特號事件》，頁五一。

26 同上，頁一八三至一九一。

27 派翠克·海里（Patrick Healy），〈教授爲捏造不實經歷道歉〉（Professor Apologizes for Fabrications），載於《波士頓環球報》，二〇〇一年六月十九日。

28 約瑟夫·埃里斯，後續聲明由他的律師泰勒·威廉斯（Taylor Williams）先生代爲發表，並刊登在霍利奧克山學院的網站上，時間爲二〇〇一年八月十七日。

29 美聯社，〈羅特爲口出狂言道歉〉（Lott Apologies for Terrible Words），載於《麻州伍斯特電信與新聞報》，二〇〇二年十二月十二日。

30 同上。

31 史考特·薛柏（Scott Shepard），〈羅特因公憤高漲而加強道歉〉（As Furor Grows, Lott Expands his Apology），載於《亞特蘭大新聞憲政報》（Atlanta Journal-Constitution），二〇〇二年十二月十二日。

32 亞當·納格尼（Adam Nagourney）、卡爾·浩斯（Carl Hulse）合撰，〈布希譴責羅特對塞蒙所作評論〉（Bush Rebukes Lott over Remarks on Thurmond），載於《紐約時報》，二〇〇二年十二月十三日。

33 大衛·浩芬格（David H. Halbfinger），〈羅特道歉，但拒絕讓出領導位置〉（Lott Apologizes but Won't Yield

Leadership Post），載於《紐約時報》，二〇〇二年十二月十四日。

34 戴斯帖（D'Este），《巴頓》（Patton），頁五二二至五四六。

35 馬丁・布拉曼生（Martin Blumenson），《巴頓文錄》（The Patton Papers, 1940-1945），頁三三〇至頁三三一。

36 戴斯帖，《巴頓》，頁五二二至頁五四六。

37 同上。

38 巴坎（Barkan），《國家之罪》（The Guilt of Nations），頁xxix。

第十一章　道歉與原諒

1 羅倫・妥桑特（Loren L. Toussaint）、大衛・維廉斯（David R. Williams）、馬可・穆希克（Marc A Musick）、蘇珊・埃福森（Susan A. Everson），〈原諒與健康：美國機率樣本中的年齡差異〉（Forgiveness and Health: Age Differences in a U.S. Probability Sample），載於《成人發展期刊》（Journal of Adult Development），頁二四九至二五七。

2 見亞丁・史坦薩茲（Adin Steinsaltz），《悔悟：新虔誠猶太教徒的指引》（Teshuvah: A Guide for the Newly Observant Jew）；與平克斯・培里（Pinchus H. Peli），《悔罪：拉比約瑟夫・多夫・索洛韋契克的思想與口述佈道》（On Repentance: The Thoughts and Oral Discourses of Rabbi Joseph Dov Soloveitchik）。

3 史坦薩茲（Steinsaltz），《悔悟》（Teshuvah）。

4 拉比埃李雅胡・圖格爾（Eliyahu Touger），《邁蒙尼德米示拿妥拉：悔罪的律法》（Maimonides Mishneh Torah: The Laws of Repentance）。

5 哈維・寇克斯（Harvey Cox），〈悔罪的根源：給道歉中的國家一些關於原諒的想法〉（The Roots of Repentance: Some Thoughts on Forgiveness for a Nation in the Midst of Apologies），《公共生活中的宗教與價值》。

6 羅貝特・恩賴（Robert D. Enright）與喬安娜・諾史（Joanna North）編輯，《探索原諒》（Exploring

Forgiveness），頁四七。

7 果戈理．瓊斯（L. Gregory Jones），《體現原諒：神學分析》（Embodying Forgiveness: A TheologicalAnalysis），頁一五九。

8 同上。

9 唐諾．施李福（Donald W. Shriver Jr.），〈政治中有原諒嗎？〉（Is There Forgiveness in Politics?），《探索原諒》，羅貝特．恩賴（Robert D. Enright）與喬安娜．諾史（Joanna North）編輯，頁一三六。

10 約翰．懷特（John H. White），〈指控伯納丁男子逝世：庫克，三十六歲，撤銷性侵控訴後獲主教原諒〉（Bernardin's Accuser Dies: Cook, 36, Was Forgiven by Cardinal after Dropping Sex Abuse Charges），載於《芝加哥太陽報》，一九九五年九月二十三日。

11 古斯塔伕．尼布爾（Gustav Niebuhr），〈主教與原告，意義深遠的和解〉（For Cardinal and Accuser, a Profound Reconciliation），載於《紐約時報》，一九九五年一月五日。

12 愛德華．華歐許（Edward Walsh），〈主教稱與前原告達成「意義深遠的和解」〉（Cardinal Describes 'Profound Reconciliation' with Former Accuser），載於《華盛頓郵報》，一九九五年一月五日。

13 布萊恩．傑克森（Brian Jackson），〈伯納丁，前原告尋回內心平靜〉（Bernadin, Ex-accuser Find Peace），載於《芝加哥太陽報》，一九九五年一月五日。

14 古斯塔伕．尼布爾，〈主教與原告，意義深遠的和解〉，載於《紐約時報》，一九九五年一月七日。

15 愛德華．華歐許，〈主教稱與前原告達成「意義深遠的和解」〉。

16 喬治．何拉爾德（George Herald），〈我最喜愛的殺手〉（My Favorite Assassin），《哈潑斯雜誌》，頁四四九至四五一，一九四三年四月。

17 同上。

18 同上。

19 維克多．雨果（Victor Hugo），《悲慘世界》（Les Misérables）。

20 同上，頁九二。
21 迪特里希・潘霍華（Dietrich Bonhoeffer），《追隨基督》（The Cost of Discipleship），頁四七。
22 同上。
23 艾瑞克・羅麥斯（Eric Lomax），《心靈勇者：前戰俘沉痛告白，戰爭的殘酷與寬恕》（The Railway Man: A POW's Searing Account of War, Brutality and Forgiveness）。
24 同上，頁二〇六。
25 同上，頁二五六。
26 同上，頁二二五。
27 同上，頁二二六。
28 同上，頁二二三。
29 同上，頁二四一。
30 同上，頁二四〇。
31 同上，頁二五二。
32 同上，頁二五三。
33 同上，頁二五四至二五五。
34 同上，頁二六三。
35 同上，頁二六四。
36 同上，頁二六六。
37 同上，頁二六八。
38 同上，頁二七一。
39 同上，頁二七四。
40 同上，頁二七五。

41 同上，頁二七六。

第十二章　後記：道歉的未來展望

1 麥克・韓德森（Michael Henderson），《爲何原諒：爲衝突中的世界帶來希望的故事》（The Forgiveness Factor: Stories of Hope in a World of Conflict）。

2 巴坎，《國家之罪》，頁xxiv至xxv。

3 麥可・菲耶爾（Michael Phayer），《天主教教會與大屠殺：一九三〇至一九六五》（The Catholic Church and the Holocaust, 1930-1965）。

4 〈教會對非基督宗教態度宣言〉（Declaration on the Relation of the Church to Non-Christian Religions）〈我們的時代〉（Nostra Aetate），發表於一九六五年十月二十八日。

5 同上。

6 麥可・菲耶爾，《天主教教會與大屠殺》，頁二〇三。

7 〈教會對非基督宗教態度宣言〉（〈我們的時代〉），發表於一九六五年十月二十八日。

8 同上。

9 麥可・菲耶爾，《天主教教會與大屠殺》，頁二一四。

10 理查・馮・魏茲澤克，發表於一九八五年五月八日。

11 同上。

12 安東尼・路易士（Anthony Lewis），發表於《紐約時報》的社論，一九八六年五月一日。

13 傑佛瑞・赫孚（Jeffrey Herf），《分裂的記憶：兩個德國、一段納粹歷史》（Divided Memory: The Nazi Past in the Two Germanys），頁三五五。

14 艾瑞克・山本（Eric K. Yamamoto）、瑪格莉特・鄭（Margaret Chon）、卡蘿・和泉（Carol L. Izumi）、傑瑞・姜（Jerry Kang）、吳華揚（Frank H. Wu）合著，《種族、人權與補償：法律與日裔美人拘禁事件》（Race,

Rights and Reparation: Law and the Japanese American Internment）。

15 巴坎，《國家之罪》，頁三十。

16 同上，頁三一。

17 威爾斯，《林肯在蓋茲堡》，頁十七至十九。

18 尤里西斯．葛蘭特總統，〈第八次年度國會演講〉，發表於一八七六年十二月五日。詳見：http://www.geocities.com/presidentialspeeches/1876.htm。

19 例如以下各項參考著作：高夫曼，《公共場合的關係：公共秩序的微型研究》；蕭莎娜．布倫—庫卡、茱莉安．豪斯、加布里耶．卡斯伯主編，《跨文化語用學：請求與道歉》；威廉．博諾瓦（William L.Benoit），《理由、藉口與道歉：一個形象恢復策略的理論》（Accounts, Excuses, and Apologies: A Theory ofImage Restoration Strategies）。

20 例如以下各項參考著作：塔沃齊思，《告罪書》；安格爾（Engel），《道歉的力量》（The Power of Apology）；布蘭查（Blanchard）、麥可布萊德（McBride）合著，《一分鐘道歉》（The One Minute Apology）；布魯克斯，《道歉的時代》。

21 巴比倫版塔目德，短文54a。

22 這次演講大綱以「如何好好道歉?」（What makes for a good apology）爲題，發表於《爲了改變》雜誌；也請參考作者爲寇斯行所寫的隨筆。本文尚未公開發表，可向作者索取。

23 羅伯特．傑．立夫頓（Robert Jay Lifton），《超級強權症候群：美國面對世界的末世挑戰》（Super Power Syndrome: America's Apocalyptic Confrontation with the World）。

24 立夫頓，《超級強權症候群》；潔西卡．史特恩（Jessica Stern），《以上帝名義而爲的恐怖行動：爲何宗教激進分子要殺戮》（Terror in the Name of God: Why Religious Militants Kill）；湯馬斯．佛里曼（Thomas Friedman）爲《紐約時報》撰寫的社論：〈恥辱的因素〉（The Humiliation Factor），二〇〇三年十一月九日；關於修昔底德，請見唐納德．卡根，《論戰爭的起源與和平的維護》（On the Origins of War and the Preservation

of Peace）。

25 湯瑪士・謝芙（Thomas Scheff），《血債血還：情緒、國族主義與戰爭》（Bloody Revenge: Emotions,Nationalism, and War）。

致謝

人們常引用一句非洲諺語：「養一個孩子得用上全村的力量。」我發現，寫一本書也得動員一整個村子。而我的村子，就是伍斯特的麻薩諸塞州大學醫學院校區的全體教職員，以及我在校園外的親友。

在日常生活中，我從妻子露易絲和孩子賈克琳（已故）、山姆、莎拉、湯姆、漢恩、羅伯特、大衛、娜歐蜜身上，學到了什麼是道歉。而我的孫輩，特別是加百列，更教導我道歉對兒童有多重要。莎拉還對法律與道歉之間的探討有所貢獻。

十多年前，從我剛對道歉產生興趣開始，我的心理學家同事威廉・沃格博士便經常與我會面，除了給予鼓勵、對手稿賜教，也使我確信自己的工作的重要性。他爲我們的討論注入了廣博的歷史知識。倫理學主任瑪嬌麗・克雷博士的編輯工作，從各方面來看都非常出色。她很清楚我想試著表達些什麼，也努力不懈地指導，直到她認爲我寫出箇中眞意爲止。我相信是她的指導讓我成爲更上層樓的作者。老威與瑪嬌麗都確保了我的寫作精準又有邏輯。他們看到我犯錯時都會毫無保留地直言不諱，同時帶著理性與關懷。這兩位也都是視回饋社會爲己任的知識分子。他們願意爲我對道歉的研究工作付出無窮的精力與慷慨的心神，對此我永懷感激。

珊卓拉・貝嶺主任每日不屈不撓地工作超過八小時還興致高昂，就爲了找到資料的原始出處、重讀章節、分享種種構思，並彙整手稿以供出版之用。行政助理琳達・波麗亞與黛安娜・寇伯利諾負責閱讀手稿並提供關於道歉的點子，她們也打理我的職業生活，讓我在寫書時能兼顧院長一職。寶拉・麥唐諾則是個勤奮的研究助理。

許多人慨然提供建議、忠告、鼓勵，以及他們個人的道歉故事。他們是我的同事、朋友、親戚與我孩子的朋友：馬克・秀敦、安德莉雅・貝利吉安、藍尼・西爾加、羅伯特・聶梅、李・漢默、曼紐・札克斯、雅博與琳達・薛曼、保羅・艾波保、麥・蘭・羅高夫、莎拉・海森寧、強・卡巴－晉、派特・勞瑞、蓓西・萊特、安娜史塔西亞・威爾森、蘇珊・文茲、吉姆・威爾斯、威爾・薩格、猶太牧師萊斯理・葛特曼、楚門・瓦許牧師、約翰・布魯克斯牧師、S・J、保羅・

米勒、麥朗・康明斯、摩爾特與薇薇安・席格、巴伯與雪莉・席夫、約翰・古德森、艾琳・杜哈麥、艾倫・佩斯頓、維吉尼亞・佩斯頓（已故）、尼克・坎農、羅倫・佩斯頓、班・佩斯頓、吉姆・葛蘭杰、珊蒂・拉撒路、莎莉・梅森、瓊安・拉撒路、海倫與哈洛・珀可、珍奈特・坎農、派特・坎農、法蘭瑟斯與詹姆斯・坎農（已故）、肯・羅斯威爾、布蘭迪・米力肯、艾德・浩斯曼、麥特・高曼、麥特・泰德羅、比利・安德森、潔瑪・索樂、瑪利威勒・布洛斯、麻薩諸塞州伍斯特郡的布恩寇特中學，以及伊利諾州奧蘭公園村的卡爾・山伯格中學。

我們的醫學院得以全效運轉，多虧有這些同事幫忙分擔了我的工作：瑞克・史坦頓、雪若・席德、米雪・帕格奈，以及湯姆・曼寧。

傑克與雪萊・布萊斯可能永遠不會想到，他們無私的付出與支持是如何激勵了我。在思考寫作與心理方面的課題時，我總會想到我的中學英文老師碧翠斯・海利克太太。對紐澤西州貝庸市貝庸中學的許多學生來說，她都帶來很大的激勵。

里昂・艾森伯格醫師三十六年來都是我的良師益友，他總是鼓勵用創新方式探究人性根本。

布萊恩・漢姆林邀請我去瑞士寇斯的一個國際性場合發表我的構想，功不可沒。我因此能與拉傑莫漢・甘地教授討論我的簡報，收穫良多。茱恩・奧斯朋醫師領導的裘西亞・梅西二世基金會於我恩重如山，感謝他們對推廣醫病溝通技巧的大力支持。

我也要特別感謝我在牛津大學出版社的編輯費歐娜・史蒂文斯，謝謝她在整個出版過程中的支持與鼓勵。

中英譯名對照

推薦序　道歉才可以使人變好！

尼可拉斯・塔沃齊思 Nicholas Tavuchis
格利士渥 Charles L. Griswold
史密斯 Nick Smith

第一章　日益重要的道歉

曼紐・札克斯礫 Manuel. Zax
伍斯特郡 Worcester
艾迪 Eddie
多徹斯特 Dorchester
野木街 Wildwood Street
川特・羅特 Trent Lott
比爾・柯林頓 William J. Clinton
喬治・布希 George W. Bush
理查・克拉克 Richard A. Clarke
傑・雷諾 Jay Leno
大衛・萊特曼 David Letterman
尼可拉斯・塔沃齊思 Nicholas Tavuchis
《時代雜誌》 Time
《紐約時報》 New Youk Times
《華盛頓郵報》 Washingto Post
《家庭天地》 Family Circle
致歉禮品傳遞公司 Tianjin Apology and Gift Center
理查・尼克森 Richard M. Nixon
羅伯特・帕克伍德Robert W. Packwood
史壯・塞蒙 Strom Thurmond
伯納・羅 Bernard Law
金大中 Kim Dae Jung
卡爾・梅耶 Karl E. Meyer

邁可・韓德森 Michael Henderson
《基督教科學箴言報》 Christian Science Monitor
藍斯・莫羅 Lance Morrow
教宗波尼法爵八世 Pope Boniface VIII
教宗若望・保祿二世 Pope John Paul II
喬治・史坦布瑞納 George Steinbrenner
尤基・貝拉 Yogi Berra
卡門 Carmen (Berra)
馬歇爾・麥克魯漢 Marshall McLuhan
羅伯・賴特 Robert Wright
車諾比 Chernobyl
朱鎔基 Zhu Rongji
北卡羅萊納州 North Carolina State
唐納・戴維斯 Donald S. Davis
唐納德・倫斯斐 Donald Rumsfeld
伊萊沙・巴杭 Elazar Barkan
《密爾瓦基哨兵報》Milwaukee Journal Sentinel
《謝爾比星報》 Shelby Star
早安美國 Good Morning America
《道歉的力量：改善你與他人關係的治癒性步驟》The Power of Apology: Healing Steps to Transform All Your Relationships
《一分鐘道歉：化危機為轉機！把扣分變加分！》 The One Minute Apology: A Powerful Way to Make Things Better
《第三個千年將臨之際》Tertio Millennio Adveniente
紐約洋基隊 New York Yankees
《非零和時代：人類命運的邏輯》Nonzero: The Logic of Human Destiny
《國家的罪過：賠償與轉型正義》The Guilt of Nations: Restitution and Negotiating Historical Injustices

第二章　道歉的矛盾之處

辯士 apologist

基督教護教學Christian apologetic
柏拉圖《對話錄》Plato's dialogue
申辯篇 Apologia
跳棋演說 Checkers speech
道格拉斯・麥克阿瑟 Douglas MacArthur
老兵不死 Old Soldiers Never Die
吉米・卡特 Jimmy Carter
彼德・高梅思 Peter J. Gomes
《一本好書：用理性與感性讀聖經》 The Good Book: Reading the Bible with Mind and Heart
《波士頓前鋒報》 Boston Herald
唐・費德 Don Feder
黛伯拉・坦南 Deborah Tannen
辦公室男女對話 Talking from 9 to 5
珍奈特・荷姆斯 Janet Holmes
珍・拜比 Jane Bybee
卡蘿・吉利根 Carol Gilligan
依蓮・蕭華特 Elaine Showalter
莎士比亞 Shakespear
亨里克・易卜生 Henrik Ibsen
湯馬士・沃爾夫 Thomas Wolfe
亞瑟・米勒 Arthur Miller
玩偶之家 A Doll's House
托瓦德 Torvald
娜拉 Nora
裕仁天皇 Emperor Hirohito
哈瑞・杜魯門 Harry S. Truman
查普爾特佩克城堡 Chapultepec Castle
大衛・麥卡勒 Davic McCullough
美墨戰爭 Maxican-American War
詹姆斯・卡羅爾 James Carroll

耶路撒冷 Jerusalem
若望・保祿二世 John Paul II
哭牆 Western Wall
反猶太主義 anti-Judaism
比爾・柯林頓 William Clinton
川特・羅特 Trent Lott
蓄奴制 slavery
納粹德國 Nazi Germany

第三章　道歉如何治癒傷痕

修昔底德 Thucydides
羞辱 humiliation
擊垮 annihilated
羞辱 dissed
劣等人種 untermenschen
「在下面的人」 underpeople
受辱的憤怒 humiliating rage
普法戰爭 Franco-Prussian War
《凡爾賽條約》 Versailles Treaty
《唐納德・卡根》 Donald Kagan
伯羅奔尼撒戰爭史 history of Peloponnesian wars
湯瑪斯・佛里曼 Thomas L. Friedman
馬哈迪・穆罕默德 Mahathir Mohamad
羅伊・布爾克 Roy L. Brooks
社會契約 social contract
附帶性破壞 collateral damage
紐澤西籃網隊 New Jersey Nets
波士頓塞爾提克隊 Boston Celtics
過度警覺 hypervigilance
「以牙還牙」 a tit-for-tat 或「以眼還眼」 an eye for an eye
《報復與寬恕之間》 Between Vengeance and Forgiveness

《那夜，一個人類生命消逝》 A Human Being Died That Night
英國廣播公司 BBC
美國聯邦調查局 FBI
塔斯克吉 Tuskegee
奧克拉荷馬城 Oklahoma City
蒂莫西・麥克維 Timothy McVeigh
太田誠一 Seiichi Ota
鮑勃・萊恩 Bob Ryan
《波士頓環球報》 Boston Globe
日本共同通訊社 Kyodo News Service
小泉純一郎 Junichiro Koizumi
巴布・羅伯 Bob Lobel
裘曼娜・基德 Joumana Kidd
賈森・基德 Jason Kidd
馬汀・拜倫 Martin Baron
合眾國際社 United Press International
科爾姆・奧戈曼 Colm O'Gorman
神父尚恩 Father Sean
愛爾蘭天主教會 Irish Catholic Church
佛蒙特 Vermont
社會與復健發展部 Social and Rehabilitation Department
天普大學 Temple University
麻薩諸塞大學 University of Massachusetts
麻州大學 UMass
約翰・錢尼 John Cheney
強恩・卡勒波里 John Calipari
費城 Philadelphia
洛伊・弗蘭克豪瑟 Roy E. Frankhouser
三K 黨 Ku Klux Klan
《白色論壇》 White Forum
《費城詢問報》 Philadelphia Inquirer

小喬治・巴頓 George S. Patton,Jr
西西里 Sicily
德懷特・艾森豪 Dwight D. Eisenhower
約翰・艾森豪 John S. Eisenhower
雷娃・薛佛 Reva Shefer
瑪莎・米諾 Martha Minow
聯合國薩爾瓦多真相調查委員會 United Nations Truth Commission El Salvador
南非真相與和解委員會 Truth and Reconciliation Commission
普姆拉・果波多・馬迪基澤拉 Pumla Gobodo-Madikizela
德科克 de Kock
亞美尼亞〔人〕 Armenian
防止及懲治殘害人群罪公約 genocide convention
亞美尼亞種族大屠殺 Armenian genocide
法國國營鐵路公司 French National Railroad Service
寇特・菲諾・薛訶特 Kurt Werner Schaechter
土魯斯 Toulouse
法國國家檔案館 French National Archives
索比堡 Sobibor
奧許維茲 Auschwitz
柯蒂斯・歐茲奧 Curtis Oathout
賓利神父 Father Bentley

第四章　認錯

樞機主教 Cardinal
伯納・羅 Bernard Law
川特・羅特 Trent Lott
史壯・塞蒙 Strom Thurmond
亞伯拉罕・林肯 Abraham Lincoln
蓋茲堡演說 Gettysburg Address
西德 Federal Republic of Germany
理查德・馮・魏茲澤克 Richard von Weizsacker

辛提人與羅姆人 Sinti and Romany Gypsies
凱文・高沃 Kevin Gover
印第安人事務局〔印務局〕 Bureau of India Affairs, BIA
印第安人 Indian
血淚之路 Trail of Tears
沙溪 Sand Creek
瓦西塔河 Washita River
傷膝地 Wounded Knee
菲德列克・道格拉斯 Frederick Douglass
阿諾・史瓦辛格 Arnold Schwarzenegger
全國女性組織 National Organization for Women
海倫・葛瑞艾可 Helen Grieco
珍娜・傑克森 Janet Jackson
超級盃 Super Bowl
賈斯汀・提姆布萊克 Justin Timberlake
比爾・柯林頓 William Clinton
羅伯特・李〔將軍〕 Robert E. Lee
皮凱特衝鋒 Pickett's Charge
尤里西斯・葛蘭特 Ulysses S. Grant
華盛頓（總統）Washington
艾德華・依根 Edward M. Egan
紐約總教區 New York Archdiocese
克萊德・哈伯曼 Clyde Haberman
吉卜林 Kipling
史波坎社區大學 Spokane Community College
卡洛斯・賈格梅第 Carlos Jagmetti
名人錦標賽 Masters Tournament
老虎・伍茲 Tiger Woods
法齊・鄒勒 Fuzzy Zoeller
有線電視新聞網 CNN
凱馬特超市 K-mart

大葛林斯伯勒精典賽 Greater Greensboro Classic
美聯社 Associated Press
加拿大航空 Air Canada
凱杉・沙磊 Kassem Saleh
愛爾蘭共和軍 Irish Republican Army, IRA
貝爾法斯特 Belfast
瓦特・孟岱爾 Walter Mondale
史考特・華鐸 Scott D. Waddle
日本國家電視網 Japanese national television network
金髮俏佳人 Blondie
迪瑟先生 Mr. Dithers
達伍 Dagwood
麥克・泰森 Mike Tyson
依凡德・何利菲德　Evander Holyfield
賈斯汀・沃普　Justin A. Volpe
海地 Haiti/Haitian
羅伯特・麥克納馬拉　Robert S. McNamara
《反思：越南的悲劇與教訓》In Retrospect: The Tragedy and　Lessons of Vietnam
生者與逝者　The Living and the Dead
保羅・漢翠克森　Paul Hendrickson
至高與至明　The Best and the Brightest
大衛・浩伯斯坦　David Halberstam

第五章　懊悔、解釋與賠償

懊悔 remorse
《波士頓環球報》 Bosten Globe
最佳自我 best self
湯瑪斯・沬爾 Thomas Moore
雅努斯 Janus
詹姆斯・卡特爾 James Kartell
亞諾許・法依達 Janos Vajda

蘇珊・卡姆 Susan Kamm
戴克拉克 F.W.de Klerk
國民黨 National Party
美國印第安人 Native American(s)
美國聯邦內政部 the U.S. Department of Interior
印第安事務局 the Bureau of Indian Affairs
凱文・高沃 Kevin Gover
羅傑・克萊門斯 Roger Clemens
威廉・尼爾森 William K.Nelson
約翰・羅伊斯特 John J.Royster
蒂莫西・麥克維 Timothy McVeigh
美聯社 The Associated Press
哈勒 Halle
雷蒙・傑姆森 Raymond Jameson
鮑比 Bobby
邁克 Michael
新英格蘭 New England
蘇格・理海 Scot Lehigh
塞繆爾・休厄爾 Samuel Sewall
麻薩諸塞州 Massachusetts
賽勒姆 Salem
審巫案 witchcraft trial
南方教會 South Church
珍珠港 Pearl Harbor
大衛・布魯克斯 David Brooks
艾倫・古德曼 Ellen Goodman
莫妮卡・陸文斯基 Monica Lewinsky
曼荷蓮學院 Mount Holyoke College
約瑟夫・埃利斯 Joseph J. Ellis
越戰 Vietnam War
國會山莊〔廣播電臺〕 Capitol Hill

眾議院多數黨領袖 House Majority Leader
迪克・亞密 Dick Armey
巴尼・法蘭克／肥甲 Barney Frank/Fag
紐特・金瑞契 Newt Gingrich
緬因州 Maine
佛萊柏格市 Fryeburg
布萊恩・史密斯 Bryan Smith
史蒂芬・金 Stephen King
布萊恩・史密斯 Bryan Smith
《班戈每日新聞》Bangor Daily News
（摩洛哥公主）卡羅琳 Caroline
恩斯特・奧古斯特王子 Prince Ernst August
《自由每日新聞》 Turkish Hurriyet newspaper
拉崔爾・史普利威爾 Latrell Sprewell
紐約尼克隊 New York Knickerbockers
大衛・史騰 David Stern
國家籃球協會 NBA
蒙大拿州 Montana
比靈斯市 Billings
康拉德・伯恩斯 Conrad Burns
蒙大拿設備經銷商協會 Montana Equipment Dealers Association
（作者女兒）賈姬 Jackie
斯德哥爾摩 Stockholm
《新共和》 New Republic
斯蒂芬・格拉斯 Steven Glass
喬治華盛頓大學 George Washington University
《華盛頓郵報》The Washington Post
馬克・費雪 Marc Fisher
安德魯・蘇利曼 Andrew Sullivan
馬里蘭州 Maryland
維克多・克勞福德 Victor Crawford

伊里亞德 Iliad
荷馬 Homer
特洛伊城 Troy
羅勃特・費茲傑羅 Robert Fitzgerald
亞伽曼儂 Agamemnon
阿基里斯 Achilles
道奇體育場 Dodger Stadium
鮑柏・格蘭齊安諾 Bob Graziano
亞伯拉罕・林肯 Abraham Lincoln

第六章 人們為什麼要道歉？

馬丁・霍夫曼 Martin L. Hoffman
恰西迪猶太教堂 Chassidic synagogue
薛比・弗特 Shelby Foote
喬治・皮凱特 George E. Pickett
隆史崔特 Longstreet
費曼鐸 Fremantle
大衛・布林克利 David Brinkley
《布林克利週報》 This Week with David Brinkley
艾伯特・高爾 Albert Gore
湯馬斯維爾 Thomasville
喬治亞（州）Georgia
浸信會教會 Baptist Church
美南浸信會 Southern Baptist Convention
傑瑞・法威爾 Jerry Falwell
布希 Bush
艾倫・古德曼 Ellen Goodman
穆罕默德・阿里 Muhammad Ali
拉斯維加斯 Las Vegas
派翠西亞・吉弗 Patricia Gifford
內華達州體育委員會 Nevada State Athletic Commission

米高梅集團 MGM
娛樂時間電視網 Showtime
唐．金 Don King
紅襪隊 Red Sox
貝比．魯斯 Babe Ruth
紐約洋基隊 New York Yankees
斐濟 Fiji
納布淘淘 Nabutautau
湯馬士．貝克牧師 Rev. Thomas Baker

第七章　為什麼人們不願道歉？

自我意象 self-image
道德失靈 moral failure
莎士比亞 Shakespeare
百老匯 Broadway

第八章　道歉的時機

佛瑞德．湯普森 Fred Thompson
國際運輸工人工會 Teamsters union
民主黨全國委員會 Democratic National Committee
淋巴瘤 lymphoma
緬因州 Maine
貝爾格勒 Belgrade

第九章　遲來的道歉

約翰．普拉莫 John Plummer
浪滂縣 Trang Bang
《星條旗報》 Stars and Stripes
金福 Kim Phuc
衛理公會 United Methodist Church
華盛頓 Washington D.C.

艾瑞克・羅麥斯 Eric Lomax
永瀨隆 Nagase Takashi
桂河 River Kwai
《心靈勇者》 Railway Man
泰歐多（泰德）・藍茨馬克 Theodore (Ted) Landsmark
波士頓市政廳 Boston City Hall
史丹利・佛曼 Stanley Forman
普立茲獎 Pulitzer Prize
博比・鮑爾斯 Bobby Powers
匿名戒酒會 Alcoholics Anonymous；AA
喬治・馬爾 George F.Mahl
紐約洋基隊 New York Yankees
喬治・史坦布瑞納 George Steinbrenner
尤基・貝拉 Yogi Berra
哈維・阿拉頓 Harvey Araton
米奇・曼托 Mickey Mantle
喬・狄馬喬 Joe DiMaggio
卡門 Carmen
穆罕默德・阿里 Muhammad Ali
喬・佛雷澤 Joe Frazier
德文郡 Devon
愛斯德城 Exeter
尼克森總統 President Richard Nixon
葛培理 Billy Graham
珍妮特・戴莉 Janet Dailey
諾拉・羅伯特 Nora Roberts
《山楊黃》 Aspen Gold
《惡名昭彰》 Notorious
美國反文盲志工協會 Literacy Volunteers of America
阿拉巴馬州 Alabama
喬治・華萊士 George Wallace

席歐多・懷特 Theodore White
約翰・路易斯 John Lewis
馬丁・路德・金恩 Martin Luther King,Jr.
大衛・布羅克 David Brock
克萊倫斯・湯瑪士 Clarence Thomas
安妮塔・希爾 Anita Hill
《安妮塔・希爾的真面目》 The Real Anita Hill
霍華德・庫爾茲 Howard Kurtz
《被正義蒙蔽：一個前保守派分子的良心》 Blinded by the Right:The Conscience of an Ex-Conservative.
李察德・李福斯 Richard Reeves
傑拉德・福特 Gerald Ford
《一部福特，而不是一部林肯》A Ford, Not a Lincoln
亞歷山大・黑格 Alexander Haig
《美國傳統》 American Heritage
教宗若望保祿二世 Pope John Paul II
《當一位教宗請求寬恕：若望・保祿二世的懺悔》When a Pope Asks Forgiveness:The Mea Culpas of John Paul II
伽利略 Galileo
馬丁路德 Martin Luther
塔斯克吉試驗 Tuskegee Experiments
美國公共衛生部 U.S. Public Health Service
塔斯克吉大學 Tuskegee University
疾病管制中心 Centers for Disease Control
梅肯郡 Macon County
國會黑人黨團 Black Congressional Caucus
柯林頓 Clinton
亞美尼亞種族大屠殺 genocide of Armenians
安那托利亞 Anatolia
鄂圖曼土耳其帝國 Ottoman Empire
阿道夫・希特勒 Adolf Hitler

南京 Nanking
珍珠港 Pearl Harbor
環太平洋 Pacific Rim
澳大利亞土著 Australian Aborigines
越戰 Vietnam War
耶穌 Jesus
〈我們的時代〉 Nostra Aetate
納粹大屠殺 Holocaust
〈我們記得：反省納粹大屠殺〉 We Remember：A Reflection on the Shoah.
第二次梵蒂岡大公會議 the Second Vatican Council
萊茵蘭福音教會 Evangelical Church of the Rhineland

第十章　協商道歉事宜

辛普森 O. J. Simpson
蘭斯・伊藤 Lance Ito
克里斯多福・達登 Christopher A.Darden
地方助理檢察官 Assistant District Attorney
格林維爾號潛水艇 USS Greeneville
愛媛丸號 Ehime Maru
湯瑪士・法戈 Thomas Fargo
檀香山 Honolulu
朝鮮 North Korea
巴比・霍爾 Bobby Hall
一級准尉 Chief Warrant Officer
朝鮮中央通訊社 Korean Central News Agency
殲-8II 戰鬥機 F-8 jet
小鷹號航空母艦 Air craft carrier Kitty Hawk
克林・鮑威爾 Colin Powell
普理赫 Joseph Prueher
川特號事件 Trent Affair
聖賈欣多號 San Jacinto

查爾斯・威克斯 Charles D. Wilkes
哈瓦那 Havana
華倫堡 Fort Warren
高登・H・華倫 Gordon H. Warren
詹姆斯・麥迪遜 James Madision
霍利奧克山學院 Mt. Holyoke College
密西西比州 Mississippi
巴斯卡古拉 Pascagoula
小喬治・巴頓
George S. Patton, Jr.
西西里島 Sicily
後送醫院 evacuation hospital
德懷特・艾森豪 Dwight D. Eisenhower
喬治・馬歇爾 George C. Marshall
艾拉札・巴坎 Elazar Barkan
《國家之罪：對過往不公義的賠償與協商之道》Guilt of Nations: Restitution and Negotiating Historical Injustices

第十一章　道歉與原諒

邁蒙尼德 Maimonides
哈佛神學院 Harvard Divinity School
哈維・寇克斯 Harvey Cox
教宗若望保祿二世 Pope John Paul II
道德權利 moral rights
果戈理・瓊斯 L. Gregory Jones
協和神學院 Union Theological Seminary
唐諾・施李福 Donald W. Shriver, Jr.
不對稱同理心 counterempathy
南非真相與和解委員會 Truth and Reconciliation Commission of South Africa
史蒂文・庫克 Steven Cook
約瑟・伯納丁 Joseph Bernadin

辛辛那提市 Cincinati
瓦爾特・拉特瑙 Walter Rathenau
恩斯特・韋納・鐵賀修 Ernst Werner Techow
法國外籍兵團；外籍兵團 Foreign Legion
馬賽 Marseilles
維克多・雨果 Victor Hugo
《悲慘世界》 Les Mis rables
尚萬強 Jean Valjean
路德（教派）Lutheran
迪特里希・潘霍華 Dietrich Bonhoeffer
艾瑞克・羅麥斯 Eric Lomax
桂河 River Kwai
英國陸軍 British Army
桂河大橋 Kwai Bridge
永瀨隆 Nagase Takashi
《時代雜誌日本版》 Japan Times
大日本帝國陸軍 Imperial Japanese Army
北碧 Kanburi
尼斯 Nice

第十二章　後記：道歉的未來展望

麥可・韓德森 Michael Henderson
《為何原諒：為衝突中的世界帶來希望的故事》The Forgiveness Factor: Stories of Hope in a World of Conflict
教宗若望二十三世 Pope John XXIII
羅馬天主教 Roman Catholic
禮拜儀式文典 liturgy
我們的時代 Nostra Aetate
教會對非基督宗教態度宣言 Declaration on the Relation of the Church to Non-Christian Religions
第二次梵諦岡大公會議 Vatican II

教宗保祿六世 Pope Paul VI
麥可・菲耶爾 Michael Phayer
天主教教會與大屠殺：一九三〇至一九六五 The Catholic Church and the Holocaust, 1930- 1965
比特堡 Bitburg
隆納・雷根 Ronald Reagan
安東尼・路易士 Anthony Lewis
傑佛瑞・赫孚 Jeffrey Herf
《分裂的記憶：兩個德國、一段納粹歷史》Divided Memory: The Nazi Past in the Two Germanys
華盛頓特區 Washionton, D.C.
神聖羅馬帝國 Holy Roman
亨利四世 Henry IV
卡諾莎 Canossa
額我略七世 Gregory VII
亨利二世 Henry II
坎特伯雷 Canterbury
托馬士・貝克特 Thomas Becket
伍德豪斯爵士 P. G. Wodehouse
班傑明・迪斯雷利 Benjamin Disraeli
拉爾夫・W・愛默生 Ralph W. Emerson
費舍爾男爵 Lord Fisher
英國海軍大臣 British admiral
奧利弗・溫德爾・霍姆斯 Oliver Wendell Holmes
塔木德 Talmud
控辯交易 plea bargaining
被害人影響陳述 victim impact statements
伊拉克人 Iraqi
車臣人 Chechen
巴勒斯坦人 Palestinian
以色列人 Israeli

天主教徒 Catholic
北愛爾蘭新教徒 Protestant of Northern Ireland
羅伯特・傑・立夫頓 Robert Jay Lifton
潔西卡・史特恩 Jessica Stern
湯馬斯・佛里曼 Thomas Friedman
修昔底德 Thucydides
該隱與亞伯 Cain and Abel

致謝

伍斯特 Worcester
馬薩諸塞州大學／麻州大學 University of Massachusetts
威廉・沃格博士 William Vogel, ph.D.
瑪嬌麗・克雷博士 Marjorie Clay, Ph.D.
珊卓拉・貝嶺 Sandra Beling
琳達・波麗亞 Linda Boria
黛安娜・寇伯利諾 Diana Coppolino
寶拉・麥唐諾 Paula MacDonald
奧蘭公園村 Orland Park
卡爾・山伯格中學 Carl Sandburg High School
貝庸中學 Bayonne High School
里昂・艾森伯格醫師 Leon Eisenberg, M.D.
布萊恩・漢姆林 Bryan Hamlin
寇斯 Caux
拉傑莫漢・甘地 Rajmohan Gandhi
茱恩・奧斯朋醫師 June Osborne, M.D.
裘西亞・梅西二世基金會 Josiah Macy,Jr. Foundation
牛津大學出版社 Oxford University Press
費歐娜・史蒂文斯 Fiona Stevens

譯者簡介

林凱雄

三腳渡人。英文、法文翻譯，自由撰稿人。各方賜教、工作聯絡信箱:linsulaire.ft@gmail.com

葉織茵

酷嗜閱讀、翻譯，現為專職譯者。電子信箱:esmeyeh@gmail.com

發光體 04

道歉的力量：化解遺憾（經典新裝版）

作　　者　亞倫．拉扎爾
譯　　者　林凱雄、葉織茵
封面設計　海流設計　**內文排版**　游淑萍
副總編輯　林獻瑞　**責任編輯**　李岱樺　**行銷企畫**　呂玠忞
出 版 者　好人出版 / 遠足文化事業股份有限公司
新北市新店區民權路108之2號9樓
電話 02-2218-1417　傳真 02-8667-1065
發　　行　遠足文化事業股份有限公司（讀書共和國出版集團）
新北市新店區民權路108之2號9樓
電話 02-2218-1417　傳真 02-8667-1065
電子信箱 service@bookrep.com.tw　網址 http://www.bookrep.com.tw
郵撥帳號 19504465 遠足文化事業股份有限公司
讀書共和國客服信箱：service@bookrep.com.tw
讀書共和國網路書店：www.bookrep.com.tw
團體訂購請洽業務部(02) 2218-1417 分機1124
法律顧問　華洋法律事務所　蘇文生律師
印　　製　成陽印刷股份有限公司　電話 02-2265-1491
二版一刷　2022年4月11日　**定價**　450元
二版二刷　2024年3月11日
ISBN　978-626-95762-4-1
ISBN　9786269576258（PDF）
ISBN　9786269576265（EPUB）

國家圖書館出版品預行編目(CIP)資料

道歉的力量：化解遺憾 / 亞倫．拉扎爾（Aaron Lazare）作；
林凱雄, 葉織茵譯. -- 二版. -- 新北市：遠足文化事業股份有
限公司好人出版：遠足文化事業股份有限公司發行, 2022.04
面；　公分. --（發光體；4）
譯自：On apology
ISBN　978-626-95762-4-1（平裝）
1.CST: 溝通 2.CST: 人際關係

177.1　　　　111003879